Den rödhårige flyktingen

Bengt Alshalabi

och

Bengt Hällgren

Andra böcker av Bengt Hällgren:

From English to Swedish 1 – A basic Swedish textbook for English speaking students, 2015

From English to Swedish 2 – An intermediate Swedish textbook for English speaking students, 2016

Cajsa Andersdotters värld – En närbild av Sverige på 1700- och 1800-talet, 2017

© Bengt Alshalabi & Bengt Hällgren, 2018

Produktion: CreateSpace Independent Publishing Platform

ISBN-13: 978-1721166046
ISBN-10: 1721166041

Innehåll

Förord 7
Att växa upp i Syrien 11
Kriget kommer 53
På flykt i Jordanien 106
Resan genom Europa 153
Det nya landet 207
Efterord 268

Till dig som vill se världen

med andra ögon

Förord

År 2015 sökte 162 877 flyktingar asyl i Sverige. Av dem kom 51 338 från Syrien. De hade tvingats bort från sitt hemland av vad som hade börjat som en intern konflikt i samband med "den arabiska våren" 2011 och utvecklats till öppet krig mellan ett antal olika parter, både inhemska och internationella. Flyktingvågen orsakade stora problem för de svenska myndigheterna och väckte negativa reaktioner hos många svenskar.

Den här bokens berättare, Bengt Alshalabi, var en av de syriska flyktingar som kom till Sverige 2015. Efter fyra månader i det nya landet hamnade han av en slump i vår familj. Han kunde då två ord på svenska: "hej" och "kanon" (i betydelsen "jättebra"). Under de två följande åren utvecklades hans svenska snabbt, och efter att i maj 2018 ha genomgått de nationella proven för gymnasiets Svenska 2, alltså inte Svenska som andra språk utan "Svenska för svenskar", fick han ett A i betyg.

Bengt Alshalabi och jag har skrivit den här boken tillsammans. Han har berättat sin historia, och jag har skrivit ner den. Våra motiv för att skriva boken var flera:

- Många svenskar uppfattar av naturliga skäl de syriska flyktingarna som främlingar. De fäster sig vid deras obegripliga språk och kvinnornas avvikande klädsel. Vi vill visa hur världen ser ut ur motsatt perspektiv. Genom bokens berättelse får läsaren uppleva hur det är att växa upp i Syrien, gå i både statlig och religiös skola, se demonstrationer successivt övergå i krig, uthärda år av svartarbete under orimliga förhållanden som flykting i Jordanien, ta sig över Medelhavet och genom Europa för att slutligen hamna i Sverige. Hur ser det nya landet ut för den som har sådana erfarenheter som bakgrund?

- Bokens berättare har hunnit göra en rad erfarenheter i det nya landet, både positiva och negativa. Vi tror att det kan vara nyttigt för andra att ta del av dem, både när man arbetar professionellt med flyktingar och när man engagerar sig som volontär. I förlängningen kan boken säkert vara intressant också för andra nyanlända, när de har kommit så långt med sin svenska att de kan läsa den.

- Berättaren har drabbats av vissa problem orsakade av den svenska byråkratin. Kanske kan hans berättelse väcka idéer om hur flyktingmottagningen skulle kunna göras smidigare?
- Integration är ett erkänt problem inom den svenska flyktingmottagningen. Vi tror att berättarens redogörelse för hur han steg för steg växer in i det svenska samhället kan ge värdefulla tips både till dem som arbetar med integration och till dem som strävar efter att integreras.

"Subjektiviteten är sanningen" hävdade den danske filosofen Sören Kierkegaard. Med det ville han ha sagt att varje människa ser verkligheten ur sitt perspektiv. Så är det naturligtvis också med Bengt Alshalabis berättelse. Frånsett att han av hänsyn till andra har utelämnat vissa personuppgifter och bytt namn på en del släktingar, har han varit ytterst noga med att allt vi skriver ska återge exakt vad han verkligen har upplevt och iakttagit. Samtidigt bygger boken på *en enda* persons minnen. Om du frågar någon av de andra 51 337 syriska flyktingar som kom till Sverige samma år, kommer du förstås att få höra en annan – men troligen ändå i många detaljer likartad – historia.

Juni 2018

Bengt Hällgren

bengt@haellgren.se

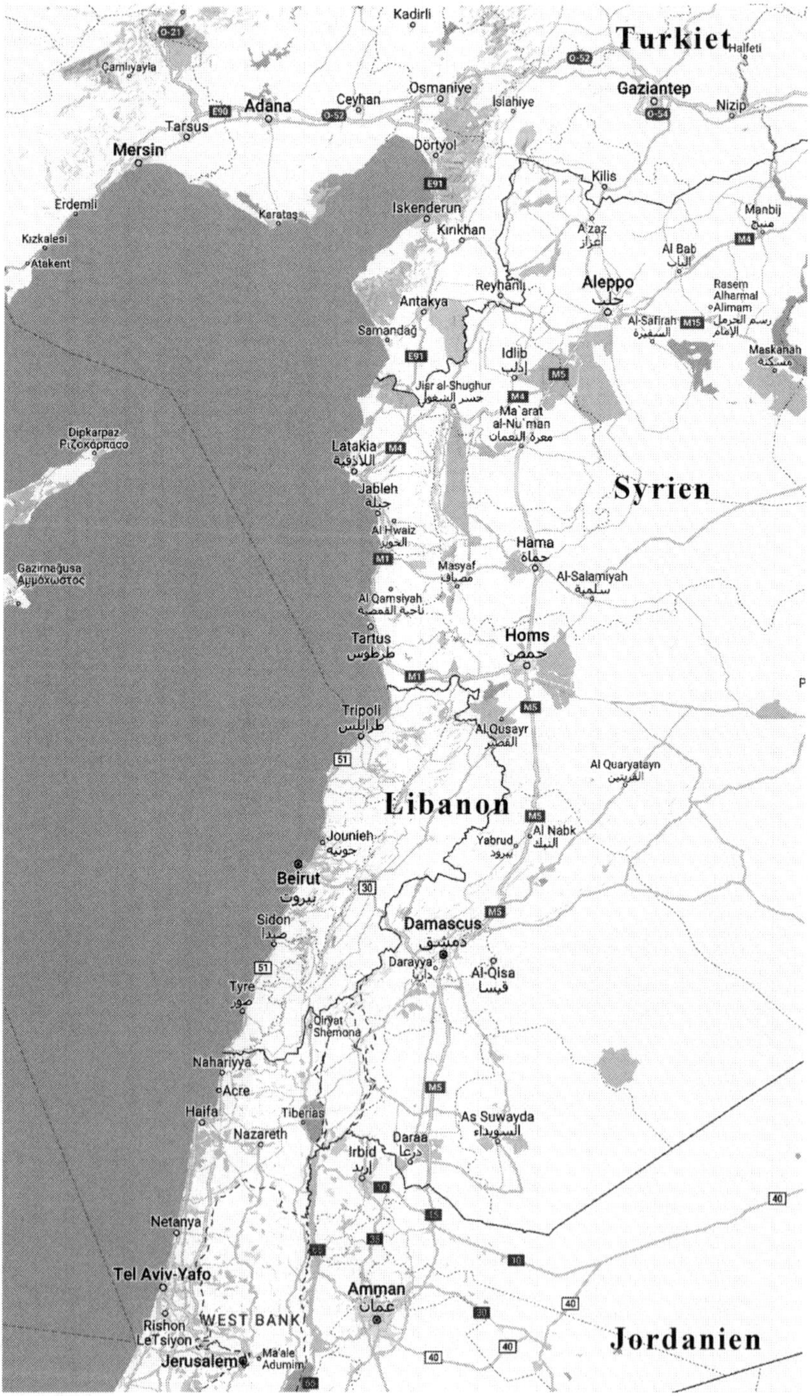
Turkiet
Syrien
Libanon
Jordanien
Kadirli
Halfeti
Çamlıyayla
Osmaniye
Gaziantep
Adana
Ceyhan
Islahiye
Nizip
Tarsus
Mersin
Dörtyol
Kilis
Erdemli
Karataş
Iskenderun
Manbij
Kızkalesi
Kırıkhan
A'zaz
Atakent
Al Bab
Reyhanlı
Aleppo
Rasem Alharmal Alimam
Antakya
Al-Safirah
Samandağ
Idlib
Maskanah
Jisr al-Shughur
Ma`arat al-Nu`man
Dipkarpaz
Ριζοκάρπασο
Latakia
Jableh
Al Hwaiz
Hama
Gazimağusa
Αμμόχωστος
Masyaf
Al-Salamiyah
Al Qamsiyah
Tartus
Homs
Tripoli
Al Qusayr
Al Quaryatayn
Jounieh
Yabrud
Al Nabk
Beirut
Sidon
Damascus
Darayya
Al-Qisa
Tyre
Qiryat Shemona
Nahariyya
Acre
Haifa
Tiberias
As Suwayda
Nazareth
Daraa
Irbid
Netanya
Tel Aviv-Yafo
Amman
Rishon LeTsiyon
WEST BANK
Jerusalem
Ma'ale Adumim

Att växa upp i Syrien
1994 - 2011

1

Jag föddes i Syriens huvudstad Damaskus den 21 oktober 1994. Mamma hade fött min äldre bror hemma med hjälp av en barnmorska, men när det blev min tur valde hon att bli körd till en förlossningsklinik. För det hade hon ett bestämt skäl, som jag ska berätta om i det här kapitlet.

Pappa hade tio syskon, fem bröder och fem systrar. Själv var han nummer tre i syskonskaran. Läsaren lyfter kanske på ögonbrynen inför att familjen hade så många barn, men det är inte alls ovanligt i Syrien. Mammas familj var däremot ovanligt stor även för syriska förhållanden. Hon hade åtta bröder och fyra systrar och dessutom fem halvbröder och fyra halvsystrar. Hennes far hade nämligen två fruar. Men det var inte bara när det gällde antalet fruar och barn som pappas far och mammas far skilde sig åt. De levde också under mycket olika ekonomiska förhållanden.

Pappas far arbetade på en kvarn. Han lastade på och av säckar med säd och mjöl. Det var ett tungt kroppsarbete. Han och hans fru bodde i södra utkanten av Damaskus strax intill huvudvägen mot Daraa, en stad i södra Syrien nära gränsen till Jordanien. Deras hus var inte stort, och trängre blev det när barn efter barn kom till världen. När pappas far var i trettioårsåldern råkade han ut för en allvarlig olycka på arbetsplatsen. Han ramlade och fick en tung säck över sig. Ryggen blev så illa tilltygad att det dröjde flera år innan han kunde arbeta igen. I Syrien är den offentliga sjukvården gratis, men det finns ingen statlig sjukförsäkring. Hur skulle familjen nu få pengar till mat och andra nödvändigheter? Lösningen blev att de äldsta bröderna fick börja arbeta. Pappa var då nio år gammal, så han måste hitta ett arbete som kunde skötas vid sidan av skolan. Det slutade med att både han och hans två äldre bröder fick anställning på en textilfabrik i närheten. Pappas mor bidrog också till familjens försörjning. Hon köpte in tunnor med olivolja som hon tappade upp på flaskor och sålde till familjer i grannskapet. Det måste ha gått bra, för senare kom hon att utveckla sin affärsverksamhet.

I motsats till pappas far var mammas far en välbeställd man. Som ung hade han ägt en fabrik, men när han blev äldre lade han ner fabriken och lät istället uppföra ett antal hyreshus på fabrikstomten. Han byggde också hus åt sig själv och sina släktingar där. I två av husen, som låg vägg i vägg med varandra, bodde hans två fruar med sina barn. Morfar ägde också betydande landområden utanför Damaskus.

När mina föräldrar förlovade sig var pappa tjugotvå år men mamma bara tretton. I arabvärlden är det inte ovanligt att kvinnor blir bortgifta vid så unga år, och det är nästan aldrig så att ungdomarna själva väljer sin äktenskapspartner. Enligt traditionen är det istället mannens föräldrar som söker en lämplig fru åt sin son. De frågar runt bland sina bekanta, och med lite tur hittar de snart någon familj som är beredd att erbjuda en av sina döttrar som brud. Nu träffas föräldraparen för att samråda. De vill ju försäkra sig om att deras barn passar ihop, så att de får gifta sig med någon som "gud har skapat av samma lera". Faktorer som familjernas ekonomi eller att man av någon anledning vill knyta vänskapsband med den andra släkten kan också spela in, men när det gällde mina föräldrar fanns det något annat som förenade familjerna. Mammas farmor och pappas mormor hade varit vänner och fått barn nästan samtidigt, och eftersom pappas mormor inte alltid hade tillräckligt med mjölk för att hennes lilla flicka skulle bli mätt, hjälpte mammas farmor till att amma henne. Barn som på så sätt har blivit ammade av samma kvinna kallas i Syrien för "mjölksyskon" och anses ha en form av släktband. De får inte gifta sig med varandra, men däremot anses deras barn i sin tur passa särskilt bra för varandra. Mammas far och pappas mor var alltså sådana mjölksyskon, och mammas farmor hävdade därför med bestämdhet att de måste erbjuda någon av hennes sondöttrar som brud åt pappa. Morfar tvekade – pappas familj hade ju så svag ekonomi – men till slut gav han efter för trycket från sin mor. Så kom det sig att mamma blev utvald att bli pappas brud.

Så snart föräldrarna hade kommit överens om att deras barn skulle gifta sig, var det enligt traditionen mammas far som skulle stå för förlovningsfesten. Snart dukades alltså festborden i huset hos mammas familj, men själv var mamma till en början inte alls glad. Hon trivdes i skolan och hade mycket bra betyg, och om hon hade fått välja själv hade hon helst velat läsa vidare. Det gick till och med så långt att skolans rektor kontaktade mammas far och vädjade om att hon skulle få fortsätta studera, men det sade han bestämt nej till. Flickor ska gifta sig och bilda familj, inte göra yrkeskarriär! Mamma fick alltså vackert vänja sig vid tanken att bli bortgift. När förlovningsfesten väl var avklarad, besökte pappa sin blivande fru var eller varannan vecka och hade alltid med sig någon present åt henne. Nu tror kanske läsaren att pappa på så sätt fick lära känna sin fästmö, men så var det inte. Umgänget mellan män och kvinnor är strikt reglerat i arabvärlden, och som seden är, åtminstone på landet i Syrien, fick pappa aldrig vara ensam med mamma. De fick bara träffas i en stor sal i hennes fars hus i närvaro av honom och några av mammas många bröder och halvbröder. Det hände att mammas mor kom in i salen vid pappas besök, men av mammas systrar och halvsystrar såg han aldrig en skymt. Själv satt mamma blyg och tyst mitt i samlingen. Pappa tröttnade med tiden på de formella besöken och ville skynda på bröllopet, men det kom att skjutas upp i nästan två år på grund av dödsfall inom släkterna. Det fanns också ett annat problem. Enligt seden i arabvärlden är det brudgummen som ska bekosta bröllopsfesten med kanske flera hundra gäster och dessutom ge bruden en dyrbar bröllopsgåva. Pappa hade helt enkelt inte tillräckligt med pengar för det. Till sist tvingades han låna av flera vänner, för att bröllopet äntligen skulle kunna gå av stapeln.

Nu uppstod nästa problem. Så snart bröllopet är över, ska bruden flytta till sin man, men i familjens hus vid vägen till Daraa fanns inget eget rum för de nygifta. Var skulle de då bo? Antagligen var det farmor som kom på lösningen. Familjen hade en odlingslott en dryg kilometer längre västerut. Där odlade de det mesta av sin mat, och varje dag brukade farmor eller något av hennes barn gå dit och vattna och skörda grönsaker att ta med hem. På odlingslotten fanns en handgrävd brunn för bevattning av växterna men också ett skjul. Skulle inte de nygifta kunna bo där? De kunde ju bygga om skjulet till ett hus och dra in dricksvatten från brunnen. Så fick det bli. Jag kan föreställa mig att flytten från föräldrarnas fina hus till skjulet på odlingslotten måste ha kommit som en chock för mamma, men hon har alltid varit anpassningsbar och gjort det bästa av situationen. Vid sidan om sitt arbete på textilfabriken började pappa alltså bygga om skjulet, som med tiden förvandlades till ett riktigt hus med kök, vardagsrum och två sovrum. I badrummet fanns till och med dusch med varmvatten. Dessutom försåg pappa huset med en takterrass. Eftersom det låg på en odlingslott omgavs det på alla sidor av fruktträd och grönsaksodlingar. Där fanns ett stort pomeransträd, ett persikoträd, ett citronträd, ett granatäppelträd, ett persimonträd, ett loquatträd och fyra vinrankor, två med röda och två med gröna druvor. Där fanns också land med potatis, kål, blomkål, aubergine, zucchini, okra, citronmeliss, mynta, persilja och koriander men inte allt på samma gång. Klimatet i Syrien tillåter nämligen två växtsäsonger per år, så vissa grönsaker odlades på sommaren och andra på vintern. Farmor och pappas yngre syskon kom varje dag för att sköta om odlingarna och hämta grönsaker, och de lade också frukt och grönsaker på tork för att kunna använda dem senare. Farmor födde dessutom upp kaniner och hade en hönsgård på odlingslotten. Runt trädgårdsbrunnen fanns en stenlagd uteplats omgiven av en spaljé täckt av vinrankor. Det var ett perfekt ställe för mamma och hennes svägerskor att sitta och prata när de tog en paus från arbetet under heta sommardagar. Det gällde bara att farmor inte såg dem. Annars fick de snart höra att det fanns arbetsuppgifter som väntade.

Det var förstås inte så konstigt att alla i pappas familj fick lära sig att arbeta hårt. Efter olyckan vid kvarnen kunde ju farfar i flera års tid inte hjälpa till att försörja familjen. Nu hade han visserligen återhämtat sig så pass att han kunnat återgå till arbetet på deltid, men farmor hade under tiden tagit kommandot över både ekonomin och arbetsfördelningen i familjen. Hon styrde och ställde och såg till att barnen var ständigt sysselsatta. Som nytillkommen familjemedlem måste mamma förstås också hjälpa till, men det fanns många arbetsuppgifter som hon inte var van vid. Jag gissar att farmor ibland tyckte att hennes nya svärdotter var bortskämd och kanske till och med lat. Hon behövde minsann lära sig att arbeta! Farmor gav henne ofta ansträngande uppgifter, och inte blev det lättare när hennes kropp började tyngas av en första graviditet.

En vårdag under fastemånaden Ramadan, när vi muslimer varken äter eller dricker från soluppgång till solnedgång, hade farmor kommit till odlingslotten för att tvätta kläder vid brunnen. Mamma måste hjälpa till att släpa fram den vedeldade tvättkitteln, tvättbaljor och sköljkar. Snart stod hon böjd över en av baljorna och gnuggade kläder mot en tvättbräda. Så skickade farmor henne med ett stort lass våta kläder uppför trappan till takterrassen, där de skulle hängas på tork. Då kände mamma plötsligt hur det började blöda från underlivet. Hon ropade på hjälp men möttes inte av någon medkänsla från sin stränga svärmor, som bara fortsatte att tvätta. Mamma flydde in i sovrummet, där hon lade sig att vänta på att pappa skulle komma hem från arbetet på textilfabriken. Timmarna gick och inte förrän sent på kvällen kom han äntligen hem. Så snart han fick klart för sig vad som hade hänt, körde han mamma till en förlossningsklinik. Där tog en kvinnlig läkare emot henne, men kunde inte mycket göra. Missfallet var redan på väg. Mamma berättade långt senare hur läkaren höll fram det ofullgångna fostret för henne. Det var inte större än att det rymdes i handen men hade små, fina armar och ben, och man kunde redan se att det skulle ha blivit en pojke. Mamma var förkrossad och sörjde varje dag sitt döda barn. Först två år senare blev hon gravid igen. Den här gången gick allt bra, och min storebror Ali föddes med hjälp av en tillkallad barnmorska hemma i huset på odlingslotten. Mamma skötte Ali och ammade honom, men redan efter några månader förstod hon att hon väntade barn igen.

En dag skulle mina föräldrar hälsa på mormor. De åkte i pappas enkla, trehjuliga bil med väggar och tak av uppspänt tyg. På folklig arabiska kallas ett sådant fordon för en "tirrtera" – antagligen härmar ordet fordonets surrande motorljud. Mamma satt lycklig vid pappas sida med Ali i knät. Hon såg fram emot att få träffa sin mamma och sina systrar. Solen sken på den breda, asfalterade vägen. Till höger låg en rad hus, till vänster ett parkområde med skuggande träd. Plötsligt sprang en liten flicka ut på vägen rakt framför tirrteran. Hon var kanske fyra, högst fem år. Pappa tvärbromsade och gjorde samtidigt en häftig gir för att undvika att köra på henne, men det hjälpte inte. Flickan föll och försvann under bilen. I en sekund stod tiden stilla. Så störtade pappa ur bilen för att se hur det hade gått med flickan. Till hans stora lättnad reste hon sig utan en skråma. Bilens underrede hade passerat över hennes huvud, och inget av de tre hjulen hade kört över henne. Pappa följde henne in till hennes föräldrar, och de försäkrade sig tillsammans om att hon verkligen inte hade fått några skador. Efter en stund kom han tillbaka ut, men där hade han inte samma tur. Ali hade visserligen klarat sig oskadd, men mamma hade vid den häftiga inbromsningen slagit magen hårt mot armstödet – tirrteran hade ju inga säkerhetsbälten. Hon var så chockad att hon knappast kunde tala.

Efter olyckan oroade sig mamma ofta för att slaget mot magen kunde ha skadat barnet hon väntade. Minnet av missfallet fyra år tidigare jagade henne. Till sist körde pappa henne återigen till förlossningskliniken. Där genomgick hon en ultraljudsundersökning och fick beskedet att hon väntade tvillingar. Hon återvände hem men kunde aldrig riktigt släppa oron och tankarna på missfallet. Hon vågade inte föda hemma en gång till. När värkarna till slut satte igång, fick pappa köra henne tillbaka till förlossningskliniken. Där födde hon två barn omslutna av samma fosterhinna. De var alltså enäggstvillingar. Den ene var en död pojke. Den andre var jag.

2

Farfar och farmor bodde, som jag tidigare har berättat, i ett hus nära huvudvägen mot Daraa. Vägen var starkt trafikerad, och till sist beslutade de syriska myndigheterna att ersätta den med en sexfilig motorväg strax väster om den gamla. Ett stort antal hus måste rivas för att bereda plats för den nya vägen, och ett av dem var farfars. Jag tror att tomterna tvångsinlöstes utan att ägarna fick någon ersättning. De måste helt enkelt själva ta ansvar för att skaffa sig nya bostäder. Farmor hade redan långt tidigare tecknat sig för en lägenhet på tre rum och kök i stadsdelen al-Husseiniyah, tio kilometer längre österut. Barnen var ju på väg att bli stora och skulle förr eller senare behöva någonstans att bo. Nu var lägenheten färdig för inflyttning, men själv ville farmor inte bo där. Hur skulle familjen med alla de hemmavarande barnen få plats i en trea, och hur skulle hon kunna sköta odlingslotten om de bodde så långt ifrån den? Då var det ju en mycket bättre idé att hennes son och svärdotter flyttade dit, så att hon och farfar kunde ta över huset på odlingslotten! Hon försökte övertala pappa att flytta, men han var inte särskilt glad åt förslaget. Han hade ju lagt ner all sin fritid och mycket av de pengar han tjänat på att bygga huset. Som kompensation lovade farmor att överlåta äganderätten till lägenheten på honom så snart han hade flyttat. Till sist gav han med sig – vad gör man inte för sin familj? – men tiden i lägenheten blev inte särskilt positiv. Både han och mamma hamnade längre ifrån sina släktingar än förut, och pappa fick längre väg till jobbet på syfabriken. Dessutom saknade båda trädgården, där de hade odlat det mesta av sin mat. Pappa ville snart sälja lägenheten och flytta närmare sina föräldrar, men farmor hade ännu inte överlåtit äganderätten på honom. Han påminde henne om det, men tiden gick och ingenting hände. Efter tre år tröttnade han på att vänta. Med hjälp av lånade pengar och en del av de guldsmycken mamma hade fått med från sina föräldrar lyckades han köpa en tomt och bygga ett hus. Farmor sålde senare lägenheten till en av hans bröder.

Den nya tomten låg i ett skogsområde ungefär en kilometer bortom huset på odlingslotten. Den var ganska stor, och pappa behövde inte mer än en tredjedel av ytan för att bygga huset åt sig och sin familj. När vi flyttade dit bestod huset bara av ett kök, ett sovrum, ett vardagsrum och ett badrum. Det fanns ingen dusch, så man fick hälla vatten över sig med en skopa. Med tiden byggde pappa till ytterligare ett rum och en takterrass med bänkar att sitta på och ett skyddande soltak. Vid sidan av huset planterade han ett persikoträd. Nästa tredjedel av tomten överlät han till en av sina systrar, som nu hade gift sig. Där byggde hennes man Yassir ett hus åt sig och henne vägg i vägg med vårt. På den sista tredjedelen av tomten tänkte familjerna anlägga en gemensam trädgård, men så blev det inte. Ekonomiska problem gjorde att de istället tvingades sälja den. Köpare blev en bror till Yassir. På så sätt kom tre släktingar att bo som närmsta grannar, vilket är mycket vanligt i Syrien.

Själv har jag bara vaga minnen från tiden i lägenheten – jag var ju knappt mer än tre år när vi flyttade till det nya huset – men jag har fått höra av flera släktingar att jag var ett besvärligt barn. Jag lärde mig tidigt att gå, och jag ville aldrig sitta stilla. Farfar kallade mig "nyckelpigan i koppen" eftersom han tyckte att jag bar mig åt som en nyckelpiga som gång på gång försöker klättra upp ur en kopp trots att den borde ha lärt sig att varje försök slutar med att den halkar ner igen. Kanske anspelade namnet också på min hårfärg. Både min storebror Ali och jag hade nämligen rött hår, vilket är mycket ovanligt i Syrien. Hårfärgen skulle längre fram komma att påverka mitt liv i flera kritiska situationer, både positivt och negativt.

Om jag gick tidigt, så dröjde det desto längre innan jag började tala. Vid två och ett halvt års ålder hade jag fortfarande inte sagt så mycket som "mamma". Mina föräldrar sökte flera läkare men ingen hade någon direkt hjälp att erbjuda. När en av dem fick höra att jag var förtjust i att äta citroner, sade han att det kunde vara syran som inverkade negativt på min talförmåga. I desperation slutade mamma att ge mig citroner, och kanske hade läkaren rätt, för faktum är att jag kort därefter sade mina första ord. Så här gick det till.

Varje vecka tog mamma med Ali och mig till mormor. Pappa var på arbetet, så vi fick ta taxi dit. I Syrien fanns inga taxibolag med egen telefonväxel, utan man ställde sig helt enkelt vid vägen och väntade tills det kom en gul taxibil. Jag vill minnas att resan till morfars och mormors hus tog ungefär en halvtimme och att den kostade 35 syriska pund, vilket på den tiden motsvarade 70 amerikanska cent. Hos mormor satt mammas systrar och andra kvinnliga släktingar tillsammans och pratade och handarbetade. I ett hörn av rummet stod TV:n på. Vid det tillfälle jag nu ska berätta om sändes ett naturprogram. Det tyckte jag var intressant, så jag tittade koncentrerat på det. Kvinnorna omkring mig pratade förstrött om ditt och datt, och någon av dem fällde en kommentar om djuret som just dök upp i TV-rutan. Då vände jag mig bestämt mot henne och sade att hon hade fel. Det var inte ett sådant djur som hon hade sagt. Det var ett annat. Alla stirrade förbluffade på mig. Själv vände jag mig bara tillbaka och fortsatte att titta på programmet. Det var första gången som jag hade sagt något, och det var en tydligt uttalad, korrekt mening med flera ord. Enligt mormor hade jag låtit "skrämmande vuxen". Från den dagen pratade jag.

När vi hälsade på hos mormor var jag annars för det mesta ute på gården och lekte med mina kusiner. Vi var många, och de lekar vi lekte var typiska grupplekar. En av dem var "Eich!", som betyder "Lev!" Man delar upp gruppen i två lag, där deltagarna i det ena laget samarbetar om att ta fast deltagare ur det andra laget. När de har blivit tagna får de inte göra motstånd utan måste följa med till "fängelset" där de ska stå alldeles stilla. En lagmedlem är fängelsevakt, och hans uppgift är att hindra medlemmarna ur det andra laget från att befria fångarna. Bakom hans rygg försöker de smyga sig fram, peta på någon av fångarna och ropa "Eich!". Då blir fången levande igen och får springa tillbaka till sitt eget lag. Det var en rolig lek, men vi lekte också andra grupplekar som tafatt och kurragömma. Det var mest pojkar som var med i lekarna men också en del flickor. Som små var de bar-

19

huvade, men när de blev lite äldre började en del av dem – men inte alla – att bära slöja. När de var ungefär tolv år gamla, slutade de att vara med i lekarna. Nu, långt efteråt, tror jag att jag förstår varför. När de hade fått sin första månadsblödning, måste deras mamma rimligtvis ha förklarat för dem varför det kom ut blod. Kanske berättade hon också något om hur små barn blir till och varnade dem för att umgås för nära med pojkar. Det skulle kunna förklara varför de började titta misstänksamt på oss och inte ville leka med oss längre. Samtidigt hade flickorna nu blivit så gamla att de kunde erbjudas åt familjer som sökte fruar till sina söner, och då kanske de tyckte att det var dags att börja bete sig mera vuxet. För oss pojkar berättade våra föräldrar inget om hur barn blir till. Jag var nog tretton år när en av mina vänner berättade vad han hade hört en annan pojke säga om det. Jag blev chockad och svarade:

– Det tror jag inte alls på! Nästan alla människor har ju barn, och inte tror du väl att goda människor skulle vilja göra något så äckligt!

Min vän ångrade genast vad han hade sagt. Tänk att han hade trott på en sådan uppenbar lögn!

Som jag nyss berättade, börjar många av flickorna i Syrien att ha slöja över håret när de är i åttaårsåldern, och det finns bestämda regler för när de måste ha slöjan på sig. I princip gäller det överallt där någon främmande man kan få syn på dem. Med "främmande" menas till exempel inte släktingar som deras far och bröder och senare deras man och söner. Inför småpojkar behöver de över huvud taget inte ha slöja. På skoj brukar man säga att gränsen går när pojkarna blir så stora att de vet hur mycket ett kilo bröd kostar. En gång, när mamma som vanligt hade tagit med Ali och mig till mormor, satt vi i gruppen av kvinnor och pysslade med några leksaker. Vi var ju barn, så ingen av kvinnorna hade slöjan på sig. Någon frågade hur gammal Ali var. Kanske började han komma upp i åldern där de borde ha slöja? Lite skämtsamt frågade en av kvinnorna honom:

– Ali, vet du vad ett kilo bröd kostar?

Det visste han inte, men jag svarade i hans ställe:

– Det vet väl alla att ett kilo bröd kostar nio pund.
Några av kvinnorna började frenetiskt rota efter sina slöjor, andra bara skrattade. Jag var ju inte mer än fem eller sex år! Nästa gång vi besökte mormor och kom in i rummet hade alla kvinnorna slöja på sig. Det störde mig, och jag frågade:
– Varför har ni slöja på er? Jag vet ju ändå hur ni ser ut.
Jag pekade på den ena efter den andra och sade:
– Du har svart hår, och du har mörkbrunt hår ...
Mamma sade åt mig att hålla tyst. När en av mina morbröder senare fick höra talas om vad jag hade sagt, blev han mycket arg på mig. Jag kunde inte förstå varför. Jag ville ju bara veta varför det fanns en sådan regel. Att fråga kunde väl inte vara fel?

Det var inte bara mammas familj som tyckte att jag var besvärlig och ställde för många frågor. Ännu värre var det med pappas familj. En gång var vi på besök i huset på odlingslotten som farfar och farmor hade tagit över efter pappa. Det var släktträff och många av pappas syskon var där med sina barn. Vi lekte och förde oväsen, och efter en stund tröttnade de vuxna på oss. En av pappas bröder föste in oss i ett rum och låste dörren utifrån. Vi var kanske tio barn i rummet. Tre var flickor, resten pojkar. Vi fortsatte att leka en stund, men det var inte roligt att vara inlåsta, så efter ett tag började vi skrika att vi ville bli utsläppta. Då kom min farbror tillbaka, ganska arg, och sade att flickorna kunde komma ut, men att pojkarna skulle stanna i rummet. Jag frågade varför han gjorde skillnad på pojkar och flickor – de hade ju fört lika mycket oväsen som vi – men det ville han inte svara på. När jag inte fick någon förklaring till orättvisan, försökte jag smita ut mellan benen på honom, men han grep tag i mig och lyfte mig i fötterna. Där hängde jag upp-och-ner medan han tog ett par steg ut i det yttre rummet där alla släktingarna satt samlade. Där lade han ner mig på golvet och klämde fast mig mellan sina knän. Så lossade han sin livrem och slog mig gång på gång under fötterna med den. Jag hade inga skor på mig, och varje slag gjorde mycket ont. Jag skrek av smärta men ännu mera över orättvisan att bli slagen när jag ingenting hade gjort. Jag blev också mycket upprörd över att mamma, som satt med bland de andra gästerna i

21

rummet, inte stoppade honom. När jag anklagade henne för det efteråt, sade hon bara uppgivet att en farbror är nästan som en far. Han har också rätt att aga sina brorsbarn, och hon har som mor ingen rätt att ingripa. För mig var det ännu en obegriplig regel.

Något år senare hade jag ännu en konfrontation med samme farbror. För att underlätta bevattningen av trädgården hade farfars familj byggt en fyrkantig reservoar av tegel på odlingslotten. Dit pumpades vattnet från brunnen, och genom att öppna en ventil på reservoaren kunde man sedan låta vattnet rinna av sig själv till trädgårdslanden. Men Ali hade kommit på ett annat sätt att använda reservoaren. Man kunde bada i den! En varm sommardag tog han mig med till farfars och farmors hus för att hälsa på. En av våra kusiner var också i trädgården, och när ingen tittade passade vi på att klä av oss och klättra i reservoaren. Jag var minst, och när jag sträckte på mig nådde vattnet precis upp till hakan på mig. Ali var ju ett år äldre än mig och hade redan lärt sig simma. Själv kravlade jag runt så gott jag kunde i vattnet och försökte härma hans rörelser. Då kom vår farbror plötsligt runt husknuten. Ali och kusinen klättrade snabbt ur bassängen, men för mig gick det inte så fort. Farbror tog några långa kliv fram till bassängen. Så böjde han sig över kanten och tog ett hårt tag i min arm.

– Nu ska jag lära dig att simma, röt han, för om man inte kan simma så drunknar man!

Så knuffade han omkull mig. Jag kämpade för att få näsan över vattenytan, men så snart jag kom på fötter knuffade han omkull mig igen. Så höll han på i vad som för mig kändes som en evighet. Jag har aldrig förstått varför han gjorde det. Ville han verkligen lära mig simma, eller var han arg på mig för att jag badade i reservoaren? Inte tyckte väl växterna sämre om vattnet för att vi hade badat i det?

När Ali var fem år började han i förskoleklass. Hemma i huset blev dagarna långa. Pappa var på arbetet, och mamma hade hunnit få ett barn till, en lillasyster, och var ofta upptagen med att ta hand om henne. Det var ont om lekkamrater i närheten. Visserligen bodde vi intill en bondgård, där det fanns flera barn i min ålder, men de var inte snälla mot mig utan retades mest och bråkade. Därför strövade jag ofta omkring ensam på fälten runt vårt hus. Det fanns mycket att titta på, och jag ville gärna undersöka och försöka förstå allt jag såg. Efter ett tag fick jag idén att börja fånga insekter i en glasburk för att kunna studera dem noga från alla håll. Det fanns så många olika sorter med varierande former och beteenden. När jag hade tittat länge på dem utifrån började jag undra hur de såg ut inuti. Hade de rött blod som människor? Jag fångade en nyckelpiga i burken och gick in i huset och satte mig på min sittkudde. Vad hade den under de där röda vingarna med svarta prickar? Jag bröt bort en vinge för att se efter. Just då kom mamma in i rummet. När hon såg vad jag höll på med satte hon sig på kudden mitt emot och tittade allvarligt på mig. Så sade hon:

– Vet du att nyckelpigor är mammor?

Nej, det hade jag ju aldrig tänkt på.

– Jo, de har barn precis som jag, fortsatte hon. Vad skulle du säga om det kom en jätte och petade sönder ryggen på mig?

Jag började gråta. Naturligtvis skulle jag göra allt vad jag kunde för att försvara henne. Hon var ju min mamma!

– Du måste tänka på att nyckelpigan är som jag, avslutade hon.

Jag skämdes länge efteråt. Naturligtvis var det fel att peta sönder en mamma, även om hon bara var en insektsmamma. Det skulle jag aldrig göra igen. Men nyfikenhet på att få veta hur insekterna var konstruerade fanns kvar. Kanske kunde jag plocka sönder någon ful och elak insekt. Jag fångade en broms, återvände in och började med att rycka av honom benen. Det dröjde inte länge förrän mamma fick syn på mig igen, och så utspelade sig samma scen. Hon satte sig mitt emot mig.

– Vad håller du på med? frågade hon.

– Jag vill ta reda på hur bromsen ser ut inuti, sade jag.

– Och vad skulle du göra om någon kom och började rycka armarna av mig för att se hur jag såg ut inuti?

– Men det är inte samma sak, protesterade jag. Bromsen är stygg och den är ingen mamma!

– Vare sig den är en mamma eller en pappa gör det lika ont i den att få benen avryckta. Den är en levande varelse, och innan du gör något mot någon levande varelse, så måste du alltid först tänka: Hur skulle det kännas i mig om någon gjorde så mot mig?

På så sätt hjälpte mamma mig att förstå vad mina medvarelser kände. Det hade jag aldrig tänkt på förut. Men det var inte det enda hon gjorde för mig. Hon kunde till exempel säga till mig:

– Titta på din lillasyster. Är hon glad eller ledsen?

Jag tittade men hade i början svårt att veta vad jag skulle svara. Mamma fortsatte dag efter dag att ställa sådana frågor.

– Såg du din faster som vi mötte på vägen nyss? Tror du att hon var på gott humör eller tror du att hon var arg?

På så sätt lärde mamma mig att läsa av andra människors miner och gester. Det tog tid, men så småningom blev jag bättre och bättre på det. Till sist kunde jag till och med se på min lillasysters ögon om hon hade ont eller var sjuk. I och med att jag lärde mig att tolka andras reaktioner, så lärde jag mig samtidigt att bete mig på ett sätt som inte retade människorna i min omgivning lika mycket som förut. Men i situationer där man måste ljuga för att inte såra, kunde – och kan – jag fortfarande inte annat än låta sanningen gå före artigheten. En gång var vi till exempel bjudna till en av mina morbröder. Vi satt runt bordet och åt kebab. Jag har alltid haft god aptit, och min morbror såg med tillfredsställelse hur jag stoppade i mig.

– En godare kebab har du väl aldrig ätit? frågade han leende.

– Jo, det har jag allt, svarade jag.

Han rynkade pannan.

– Men det här är fårkebab. Hemma får du väl bara kycklingkebab? Du ska veta att fårkebab är mycket dyrare än kycklingkebab.

– Men jag tycker bättre om kycklingkebab, svarade jag helt ärligt.

Jag vet inte om mamma skämdes för mig eller var stolt över min ärlighet. Utan att själv förstå det hade jag ju samtidigt läxat upp min morbror för att han skröt om hur rik han var.

3

Precis som Ali fick jag börja i förskoleklass när jag hade fyllt fem år. Det finns inga statliga förskolor i Syrien, så skolan som våra föräldrar hade valt var privat. Skolavgiften var nog egentligen en del högre än vad de hade råd med, men de ville ge sina barn bästa möjliga start i livet. Varje dag kom en buss och hämtade mig till förskolan. Jag kände mig omåttligt stolt att få åka på det viset. Pappas tirrtera hade för längesedan hamnat på skroten, och någon ny bil hade han inte haft råd att köpa. Buss eller taxi var det som gällde i vår familj. I förskolan fick jag lära mig alfabetet. Vi skrev bokstäverna i prydliga kolumner uppifrån och ner: ا, ب, ت. Vi fick också lära oss engelska, och snart kunde jag säga enkla fraser som "Good morning!" och "How are you?" Och så var det förstås en ny sorts bokstäver i kolumner uppifrån och ner: A, B, C. Läraren visade oss hur vi skulle skriva arabiska ord från höger till vänster och engelska ord från vänster till höger. Varför? undrade jag. Det bara är så, fick jag veta. Läraren var noga med att vi höll pennan i höger hand, och det tyckte mamma också var det enda rätta. Själv hade jag funnit det mera naturligt att skriva arabiska med vänster hand och engelska med höger hand.

Efter ett år i förskolan var det dags att börja grundskolan. Ali hade förstås redan gjort det året före mig. Skolan som vi skulle gå i var en statlig grundskola som omfattade årskurserna ett till sex. Varje årskurs var uppdelad i flera parallella klasser med cirka trettiofem elever i varje. Totalt måste skolan ha hyst omkring tusen elever. Skolgården omgavs på alla sidor av en hög mur. Från gatan ledde en port med gallergrindar in till skolgården. Strax innanför grindarna låg en kiosk som drevs av skolvaktmästaren och hans familj. Själva skolhuset var fyra våningar högt och byggt i vinkel. Huvudingången låg i hörnet mellan de två huskropparna. Från alla sidor ledde trappor upp till en avsats direkt utanför entrédörren. Skoldagen började klockan åtta, men redan en kvart innan måste alla elever vara uppställda klassvis på skolgården nedanför trapporna. På avsatsen väntade en lärare med mikrofon i handen. Han ledde ett antal övningar ungefär som för militärer, där han kommenderade rättning, givakt, lediga etc. Övningarna avslutades med att han ropade:

– Vänner, pionjärer! Var redo att bygga det förenade arabiska socialistiska samhället och försvara det!

Med högerarmen framsträckt svarade vi i korus:

– Alltid redo!

En gång i veckan sjöng vi landets nationalsång:

– Hemlandets försvarare; frid vare med er! Våra stolta själar, kommer ej att kuvas! ...

På skoltaket över oss vajade Syriens flagga.

I vårt klassrum stod bänkarna i rader. Varje bänk rymde två eller tre elever. Läraren, som var en sträng gammal dam, placerade oss så att vi satt varannan pojke och varannan flicka. Det blev tystare och lugnare i klassen på det sättet, förklarade hon. Att vi måste ha skoluniform var en självklarhet. Det gällde i alla landets skolor. Uniformerna var likadana för pojkar och flickor och bestod i klasserna ett till sex av en tunn, brun rock med knäppning i ryggen och svarta långbyxor. Mamma brukade få hjälpa Ali och mig att ta på rocken innan vi gick till skolan – det var ju inte lätt att komma åt knapparna på ryggen själv. Från klass sju och uppåt var uniformen grön och förvillande lik militärkläder. Några år senare kom ett påbud att skoluniformerna skulle bytas ut. För de lägre klasserna gällde nu att rocken skulle vara blå, medan årskurs fem till nio skulle ha mörkblå byxor och jacka, och till det skulle pojkarna ha ljusblå och flickorna rosa skjorta. För klasserna tio till tolv skulle byxorna och jackan vara grå. Alla elever i hela landet måste alltså köpa nya skoluniformer. Vad skulle det vara bra för? Ryktet sade att det var landets president Bashar al-Assad, som hade fattat beslutet. Han hade nyligen efterträtt sin far Hafez al-Assad, och nu hade Libyens president Muammar al-Gaddafi gjort sig rolig över honom på ett internationellt möte och sagt, att han försökte göra sitt folk till militärer redan i skolan. Var det alltså ett politiskt beslut på ledningsnivå som låg bakom färgbytet på skoluniformerna? Inte vet jag, och inte intresserade det mig heller. Ungefär samtidigt byttes många av de klassiska skolböckerna ut mot nya böcker med färgbilder. Var det också ett sådant politiskt beslut?

Vägen från vårt hus till skolan var för lång för att vi skulle kunna gå dit, och det fanns ingen skolbuss som vi kunde åka med. Istället skjutsade pappa både Ali och mig till skolan på cykel. En av oss satt på pakethållaren och den andre på stången framför pappa med händerna på styret. När vi kom till skolan den första dagen var det rörigt på skolgården. Vi förstaklassare visste ju inte vad vi skulle göra eller hur vi skulle stå. Lärarna för de olika parallellklasserna i årskurs ett ropade upp våra namn klass för klass, men ingen ropade upp mig. När det stod klart att jag inte fanns med på listan hos någon av dem, började de diskutera vem som skulle ta emot mig. Till min glädje var alla beredda att välkomna mig i sin klass, men till slut placerades jag i klass 1/3, det vill säga den tredje parallellklassen i årskurs ett. Dessutom utsåg läraren mig och en av flickorna i klassen till ordningsmän, och vi fick ett vitt, grönt och rött band av satäng fäst runt den högra ärmen på vår skoluniform. Vid uppställningen varje morgon skulle ordningsmännen stå längst fram i sin klass. När vi sedan i dubbla led tågade in till första lektionen, måste vi som gick bredvid varandra hålla varandra i handen. Jag hade ingenting emot att hålla flickan i handen, men klasskamraterna retade mig för det. Det förstod jag inte. Och varför ställde de andra i klassen upp sig pojke vid pojke och flicka vid flicka?

Skolan slutade klockan ett, och vi liksom många av de andra barnen liftade hem. Pappa var ju på arbetet och kunde inte skjutsa oss. När jag kom hem efter den första skoldagen och berättade att alla lärarna ville ha mig i sin klass, sade Ali ivrigt att det hade varit precis likadant när han började skolan året innan. Varför fanns vi inte med på någon lista? Och varför ville alla lärarna ha just oss i sin klass? På den tiden var vi knappast medvetna om vår avvikande hårfärg, men när klasskamraterna började kalla mig "Rost" som öknamn, dök tanken upp att det kanske var för mitt röda hår som alla lärarna hade velat ha mig i sin klass. Att få en rödhårig elev i klassen var ju ungefär lika otroligt som att hitta en fyrklöver, så kanske trodde de att det betydde tur? Om det var sant vet jag förstås inte, men själv hade jag i alla fall inte mycket tur det året. Här ska ni få höra vad som hände.

Det året inföll fastemånaden Ramadan i slutet av november och början av december. När fastan var över inföll som alltid Eid al-Fitr, en fest som varar i tre dagar. Vi var bjudna till mammas familj och hade tagit på oss våra finaste kläder. Pappa hade gått före ut till vägen för att stoppa en taxi. Året innan hade mamma fött ännu ett barn, en pojke, så nu väntade jag otåligt på att hon skulle bli färdig med att klä på honom och min syster. Ali stod bredvid och tittade på. Till sist tröttnade mamma på min iver och föreslog att jag skulle springa ner till pappa vid vägen så länge. Det gjorde jag, men just som jag skulle passera bron över ån som rann mellan vårt hus och bondgården, kom en skåpbil i mycket hög fart längs den smala grusvägen förbi vårt hus. Föraren såg mig inte, och i sista ögonblicket försökte jag kasta mig åt sidan för att inte bli överkörd. Det lyckades bara till hälften. Min högra arm slog i bron, och jag såg under bråkdelen av en sekund hur bilens hjul körde över min armbåge. Så plumsade jag ner i det kalla och smutsiga vattnet. Jag vet inte hur jag lyckades kravla mig upp på vägen igen, men så snart jag hade kommit på fötter sprang jag gallskrikande tillbaka mot vårt hus. Pappa, som just hade fått tag i en taxi, hade sett vad som hänt och sprang efter mig. Mamma kom storgråtande emot mig från andra hållet. Det blev inte mycket till fest den dagen. Istället körde taxin pappa och mig till sjukhuset, där det konstaterades att min arm var bruten på flera ställen. Jag blev gipsad och fick inte gå i skolan. Istället måste jag stanna hemma i nästan ett halvår frånsett regelbundna återbesök på sjukhuset. Pappa gick till polisen för att anmäla mannen som kört på mig. Vi visste vem han var. Han bodde ju bara ett litet stycke bortom vårt hus. Märkligt nog var polisen helt ointresserad. – Nej, någon sådan olycka hade aldrig inträffat. Om det verkligen hade hänt, skulle de naturligtvis redan ha känt till det. – Vad kunde vara förklaringen till polisens avvisande attityd? Hade mannen som körde på mig redan besökt polisen och på något sätt lyckats övertyga dem om att han inte kört på någon pojke? Flera år senare stötte jag ihop med honom på gatan. Han stannade till, tvekade ett ögonblick och sade sedan:

– Du kommer ihåg det där som hände? Det kan vi väl glömma nu? Och du ska veta att jag respekterar både dig och din familj av hela mitt hjärta.

Jag blev mera konfunderad än lättad av hans halvhjärtade bekännelse. Vad menade han egentligen?

Inte förrän i slutet av vårterminen kunde jag återvända till skolan. Till min lättnad behövde jag ändå inte gå om ettan utan kunde tillsammans med mina klasskamrater fortsätta till tvåan, men som ni snart ska få höra gick det ungefär lika illa för mig där. Vår fasters man Yassir, som bodde i grannhuset, hade en son som var ett år yngre än mig. Han skulle också gå i vår skola, så nu var vi tre som behövde skjuts. Hur skulle vi lösa det, när varken pappa eller Yassir hade någon bil? De bestämde sig för att turas om att skjutsa oss till skolan på cykel. Pappa skruvade fast en brädstump på pakethållaren, och så fick två av oss sitta bakom varandra på brädan och den tredje på stången. Den dagen som olyckan skulle drabba mig igen, var det Yassir som skötte transporten och min tur att sitta längst bak på brädan. Medan vi rullade på i bra fart kom jag på att jag kunde skapa ett roligt ljud genom att låta kanten på min högra sko snudda vid ekrarna. Jag höll på länge och experimenterade med att hålla foten i olika vinklar och trycka olika hårt. Det lät nästan som en motorcykel. Jag låtsades att det var jag som körde och gasade på genom att trycka skon ännu hårdare mot ekrarna. Då exploderade plötsligt världen omkring mig, och sekunden efteråt släpades jag på marken med foten fastklämd mellan ekrarna och staget till pakethållaren. Skon var förstörd, och det gjorde otroligt ont i hela högerbenet. Yassir sade åt de andra två att fortsätta till skolan till fots. Själv lyfte han upp mig på pakethållaren och cyklade så fort han kunde tillbaka hem. Där fick pappa tag på en taxi, och så bar det av till sjukhuset igen. Det visade sig att vadbenet var brutet, skenbenet knäckt och flera ben i foten skadade. Dessutom var huden bortfläkt från en stor del av foten. Läkaren packade in benet och foten i ett paket av gasbinda och gips, och så fick vi återvända hem, men det kändes inte alls bra. Allteftersom dagarna gick fick jag mer och mer ont i foten. En kväll stod jag bara inte ut längre. Pappa fick hjälp av en granne som hade bil, och vi blev skjutsade till en känd privatläkare. Där var det fullt i väntrummet, och eftersom pappa inte hade bokat någon tid, fick vi vänta och vänta. Inte förrän alla andra patienter var behandlade och sköterskan var färdig att stänga för kvällen, tog läkaren emot oss. Han klippte bort gipset. Innanför var foten nästan grön. Det var bakterier som hade orsakat vävnadsdöd, förklarade läkaren. Så satte han igång att skrapa bort död vävnad och badda på desinfektionsmedel. Han höll på i bortemot en timme. Det gjorde jätteont. Till sist satte han fast en skena längs benet och under foten istället för gips, så att det skulle gå att komma åt att tvätta foten och desinficera såret varje dag. Mamma fick åka till läkaren och lära sig hur man skulle göra. Precis som året innan kunde jag inte gå i skolan, men en gång kom min lärare hem till oss och visade vad jag skulle läsa. Först i slutet av skolåret kunde jag återvända till skolan, men tack vare att jag hade läst hemma fick jag ändå fortsätta till årskurs tre tillsammans med mina klasskamrater.

Den sommaren flyttade vi. Det fanns flera skäl till att mina föräldrar ville skaffa en ny bostad. Mamma ville bo närmare sin familj, och pappa och Yassir hade tröttnat på att skjutsa oss till skolan. De två grannfamiljerna var också inne på samma linje och började leta efter något bättre ställe att bo på. Mannen som ägde bondgården strax intill ville köpa våra tre hus åt sina barn som var på väg att bli vuxna. Han förhandlade med oss om priset men det var svårt att komma överens. Då inträffade två saker som kom att skynda på affären.

Det hade inte varit alldeles lätt att hitta vatten i området. Pappa hade lyckats gräva en brunn på vår del av tomten, men Yassir och hans bror hade inte varit lika framgångsrika. Pappa hade därför låtit dem dra ledningar från vår brunn till sina hus också. En gång hade han till och med låtit bonden hämta vatten från vår brunn när hans egen hade sinat. Men så en dag, när vi hade varit borta hemifrån och återvände hem, fann vi två personer från bondgården inne i vårt hus. På något sätt måste de ha klättrat upp på vår takterrass och därifrån tagit sig in i huset. Nu höll de på att koppla en slang från vår vattenpump till sitt eget hus utan att först ha bett om lov. Mina föräldrar blev mycket upprörda. Vem ville ha sådana inbrottstjuvar till grannar?

Till sist blev det en annan incident som fick bägaren att rinna över. Från hallen innanför vår ytterdörr gick en trappa upp till takterrassen. Det fanns ingen dörr mellan hallen och trappan eller mellan trappan och takterrassen, så precis som männen från bondgården kunde vem som helst ta vägen från takterrassen ner i hallen. Det hade en bålgetinghona utnyttjat och passat på att bygga sitt bo i något hålrum i trappan. Bålgetingar är stora och egentligen ganska fredliga insekter, men mamma var mycket rädd för dem, och det smittade förstås av sig på oss barn. I början av sommaren såg vi bara någon enstaka geting då och då, men längre fram blev de fler och fler. En dag när mamma öppnade dörren för att gå ut i hallen, var den full av getingar. Kanske svärmade de? Mamma slog snabbt igen dörren. Nu visste vi inte vad vi skulle göra. Ut genom hallen vågade vi oss inte, och någon annan väg ut ur huset fanns det inte. Efter en stund kom en av hennes bröder på besök. Ingen öppnade när han knackade på, men inifrån huset hörde han mamma ropa på hjälp. Så snart han hade förstått hennes problem, knackade han på hos Yassir. Hans hus låg ju vägg i vägg med vårt. Sedan han klättrat över muren mellan takterrasserna, hällde han ner en rejäl skvätt lösningsmedel i vår trappa. Han ropade till oss att vi skulle vänta några minuter tills getingarna hade blivit dåsiga av ångorna. Sedan kunde vi öppna och släppa in honom. För säkerhets skull svepte Ali och jag in oss i var sin filt innan vi vågade oss ut i hallen. En stund senare sopade vår morbror upp de döda getingarna. De fyllde en halv hink. Därmed kan man tycka att problemet var löst, men det tyckte inte mamma. Hon ville inte bo en enda natt till i huset! Resolut tog hon oss med sig och flyttade

31

till sin syster, som tillsammans med sin man bodde vid en smal återvändsgränd i al-Kadam i södra Damaskus. Pappa och grannarna sålde sina hus för ett lägre pris än de först hade begärt, och för pengarna lyckades pappa och Yassir tillsammans köpa en tomt dryga femhundra meter öster om farfars och farmors hus på odlingslotten. Så satte de igång att bygga. Pappa ville ha ett ganska stort hus, 165 kvadratmeter i ett plan plus den obligatoriska takterrassen, men långt innan det var färdigt tog pengarna slut. Han sålde vad som fanns kvar av mammas guldsmycken men blev ändå tvungen att återigen låna ganska stora summor av flera bekanta. Det dröjde till sent på hösten innan vi kunde flytta in i vårt nya hus. Till en början var det som att bo på en byggarbetsplats. Det fanns inte ens några dörrar mellan rummen de första dagarna!

4

I årskurs tre fick vi en ny lärare, en sträng gammal dam som höll noga ordning på oss. När hon stod vänd mot tavlan och skrev, kunde hon plötsligt vända sig, peka på någon av oss och utbrista:
– Det var du som pratade. Det hörde jag nog. Ni ska veta att jag har varit lärare så länge att jag har lärt mig se vem som bråkar även om ni gör det bakom ryggen på mig!
Så tvingade hon den bråkige att gå fram och ställa sig bredvid tavlan. Där måste han stå alldeles stilla med ansiktet mot väggen och båda händerna sträckta över huvudet, tills hon tyckte att han blivit tillräckligt straffad. Var det riktigt illa måste han dessutom stå på ett ben. Men det hände också att hon berömde någon elev som hade presterat särskilt väl. Då kunde hon säga:
– Idag har Mohamad gjort sig förtjänt av en pionjärapplåd!
Och så fick vi alla klappa rytmiskt i händerna fem plus fem plus ett plus ett plus ett slag. Hon lärde oss förstås också nyttiga saker som att läsa, skriva och räkna. Dessutom fick vi ett nytt ämne: engelska. Det var en särskild lärare som höll lektionerna, och för oss som redan hade läst engelska i förskolan var det inga problem. Värre var det för dem som träffade på det nya språket för

första gången. Det var inte nog med att de skulle lära sig en massa konstiga, nya skrivtecken. De skulle dessutom skriva orden "baklänges", från vänster till höger. Snabbt spred sig en ovilja mot ämnet som förstås gjorde det ännu motigare att lära sig. Innan skolåret var slut hände dessutom någonting konstigt. En dag, helt utan förvarning, stod en ny lärare i katedern. Hon var ung och såg vänlig ut. Vår gamla lärare hade inte sagt ett ord om att hon skulle sluta, och den nya läraren presenterade sig utan att förklara varför hon så plötsligt hade fått ta över klassen. På rasten spekulerade vi förstås över vad som kunde ha hänt. Hade den gamla läraren blivit sjuk? Eller hade hon kanske till och med dött? En av klasskamraterna svarade skämtsamt:

– Nej, dött har hon nog inte. Så gammal som hon var måste hon redan ha mutat dödsängeln med en rejäl borgen. Hon dör nog aldrig!

När skolåret var slut och skolans bästa elever kallades upp på scenen för att ta emot sina diplom, visade det sig att jag hade skolans näst bästa betyg. Jag var mycket stolt men hade förstås varit ännu stoltare om jag hade varit etta. Jag frågade läraren vad jag hade missat och fick till svar att jag visserligen hade fått full poäng i alla läroämnen men att jag hade fått ett avdrag i "Attityd och etik". Skälet var att jag pratade för mycket och att jag ställde en massa frågor som ingen människa kunde svara på.

Innan jag började årskurs fyra hade jag hunnit få en lillasyster till, så nu var vi fem barn i familjen. Från det skolåret har jag inga särskilda minnen. Arbetet lunkade väl på som vanligt ... Jo, nu minns jag en episod. Den inträffade en morgon under uppställningen på skolgården. Som jag tidigare har berättat, krävde reglerna att vi hade svarta byxor under rocken på skoluniformen. Nu var det inte alla som tog så allvarligt på det, så en del hade blå jeans på sig istället. Vanligtvis var det ingen som bråkade om det, men idag var det överläraren som stod på scenen med mikrofonen i handen och ledde exercisen. Då måste han ha lagt märke till att alla inte hade svarta byxor, och han beordrade ordningsmännen i varje klass att notera namnen på alla som inte var korrekt klädda. Jag trevade efter papper och penna utan att hitta

33

något. Då räckte flickan bredvid mig, som var vice ordningsman i vår klass, fram papper och penna. Jag tittade efter något att hålla under pappret medan jag skrev.

– Du kan hålla pappret mot min rygg, sade flickan.

Jag gjorde så och började anteckna namnen. Framför oss stod vår klassföreståndare, och efter en stund råkade han få syn på vad vi höll på med. Då blev han mycket upprörd och skällde en lång stund på mig för att jag skrev mot flickans rygg. Vi var tio eller elva år, och jag förstod inte vad jag hade gjort för fel. Dessbättre hade jag vid det laget lärt mig att inte fråga.

Det året fick jag mitt första sommarjobb. Det var på en stor bilverkstad, där många små företag svarade för var sin del av verksamheten. En av mina fastrars man hade en firma som lackerade bilar, och hos honom fick jag arbete. Jag fick 200 pund i veckan i lön, och redan efter två veckor kunde jag köpa min första riktiga cykel. Nu kunde jag cykla på gatan, och en av mina arbetsuppgifter blev att åka och hämta beställda varor från andra firmor. I övrigt hjälpte jag till så gott jag kunde med att städa och springa ärenden. Lackera bilar fick jag förstås inte göra, även om jag gärna hade försökt.

När sommarlovet var över började jag i årskurs fem. Det var bokstavligen som att börja i en ny skola. Vår gamla skola hade gjorts om till flickskola, och vi pojkar måste därför flytta. Det blev i och för sig ingen lång flytt, för precis på andra sidan muren låg en skola till. Den var gammal och förfallen, men det var där vi skulle gå. Också här var klasserna blandade, och både pojkar och flickor gick klädda i mörkblå skoluniformer med byxor och jacka. Vi fick olika lärare i varje ämne, och flera av dem var mycket stränga och slog elever som inte gjorde exakt som de sade. I och för sig var nog de flesta av oss vana vid att få stryk, om inte i skolan så hemma. I vår familj hände det mer än en gång att pappa kom hem efter en arbetsdag på tolv eller fjorton timmar och fick veta att Ali och jag hade ställt till med något fuffens. Då kunde han fösa in oss i sovrummet, låsa dörren bakom sig, ta av livremmen och slå oss. Utanför dörren stod mamma och grät men kunde ingenting göra. Efteråt jämförde Ali och

34

jag märkena på våra armar och skojade om att vi var randiga som tigrar. I skolan förväntar man sig däremot att bestraffningar ska vara välmotiverade och rättvisa, men så var det inte alltid. Det är särskilt en episod som jag har svårt att glömma.

I Damaskus är det för det mesta runt åtta plusgrader på vinterdagarna, men det händer att temperaturen kryper ner under nollan. Vår skola hade tunna väggar och otäta fönster med enkelt glas i ramar av järn. För att hålla den värsta kölden ute, fanns det i varje klassrum en oljeeldad kamin. På en stång bredvid kaminen hängde en dunk med olja, och från dunken droppade oljan genom ett rör ner till eldstaden. Röken från kaminen leddes via ett långt rör ut genom ett hål i väggen. Inför varje vinter levererade staten en viss mängd eldningsolja till varje skola. På vår skola lagrades oljan i en tank i källaren, och vaktmästaren ansvarade för att portionera ut den så att den räckte hela vintern. Då och då kom han in med en kanna och fyllde på tanken vid kaminen. Med en kran ställde han in oljeflödet så att det droppade i lagom fart ner till eldstaden. Om vi elever någon gång hade ärende till rektorsexpeditionen eller till något av lärarrummen, kunde vi förstås inte undgå att se att oljan hos dem inte droppade utan rann i en smal stråle och att deras kaminer glödde röda av värme. I klassrummen var de svarta som sot.

Nu kom det en köldknäpp med temperaturer runt nollan. I vårt klassrum hade oljan tagit slut, och vaktmästaren hade meddelat att vi redan fått vår ranson för veckan, så det skulle inte bli någon påfyllning förrän nästa söndag. Skolan var ju ändå stängd på fredagar och lördagar. Det drog från de otäta fönstren, och vi satt huttrande i våra bänkar. När vi återvände in efter den sista rasten den dagen, väntade överläraren med bister min utanför vårt klassrum. Det hade visat sig att någon varit inne i klassrummet under rasten och försökt elda i kaminen med sönderrivna skrivböcker. Askan efter bränt papper syntes tydligt, sade han. Sedan måste någon ha smugit ner i källaren och fyllt bränsletanken med olja, för nu brann det friskt i kaminen.

– Vem av er är det som har stulit olja i källaren? frågade överläraren med hård röst.

35

Alla skruvade på sig men ingen sade något.

– Nå, vem är det? undrade han igen.

Ingen anmälde sig. Då tog han fram en käpp som han hade haft gömd bakom ryggen och vägde den hotfullt i handen.

– Då blir jag tvungen att bestraffa er kollektivt. Ta av er skorna! beordrade han.

Flera av flickorna började gråta. Då sade han till dem att gå in i klassrummet och vänta där. Sedan vände han sig på nytt mot oss pojkar. Som ordningsman stod jag först i raden, och hur jag än försökte kunde inte jag heller hålla tårarna tillbaka. Han tittade några sekunder på mig med kall blick och sade sedan:

– Vad lipar du för?

– Vi har inte gjort något, snyftade jag. Vi har varit ute hela rasten.

Det var ju min plikt som ordningsman att tala för klassen. Och så tog jag mod till mig och tillade:

– Och jag har aldrig blivit slagen under fötterna i skolan förut.

– Då ska du inte bli det den här gången heller, sade överläraren med ett sarkastiskt leende.

Så tog han tag i först min ena och sedan min andra hand och rappade till dem hårt med käppen. Röda märken visade sig strax på huden. Han fortsatte likadant med var och en av de andra pojkarna. Till sist kommenderade han både oss och flickorna att gå ut på skolgården. Där tvingade han oss att gå "ankgång", det vill säga hasa oss fram på huk med händerna på nacken, ett straff som jag har hört är vanligt inom armén. Flera varv fick vi på så sätt kräla längs skolmuren medan lårmusklerna värkte värre och värre. Jag har försökt glömma hela den här händelsen men det är svårt. Då och då dyker den upp i mitt minne igen. Det kan aldrig vara rätt att straffa oskyldiga!

Men det är inte bara obehagliga minnen jag har av året i femman. Som jag redan har berättat fick vi flytta till en ny skola. Samtidigt försvann en del gamla klasskamrater, och det kom nya istället. Jag lade snart märke till en ny flicka i klassen. Hon hade ett ovanligt namn, samma som namnet på en vinterblomma. Jag kom att sitta snett bakom henne. Hon hade ingen slöja, och jag kunde inte låta bli att beundra hennes långa, mörkbruna hår. För det mesta hade hon det samlat i en hästsvans, och när hon vred på huvudet svängde svansen lustigt från den ena sidan till den andra. Men flickan var inte bara vacker, hon var duktig också. Hon kunde svara på alla frågor och fick toppbetyg på alla prov. Jag hade förstås gärna velat prata med henne, men det vågade jag aldrig. När vårterminen var över skulle de bästa eleverna som vanligt ta emot diplom. Avslutningen skedde i klassrummen, men vår huvudlärare var sjuk så vi blev uppdelade i grupper och fick tränga oss in i var sin av våra parallellklasser. Av samma anledning fick ingen i vår klass något diplom, men på anslagstavlan i korridoren hängde en lista över de elever som hade skolans bästa betyg. Flickan med blomnamnet stod högst på listan. Hon hade sammanlagt 199 poäng av 200 möjliga. Tvåa var jag med 197 poäng. De tre poäng som jag hade förlorat gällde betyget i konst. Jag var väl inte så duktig på att måla. I vilket ämne flickan hade förlorat sitt enda poäng vet jag inte. Jag hade gärna haft henne som klasskamrat nästa år också men så blev det inte. Från och med sexan blev pojkar och flickor uppdelade i olika skolor.

5

När det gäller att skaffa sommarjobb är det bra att ha många farbröder och morbröder. Min fasters man Yassir hade en takeaway pizzeria, och där arbetade jag en del under sommaren efter femman. Då och då hann jag också hjälpa till på en annan farbrors restaurang. Året därpå, när jag slutat sexan, sommarjobbade jag i en av mina morbröders bokhandel, men jag hade också bestämt mig för att äntligen försöka lära mig simma. Min farbrors "simlektion" i reservoaren vid farfar och farmors hus ett antal år tidigare hade satt sina spår, och trots flera försök hade pappa inte lyckats försona mig med vattnet igen. När jag var sex år hade han tagit med Ali och mig på en resa till havet. Vi tyckte förstås att det skulle bli jättespännande. Det är bara den nordvästra delen av Syrien som når fram till Medelhavet, en kuststräcka på omkring hundrafemtio kilometer kantad av turistorter och glittrande sandstränder. Damaskus, där vi bodde, ligger i södra delen av Syrien innanför Libanon, så för att komma till kusten måste man resa ganska långt norrut. Staden vi åkte till heter Latakia och ligger i norra delen av kusten. Bussresan dit tog flera timmar, och när vi kom fram var flera av pappas släktingar redan på plats. För den som har vuxit upp i inlandet är det en överväldigande upplevelse att se havet för första gången. Jag hade aldrig kunnat tänka mig en sådan oändlig vidd av vatten. Den övergick ju i himlen långt, långt där borta! Jag smakade på vattnet. Det var salt! På stranden låg människor så långt ögat nådde och njöt i solen. Många badade i det klara vattnet. Naturligtvis gjorde Ali och jag likadant. Vi plaskade vid strandkanten, grävde i sanden och jagade varandra. Det dröjde inte länge förrän vi började bli otäckt röda på axlarna och ryggen.

– Äsch, man vänjer sig och sedan tål man hur mycket sol som helst, tyckte någon av släktingarna.

Så blev det inte. På kvällen hade vi fått blåsor. Det gjorde mycket ont, och vi kunde inte sova på natten. Inga solkrämer hjälpte, så resten av veckan i Latakia fick vi vackert sitta i skuggan under ett parasoll och kunde inte gå i vattnet förrän solen var på väg ner. Sommaren därefter åkte vi till Banias, en mindre ort som ligger längre söderut längs kusten. Nu var pappa mera försiktig med oss, men det begränsade också våra möjligheter att vara i vattnet. När vi återvände hem kunde jag fortfarande inte simma. Så kom det sig att jag först nu, på sommaren efter sexan, på eget initiativ gjorde ett allvarligt försök att lära mig. I närheten av min morfars och mormors hus fanns ett badhus med bassäng, men det fanns ingen regelrätt simundervisning. Alltså experimenterade jag i huvudsak själv. Solen struntade jag i – alla sade ju att man vande sig. Efter några timmar dök en av mina skolkamrater upp vid bassängen. Han tog ett stadigt tag om min axel och sade:

– Kul att se dig! Hur har du det?

Det skulle han inte ha gjort! När han släppte taget följde det yttersta hudlagret med. Så blev det salvor och sömnlösa nätter igen, men jag strävade på så gott det gick, och efter ett tag kunde jag hålla mig flytande också på djupt vatten. Några riktiga simtag var det nog inte som jag gjorde. Jag kravlade mig fram mera som en hund, fast själv hävdade jag förstås att jag nu hade lärt mig simma.

I övrigt tillbringade jag som sagt den mesta tiden den sommaren i min morbrors bokhandel frånsett ett och annat inhopp på min farbrors restaurang. Jag gillade verkligen bokhandeln. Det var en stor lokal med bokhyllor högt och lågt längs väggarna. Dessutom sålde vi leksaker, godis och en hel del annat som kunde locka kunder. Vi var oftast tre personer bakom disken, min morbror, en vuxen expedit och jag, och trots att jag bara var tolv år kunde jag både plocka fram vad kunderna frågade efter och ta betalt. Jag fick förstås ta hand om en del andra uppgifter också.

– Är du snäll och sätter på lite te åt oss, kunde min morbror till exempel ropa åt mig.

Då gick jag ut på lagret, tände den låga, flyttbara gasspisen och satte kitteln med vatten över elden. Sedan hann jag ut i butiken en stund innan det var dags att hälla te i silen och doppa ner den i vattnet. Det hade jag gjort många gånger, men den dagen jag nu ska berätta om gick det inte som det brukade. Tevattnet stod på värmning och jag skulle just ta betalt av en kund, när min morbror reagerade på att det luktade rök. Jag sprang ut på lagret igen och möttes av en förfärlig syn. Hela väggen bakom spisen stod i ljusan låga. Hyllorna med godispåsar hade förvandlats till ett hav av eld och rök. Panik bröt ut i affären. Kunderna flydde medan min morbror, expediten och jag förgäves pytsade vatten på elden. Otroligt snabbt spred den sig ut i affären, och snart stod vi alla på gatan och såg lågorna förstöra både varorna och lokalen. Jag ville göra ett sista försök att springa in och rädda något men min morbror stoppade mig.

– Spring hem! ropade han. Här finns inget mer att göra.

Det gjorde jag. På gatan utanför höll brandkåren på att rulla ut sina slangar, och en hel hop nyfikna hade samlats för att titta på dramat. Jag trängde mig förbi dem och sprang hela vägen hem.

Där berättade jag upphetsat om vad som hänt, och snart pratade alla i munnen på varandra. På natten kunde jag inte sova. Jag funderade och funderade. Varför hade det börjat brinna? Jag hade ju gjort precis som vanligt. Hade tekitteln kokat torr? Knappast. Det hade ju bara gått ett par minuter. Varför? Varför?

Nästa dag gick jag tillbaka till affären. Där höll min morbror tillsammans med expediten och några av sina bröder på att röja upp. Det var ingen munter uppgift. I princip var allt förstört, men ändå bestämde sig min morbror snart för att bygga upp affären igen. Han lånade pengar, hyrde in smed och målare, och innan sommaren var över såg affären finare ut än den hade gjort före branden. Lagom till höstterminen skulle den öppnas igen, och de sista dagarna höll vi på att ställa upp varor på hyllorna. Jag skulle just placera en dekorativ prydnad där kunderna bäst kunde se den – det var en väderkvarn av trä med vingar av glas och en inbyggd speldosa – när den slant ur händerna på mig och med ett brak krossades mot golvet. Då kunde min morbror inte hålla tillbaka sina känslor. Han skällde ut mig så att det hördes långt ut på gatan. Det var jag som hade orsakat branden! Jag hade förstört hela hans affär! Jag hade ruinerat honom! Och nu hade jag förstört kvarnen också! Jävla marodör! Jag kunde inte hålla tårarna tillbaka. Det blev min sista arbetsdag den sommaren.

Årskurs sju till nio utgör ett eget stadium i den syriska skolan. Pojkar och flickor hade separerats redan inför sexan, och nu inför sjuan var det dags att välja skola igen. En väninna till mamma hade rekommenderat den berömda al-Sharia-skolan för pojkar i stadsdelen al-Midan i centrala Damaskus. Den hade grundats av sheikh[1] Hassan Habanakeh al-Midani och tog emot ungdomar inte bara från det egna landet utan också från andra länder. Utöver de obligatoriska ämnen som krävdes enligt den nationella läroplanen gav skolan också kurser inom sju ämnen som rörde muslimsk litteratur och religionskunskap. Märkligt nog fick eleverna betalt för att gå i skolan, inga stora summor men ändå. Var pengarna kom ifrån vet jag inte. Skolan hade ett mycket gott rykte, och det räckte inte att ha höga betyg för att bli

---

[1] Sheikh = muslimsk präst

antagen. Man måste också genomgå ett krävande antagningsprov. Året innan hade Ali klarat av att komma in, och nu gick det lika bra för mig.

Jag uppfattade miljön i skolan som mycket positiv och kom snart att tycka bra om lärarna. Nästan alla hade doktorsexamen och ingav respekt genom sitt kunnande, inte genom att uppträda auktoritärt. De lyssnade på elevernas frågor och besvarade dem utförligt. Skolan hade särskilda ordningsregler, men det var också uppenbart att de elever som blivit antagna var inställda på att göra bra resultat, inte på att leka och busa. Jag njöt av tystnaden och lugnet både på lektionerna och rasterna. Vägen till och från skolan blev däremot en plåga. På något sätt hade ryktet om branden i bokhandeln spritt sig bland ungdomarna i kvarteren omkring vårt hus, och nästan varje dag var det någon som pekade på mig när jag kom cyklande och ropade:

– Titta! Där åker mordbrännar'n!

Jag var ju lätt att känna igen på mitt eldröda hår. Vägen till och från skolan blev något av ett gatlopp, jag sov dåligt på nätterna och fick allt svårare att koncentrera mig på läxorna. Det gick så långt att jag började skolka. Pappa såg noga till att jag gav mig av i tid varje morgon, men det hände att jag bara cyklade några kvarter och återvände hem igen så snart han hade gått till jobbet. En gång missbedömde jag tiden och mötte honom i dörren. Då tittade han mycket allvarligt på mig och sade:

– Jag kan inte tvinga dig att gå i skolan, men du ska veta att det kommer att avgöra din framtid. Du vill väl inte bli som jag?

Mina provresultat sjönk, och till sist blev jag kallad till rektorn. Han var allvarlig men respektfull när han visade mig mina sjunkande resultat. Vad var orsaken? undrade han. Jag tvekade först men berättade sedan att jag hade svårt att sova och att koncentrera mig. Då kallade rektorn mina föräldrar till samtal, och när han fick klart för sig att jag blev mobbad av andra ungdomar längs vägen till skolan, erbjöd han mig ett rum på skolans internat. Det var där som eleverna från andra länder bodde. Det var ett generöst erbjudande, men mina föräldrar valde ändå att ha mig kvar hemma. Jag ansträngde mig att klara skolan, och resultaten från det första läsåret på al-Sharia-skolan blev acceptabla om än inte lika bra som tidigare.

När vårterminen gick mot sitt slut började jag fundera på vem av mina morbröder och farbröder som skulle kunna ge mig ett sommarjobb. Till min förvåning kontaktade min morbror med bokhandeln mamma och frågade om jag hade lust att arbeta hos honom igen. Med viss tvekan tackade jag ja, och snart var jag igång med att betjäna kunder och sköta olika småsysslor. När min morbror byggde upp affären igen hade han låtit göra alla hyllor av plåt och inrett ett separat kök på gården med kala tegelväggar och utan tak. Under öppen himmel stod nu en ny spis. Jag förstod att han till varje pris ville undvika en ny brand. Däremot berörde vi aldrig med ett ord vad som hade hänt året innan. Ändå tycktes branden inte bara ha haft negativa effekter. Det kom många fler kunder än förut. De tittade på mig – var det mitt röda hår igen? – och många handlade av mig.

En dag när jag stod bakom disken kom en man in i butiken tillsammans med en flicka. Jag kände genast igen henne. Det var den vackra flickan med blomnamnet, hon som hade haft det bästa betyget i årskurs fem. Jag låtsades vara upptagen med något, men egentligen hade jag svårt att ta ögonen ifrån henne. Hennes pappa gick fram till min morbror för att fråga om något. Kanske sökte han efter en viss bok. Under tiden gick flickan långsamt längs hyllorna och tittade på böcker. Sakta närmade hon sig mig. Jag höll andan. Till sist stod hon mitt emot mig. Ingen av oss sade något, men vi log varmt mot varandra. Just då var hennes pappa klar med sitt ärende. Han hämtade dottern och de försvann ut genom dörren. Sedan dess har jag aldrig sett flickan med blomnamnet.

Tyvärr var inte alla möten i butiken lika positiva. En dag kom en man in och köpte en komplicerad leksak. Jag försäkrade mig om att den var hel innan jag packade in den och lämnade den till honom. Två timmar senare kom han in igen och krävde att få pengarna tillbaka. När han kom hem hade det visat sig att leksaken var trasig, hävdade han. Jag sade att den var hel när jag lämnade den till honom, men han stod på sig. Det gjorde jag också.

Jag förstod att han ljög, för jag visste ju att jag hade rätt. Mycket upprörd lämnade han affären och kom snart tillbaka med två poliser, en uniformerad konstapel och en civilklädd polistjänsteman. Återigen krävde han att få pengarna tillbaka. Jag protesterade och krävde att poliserna skulle lyssna på mig. Mannen ljög ju! Leksaken hade varit hel när han tog emot den! Först då fick min morbror syn på oss och ingrep. Han bad tusen gånger om ursäkt och lämnade genast tillbaka pengarna. Jag började på nytt förklara att mannen hade ljugit, men min morbror tystade ner mig. Innan mannen och poliserna lämnade affären, tog den civilklädde polismannen ett fast grepp om min underarm, böjde sig fram mot mig och sade i hotfull ton:

– Du är ett barn, och därför får det som du har gjort passera för den här gången. Men du ska veta, att om du uppför dig så när du har blivit vuxen, så kommer det att stå dig dyrt!

Jag var mycket upprörd. Det måste ju vara polisens plikt att ta reda på vad som verkligen har hänt! Och visst måste man väl alltid hålla sig till sanningen? Jag försökte prata med min morbror om det, men han bara avfärdade mig. Han ville på inga villkor ha något med polisen att göra!

En dag gick expediten och jag tillsammans ut på bakgården för att bära in en omgång varor som just hade kommit. Utanför bakdörren stannade han till, och efter att ha tvekat någon sekund sade han:

– Det är en sak som jag har tänkt på. Den där dagen när det brann förra året ... Du hade satt på te. Strax efteråt kom jag ut på lagret för att hämta mera godis. Påsarna stod bakom spisen. Jag kunde inte nå dem, så jag sköt spisen åt sidan. Efteråt har jag kommit på att jag kanske missade att flytta tillbaka spisen. Den stod under en hylla ... Det var nog så branden började.

– Va? svarade jag alldeles omtumlad. Har du berättat det för min morbror?

– Ja ... det har jag gjort, sade han dröjande.

Jag visste inte vad jag skulle tro. Hade morbror fått veta att jag var oskyldig? Var det därför han hade bett mig komma och arbe-

43

ta i affären igen? Men varför hade han i så fall inte sagt något? För säkerhets skull bestämde jag mig för att hålla tyst. Inte ens för mamma berättade jag vad expediten hade sagt. Så gick den ena dagen efter den andra. Det var alltid fullt med folk i butiken, och min morbror verkade mycket nöjd. Själv grubblade jag fortfarande på varför han ingenting hade sagt om orsaken till branden. Till sist kom jag på ett sätt att fråga honom utan att avslöja expediten. När ingen annan var i närheten passade jag på.

– Morbror, sade jag. Jag är jätteledsen för det där med branden förra året. Jag förstår ju att du har fått låna en massa pengar för att bygga upp butiken igen. Borde inte jag hjälpa till att betala det? Jag kan ju arbeta utan lön så länge.

– Det ska du inte ens tänka på, svarade han och klappade mig på axeln. Glöm alltihop! Affären går ju bättre än någonsin!

Innan sommaren var över hade han betalat tillbaka lånet och dessutom köpt en ny bil. Jag förstod ingenting. Varför sade han inte att han visste att det inte var jag som hade orsakat branden? Var det för att skydda expediten? Eller hade expediten ljugit när han sade att han hade berättat för min morbror att det var hans fel att affären brann? Men varför hade min morbror i så fall erbjudit mig att börja arbeta i affären igen? Jag undrar fortfarande var sanningen fanns.

6

Som jag redan har berättat skilde sig miljön i al-Sharia-skolan mycket från miljön i de statliga skolorna. Ett exempel är hur man hanterade kursresultaten. I de statliga skolorna satte man upp listor över betygen på anslagstavlan, förmodligen i hopp om att tävlingsinstinkten skulle få eleverna att läsa flitigare. I al-Sharia-skolan behandlades betygen konfidentiellt och lämnades bara ut till varje elev för sig. Det var vars och ens uppgift att försöka upprätthålla och helst förbättra sina egna resultat, inte att tävla med klasskamraterna. Högmod var en dålig egenskap som eleverna skulle lära sig att undertrycka. Skälet till att jag i sjuan hade blivit kallad till rektorn var därför inte att mina resultat var sämre än de andras. De var bara sämre än vad jag hade presterat på inträdesprovet. Som en konsekvens av att skolan motverkade öppen konkurrens, blev studiemiljön lugnare och samarbetsklimatet bättre. Vi fick också lära oss att visa tolerans mot varandra och att använda ett vårdat språk.

När vi började årskurs åtta presenterade vår klasslärare som första uppgift att vi skulle formulera vårt personliga mål för läsåret. Vi fick en vecka på oss att fundera över frågan och skulle sedan lämna in vårt svar skriftligt. Jag, som alltid har svårt att tygla min spontanitet, räckte genast upp handen och sade:

– Jag behöver inte en vecka för att tänka ut det. Jag vet redan. Jag vill ha full poäng på alla prov.

Läraren suckade och förklarade att var och en skulle formulera sitt eget personliga mål och bara anförtro det åt läraren, inte deklarera det inför klassen. Det handlade inte om att tävla utan om att koncentrera sig på vad man själv ville uppnå. Jag skämdes men fick samtidigt något att tänka på.

Vi var många som trivdes i miljön på al-Sharia-skolan, inte minst för att vi hade så bra lärare. Som exempel på hur populära en del av lärarna var kan jag berätta en episod som rörde vår matematiklärare, en man i trettioårsåldern. Han skulle gifta sig och fick därför ledigt i två veckor från arbetet. Jag minns inte säkert om vi hade en vikarie eller om vi fick arbeta självständigt medan han var borta. Hur som helst saknade vi honom, och när han äntligen återvände till skolan och kom gående över skolgården, råkade en av mina klasskamrater titta ut genom fönstret och få syn på honom. Ryktet spred sig blixtsnabbt, och innan han ens hade hunnit in genom ytterdörren hade hela vår klass samlats i korridoren. Vi sjöng och klappade i händerna när han steg över tröskeln, och det var lätt att se hur glad han blev över mottagandet. Men vi hann inte mer än precis tillbaka in i klassrummet förrän överläraren kom med bestämda steg och skällde ut oss för att vi hade fört oväsen. Snett bakom honom stod matematikläraren och hade svårt att hålla sig för skratt.

Flera av de andra lärarna var också mycket omtyckta. Jag tror att det framför allt berodde på att de inte bara presenterade kursernas grundinnehåll på ett tydligt och intresseväckande sätt utan att de också stimulerade oss att på eget initiativ fördjupa oss vidare i deras ämnen. Eftersom skolans tyngdpunkt låg på humaniora, var laboratorieutrustningen för de naturvetenskapliga ämnena begränsad. När några elever visade ett särskilt intresse för något visst område inom kemin, hyrde kemiläraren på egen bekostnad in sig på ett privat laboratorium och lät eleverna genomföra en serie försök där för att finna svaren på sina frågor. Läraren i arabiska utmanade sina elever att hitta den mest komplicerade och okända fornarabiska sagan. En elev presenterade ett så intresseväckande fynd att läraren entusiastiskt visade upp det för rektorn. Det slutade med att en grupp elever fick samarbeta om att skriva en dramatiserad version av sagan som skolan sedan satte upp som teater. Elever spelade alla rollerna – det var till och med maskerade pojkar som spelade slavinnor. Det byggdes en scen på skolgården, marken täcktes med mattor för publiken att sitta på, personer ur stadsledningen bjöds in. Sagan handlade om en kalif som kunde lära sig vilken dikt som helst utantill efter att bara ha hört den läsas upp en enda gång. Han utmanade landets poeter och utlovade ett pris till den som kunde presentera en helt nyskriven dikt, men så snart han hört dikten läsas upp, hävdade han att den var gammal. Han kunde ju den redan utantill! Till sist överlistades han av en poet som presenterade en näst intill obegriplig dikt uppbyggd av ålderdomliga ord, dubbeltydiga uttryck och outtalbara tungvrickare. Föreställningen blev mycket uppskattad, en höjdpunkt på skolåret, och snart hade varenda elev lärt sig den komplicerade dikten utantill. En bieffekt, som vi inte ens var medvetna om, var att vi samtidigt hade utökat vårt ordförråd och tränat upp vår förmåga att förstå ålderdomlig arabiska.

Hemma hade pappa kommit fram till att Ali och jag själva skulle bestämma hur vi tog oss till och från skolan. Varje vecka gav han oss 100 pund och förklarade att vi fick välja om vi ville åka buss eller spara pengarna. Vi valde båda att cykla om inte vädret var alltför bedrövligt. Pengarna som blev över lämnade vi till mamma, som ansvarade för familjens ekonomi. Läsaren kanske väntar sig att hon i sin tur satte in pengarna på banken, men det gjorde hon inte. Istället gömde hon dem någonstans i huset. Så gjorde de flesta i Syrien, för alla betalningar gjordes i kontanter och det fanns varken bankkort eller uttagsautomater, så vad hade man för nytta av banken? Det var bara verkligt förmögna personer som hade bankkonton. Den kraftiga inflationen gjorde dessutom att det över huvud taget inte lönade sig att spara.

För att slippa ifrån barnen som ropade öknamn efter mig, valde jag att åka en annan väg till skolan. Den var visserligen längre men mycket lugnare, och det gav mig tid att tänka. Också hemma började jag alltmer söka ensamheten. Visserligen var mina syskon mina närmaste vänner – jag hade alltid haft svårt att bli accepterad av mina klasskamrater utom när de behövde hjälp med någon skoluppgift – men nu krävde läxorna allt mer koncentration och arbete. Jag satt för det mesta i något hörn av sovrummet och pluggade, och det var inte ovanligt att jag höll på till så sent på kvällen att det slutade med att jag somnade över böckerna. Under tiden i åttan kom jag att intressera mig allt mer för biologi. På fritiden pressade jag blad från olika träd och samlade dem i en pärm. Jag gjorde också hål i barken på träden för att undersöka saven. Jag tittade, kände, luktade och smakade på den. På vinterlovet arbetade jag två veckor i en textilfabrik som tillverkade strumpor. Det var förstås som vanligt en släkting som ägde fabriken, i det här fallet min mosters dotters man. Lönen var 500 pund i veckan, och min plan var att för de 1 000 pund jag tjänade köpa ett mikroskop. Till min besvikelse visade det sig att mikroskopen var mycket dyrare än jag hade räknat med, så pengarna räckte inte alls. Jag satte in det jag hade tjänat hos mamma så länge.

När årskurs åtta var över visade det sig att jag fått bättre betyg än året innan men inte så bra som jag hade hoppats. Målsättningen att få full poäng på alla prov hade jag inte lyckats uppnå. På sommaren arbetade jag i min farbrors restaurang. Han var pappas näst yngsta bror och jag tyckte om honom, eftersom han alltid hade varit snäll mot Ali och mig. Därför var det också roligt att arbeta hos honom, och det var skönt att få göra något praktiskt som omväxling till de teoretiska studierna i skolan. Min farbror var fenomenalt duktig i köket. När han hackade grönsaker dansade kniven så fort att man inte kunde se den. Jag försökte härma honom och skar mig förstås i fingrarna. Då visade han mig långsamt och systematiskt precis hur jag skulle göra, och med lite övning gick det riktigt bra. Men han lät mig inte bara hacka grönsaker. Jag fick prova på att skära kött, grilla, servera och ta betalt. Snart kunde jag hoppa in var som helst där det behövdes, och eftersom min farbror fann mig både snabb och smidig började han kalla mig "Tigern". Om någon av hans anställda var sjuk eller behövde ta ledigt, kunde han skämtsamt säga:

– Det är inget problem. Jag har ju Tigern.

Alla gäster fick gratis te till maten, och vi kokade teet över öppen eld så att det fick en lätt röksmak. När det blev dags att ta betalt kom min farbror fram till bordet och berättade hur mycket var och en var skyldig. Gästerna lämnade pengarna till mig och jag lade dem i en låda bakom disken eller gav dem direkt till min farbror. Ibland fick vi också dricks som vi samlade och delade mellan alla. Läsaren blir kanske förvånad över att vi inte hade någon kassaapparat och inte skrev några kvitton, men det var det vanliga förfarandet i Syrien. Man kan tycka att Skatteverket borde ha krävt en striktare kontroll, men så vitt jag vet betalade ingen någon skatt. Staten måste istället ha fått sina inkomster från förstatligade naturresurser och industrier, och det räckte tydligen för att finansiera skola, sjukvård, polis, militär etc. Pensioner betalades bara ut till före detta statsanställda, och någon åldringsvård fanns inte. Istället tog familjerna hand om sina gamla.

Årskurs nio var det sista året i grundskolan och det blev mycket arbetsamt. På al-Sharia-skolan behandlades vi alltmer som vuxna och förväntades själva ta ansvar för att läsa in faktaunderlag, reflektera över det och dra egna slutsatser. Det material vi skulle gå igenom var omfattande, och mot slutet av året var jag mycket trött. Nu närmade sig slutproven, och som förberedelse fick vi ansöka om ID-kort för att kunna legitimera oss. När jag hämtade ut mitt kort upptäckte jag till min förvåning att det födelsedatum som stod angivet var den 2 januari 1995, inte den 21 oktober 1994. Mamma förklarade för mig att det var pappa som hade valt det felaktiga datumet. I Syrien anmäler föräldrarna själva sina barn till folkbokföringen, och på blanketten anger de barnens födelsedatum. Om den verkliga födelsedagen är i slutet på året, väljer många att istället ange ett datum i början på nästa år. På så sätt får barnet börja skolan ett år senare och slipper vara en av de yngsta i klassen. Utan att veta om det hade jag alltså ända sedan jag var liten haft två födelsedagar, en verklig och en officiell.

Det var staten som skötte slutproven, både inom de ämnen som ingick i den nationella läroplanen och inom de extra ämnen som gavs i al-Sharia-skolorna. Proven gjordes i ett ämne i taget, vilket betydde att provperioden pågick i en dryg månad. För att säkerställa att ingen fuskade delades vi upp i grupper och hänvisades till andra skolor än vår egen. Där möttes vi av militärer som kontrollerade våra ID-kort och visiterade oss. Vi fick inte ha så mycket som en egen penna med oss in i provsalen. Istället delade för oss okända vakter ut papper, pennor etc. Vi fick skriva våra namn i hörnet på varje papper, varefter vakterna vek hörnet och förseglade det med klister. Det skulle inte öppnas igen förrän proven var rättade. På så sätt kunde man säkerställa att alla behandlades lika och att ingen kunde muta sig till ett bättre betyg. Proven både utformades och rättades av en statlig myndighet, och vi elever fick aldrig tillbaka de rättade proven. Allt vi fick veta var resultaten. Det gick inte fullt så bra för mig som jag hade hoppats. När jag och några klasskamrater senare jämförde våra resultat och försökte dra oss till minnes vad vi hade svarat, insåg jag att bara de som ordagrant hade återgivit vad som stod i läroboken hade fått full poäng. Det var en uppenbar nackdel för oss som gått på al-Sharia-skolan, eftersom vi där förväntades tänka själva och formulera våra egna slutsatser. I de statliga skolorna var målet tydligen att alla elever skulle lära sig exakt samma läxa.

På grund av de utdragna proven blev sommarlovet efter nian kortare än tidigare lov. Jag fortsatte att arbeta i min farbrors restaurang och fick den sommaren bland annat lära mig att stycka och tranchera kött. Det gjorde jag med ett nyväckt intresse. Biologi hade nu blivit mitt favoritämne i skolan, och vilket yrke kunde det leda till om inte läkare? Medan jag skar ut benen ur köttet med en nyslipad kniv fantiserade jag om att arbeta som kirurg!

Utöver de nio åren i grundskolan måste man gå ytterligare tre år på gymnasiet för att bli behörig till universitetet. Jag ville helst fortsätta på al-Sharia-skolan där jag verkligen trivdes, men det fanns ett problem. I gymnasiet kunde man välja mellan en naturvetenskaplig och en humanistisk inriktning, men al-Sharia-skolan erbjöd bara den humanistiska. För den som var mest intresserad av biologi var det alltså inte ett alternativ. Mamma hade som vanligt gjort efterforskningar och blivit rekommenderad en skola som hette Fayez Mansour. Den var relativt liten, vilket mamma tyckte skulle bli till fördel för mig, och den låg i en fin del av Damaskus men ändå bara sex kilometer från vårt hus. Jag tvekade men fogade mig till sist efter mamma. Det visade sig att det ändå tog över en timme att åka buss till den nya skolan, eftersom man måste byta två gånger på vägen. Då var det lika bra att cykla. Ändå var det inte den långa vägen som snart skulle få mig att ångra mitt val.

I årskurs tio hade skolan fyra parallella klasser med fyrtiofem elever i varje. Jag kände inte en människa, och det gjorde kanske inte de andra nybörjarna heller, men det dröjde inte länge förrän de hade bildat gäng som höll ihop och stängde andra ute. De svor och spelade tuffa och hängde gärna bakom skolan och smygrökte på rasterna. När en lärare kom på dem och ville hindra det, hörde jag hur de tisslade om att de skulle klå upp honom. Efter två veckor stod jag inte ut längre. Jag förklarade för mamma att jag ville flytta tillbaka till al-Sharia-skolan, men hon tyckte inte att jag skulle ge upp så lätt. Hon hade ju själv sett mig samla blad och göra experiment med olika plantor. Inte ville jag väl offra ett så starkt intresse? Ali gick i en annan naturvetenskaplig skola. Kanske skulle jag trivas bättre där? Den var visserligen större, men den låg närmare vårt hus.

– Och om du får problem kan du ju alltid be Ali om hjälp, tillade hon tröstande.

Sagt och gjort. Jag flyttade till Alis skola som hette al-Kawakibi, men det beslutet skulle jag snart komma att ångra. Här bestod årskurs tio av tretton parallellklasser med sextio elever i varje. Totalt hade skolan närmare 2 800 elever. På Fayez Mansour hade inträdeskraven varit högre, vilket betydde att eleverna där hade haft bättre förkunskaper, och lärarna hade varit äldre och mera erfarna. På al-Kawakibi var det lättare att komma in, och många elever kom – liksom Ali och jag – från familjer utan högre utbildning. Lärarna var synbart oengagerade och vi upptäckte dessutom snart att de hade kommit på ett fräckt sätt att skaffa sig extrainkomster. På lektionerna gick de hastigt igenom dagens material och avslutade med att säga:

– Om ni inte förstod allt, så är ni välkomna att ringa mig.

Sedan skrev läraren sitt telefonnummer på tavlan, och den som ringde blev erbjuden privatlektioner. Det kostade förstås pengar, och avgiften kunde variera från 500 pund i timmen för arabiska till över 1 000 pund i timmen för fysik. De som tackade ja fick väsentligt bättre betyg än de som bara följde den ordinarie undervisningen, men varken Ali eller jag hade råd med några privatlektioner. Pappa arbetade fortfarande på syfabriken, och jag tror att han vid den här tiden tjänade ungefär 5 000 pund i veckan övertid oräknad. Vad Ali och jag hade satt in hos mamma skulle inte ha räckt långt.

Hur orättvist systemet med privatlektioner var fick jag ett drastiskt exempel på direkt efter ett prov i fysik. Vi stod i en klunga utanför skrivsalen och jämförde våra svar. Då kom en av de elever som brukade ta privatlektioner ut. Han var glad och utbrast spontant:

– Tänk, igår gick läraren igenom tio uppgifter med mig, och idag kom åtta av dem på provet! Jag kunde lösa allihop!

Det är lätt att föreställa sig hur vi som inte hade råd att ta privatlektioner reagerade på hans avslöjande. Men trots den bråkiga miljön och de orättvisa undervisningsformerna kämpade både Ali och jag på genom tian och elvan. Det faktum att vi inte hade råd att ta privatlektioner fick vi kompensera med att läsa desto mera hemma.

Kriget kommer
2011 - 2013

7

Under våren 2011 började politiska proteströrelser sprida sig i Arabvärlden. Själv hade jag aldrig brytt mig om politik, men pappa följde utvecklingen med stort intresse. TV:n stod ofta på medan vi åt, så jag kunde inte undgå att se vad som hände. Det fanns tre statskontrollerade syriska TV-kanaler, varav en var en nyhetskanal. Där rapporterades det om hur terroristgrupper begick attentat i länder som Tunisien, Libyen och Egypten. Pappa tittade också ofta på nyhetskanalerna al-Jasiira och al-Arabia, och där fick man en helt annan bild. De talade om demonstranter som krävde politiska reformer och utökade mänskliga rättigheter. Det dröjde inte länge förrän oroligheterna började påverka även oss i Syrien. I skolan meddelade lärarna allt oftare att undervisningen var inställd till förmån för en demonstration för vår president Bashar al-Assad och landet. De beskrev var den skulle hållas och uppmanade alla att delta, men ibland hände det att någon av lärarna efter att ha informerat om demonstrationen tillade med låg röst att de som ville kunde gå hem och läsa läxor istället. Det var vad jag alltid gjorde, medan många av mina klasskamrater mer än gärna gick till de annonserade evenemangen, om inte för annat så för att titta efter flickor. Den syriska nyhetskanalen berättade ofta samma kväll att miljoner människor hade deltagit för att visa sitt stöd för presidenten och landet.

Nu började också en annan form av rekrytering till demonstrationerna att förekomma. En polisman stoppade bussen vi åkte med och beordrade föraren att köra till demonstrationsplatsen. Där skulle alla stiga av och delta. Oftast stannade föraren ändå efter något kvarter och sade att de som hade brådskande ärenden kunde stiga av. Jag var alltid en av dem som gjorde så. Här bör jag kanske tillägga att skälet till att jag inte deltog i demonstrationerna till stöd för Bashar al-Assad inte var att jag misstrodde

53

honom. Hela min barndom hade jag hört att han var en bra president, välutbildad och klok. En gång, det var på sommarlovet mellan sexan och sjuan strax efter branden i bokhandeln, hade hela vår familj varit på besök hos en av mina mostrar som bodde i närheten av gamla stan i Damaskus. På vägen därifrån gick vi förbi den palatsliknande huvudbyggnaden till en av de statliga förvaltningarna – jag tror att den hade något med polisen att göra – när vi fick se en rad stora, svarta bilar närma sig. De hade mörktonade fönster, så man kunde inte se in i dem. Människor blev stående och tittade undrande. Utanför porten till byggnaden stannade kortegen några sekunder medan grindarna öppnades. Några av åskådarna började hurra och vinka. Då vevades sidorutan på en av bilarna ner till hälften och en man tittade ut. Han log mot folkhopen och vinkade tillbaka. Jag kände genast igen honom. Det var Bashar al-Assad! Jag började gråta av hänförelse. Tänk, att jag hade sett vår president! Och han hade vinkat åt mig! Nu, fem år senare, hade jag kanske en mera nyanserad syn på världen, men jag såg fortfarande ingen anledning att misstro presidenten. Att jag inte deltog i de beordrade demonstrationerna berodde bara på att jag var ointresserad av politik och att jag prioriterade skolarbetet.

För Ali, som gick sista året i gymnasiet, närmade sig nu de centrala slutproven. Även om vi inte hade råd att ta privatlektioner hade han hittills lyckats relativt bra, men nu hände något som definitivt skulle sätta en käpp i hjulet för honom. Strax innan proven skulle börja, råkade vår farfar ut för en olycka. Han var gammal men åkte fortfarande cykel, och nu bar det sig inte bättre än att han körde omkull och hamnade på sjukhus med brutet bäckenben. Ali, som var mycket fäst vid farfar, åkte genast till sjukhuset för att sitta vid hans sida. Där blev han kvar medan den ena dagen efter den andra kom och gick. Han sov till och med hos farfar på nätterna. Så förflöt en månad, och när farfar till sist skrevs ut, var de centrala proven över och Ali hade missat examen. Bara några dagar senare dog farfar i sitt och farmors hem på odlingslotten. Han begravdes, som den muslimska traditionen kräver, samma dag.

Själv hade jag nu gått ut årskurs elva, och även om jag hade lyckats få ganska bra betyg, insåg jag att jag måste förbättra dem ytterligare innan jag gick ut tolvan. Annars skulle jag inte ha en chans att komma in på den läkarutbildning jag drömde om. Och vad var alternativet? Att arbeta som pappa på en syfabrik resten av livet? Nej, det ville jag absolut inte! En lösning kanske kunde vara att prova något av de privata institut som erbjöd kurser som förberedelse för studentexamen. Man måste visserligen betala för att gå där, men kostnaden var ändå väsentligt lägre än för privatlektionerna på al-Kawakibi, och jag hade ju en del pengar insatta hos mamma. En av våra kusiner, en son till min äldste farbror, rekommenderade ett institut som hette al-Wafi, och jag bestämde mig för att prova det. Jag anmälde mig till deras sommarkurser, och det blev på många sätt en positiv upplevelse. Skolan tog emot elever av båda könen, och eftersom vi var ganska få på sommarkurserna fick pojkar och flickor av praktiska skäl sitta i samma klassrum. Lärarna behandlade varje elev individuellt och erbjöd hjälp med precis det han eller hon behövde. För mig var till exempel franskan ett problem. I den statliga skolan hade vi läst franska från årskurs sju, men vi hade dåliga lärare och det hade snart blivit mitt sämsta ämne. Inför mig själv försvarade jag mig med att engelska var ett mycket viktigare språk. Det förekom ju dagligen i TV, men hur många syrier hade någonsin sett en fransk film? Nu gick jag till institutets fransklärare och beklagade mig. Om det var möjligt ville jag välja bort franskan. Han lyssnade uppmärksamt på mig, och föreslog sedan att vi skulle träffas när skoldagen var slut. Vi gjorde sällskap från skolan, och på vägen berättade han engagerat för mig om språket. Han tog fram ett papper där han hade skrivit upp en rad franska ord och visade hur de var släkt med motsvarande ord på engelska, och han berättade målande om hur de två språken hade påverkat varandra genom historien. Snart hade han väckt mitt intresse. Jag började gå på hans lektioner, och det dröjde inte länge förrän jag kunde gå fram till tavlan och skriva hela meningar på franska.

Mot slutet av sommaren hade jag pratat så positivt om al-Wafi-skolan att Ali bestämde sig för att gå om sista året i gymnasiet där. Jag ville förstås också fortsätta på al-Wafi, för till al-Kawakibi ville jag absolut inte återvända. Ryktet om den nya skolan måste ha spritt sig inom familjen, för utöver oss två anmälde sig tre kusiner. Det var två pojkar från pappas sida och en flicka från mammas sida. Hon och jag var förresten nästan lika gamla, för jag var född precis nio dagar före henne. Nu blev vi fler elever på skolan. Pojkar och flickor delades upp i olika klassrum och hänvisades till olika delar av skolgården på rasterna, men stämningen var fortfarande lika positiv. Avgiften för hela läsåret var tjugotusen pund. Pappa hjälpte oss att betala en del, och Ali som hade sparat mera hos mamma än mig, sköt också till pengar. Tyvärr blev året i al-Wafi ändå inte så givande som vi hade hoppats. Oroligheterna på stan fortsatte, och det började allt oftare förekomma demonstrationer *mot* – inte bara *för* – regeringen. Människor krävde demokratiska reformer, och regimen svarade med allt våldsammare militära insatser.

Fredagen den 14 oktober 2011 hade vår familj som vanligt deltagit i gudstjänsten i al-Salam-moskén inte långt från farmors hus. Nu stod människor samlade utanför moskén och pratade upprört om de strider som pågick i landet. Rykten gjorde gällande att militären nyligen hade gripit och torterat ett stort antal människor – både barn och vuxna – i Homs, hundrafemtio kilometer norr om Damaskus. Långsamt började vi dra oss hemåt, men samtalen fortsatte, och vi var kanske tvåhundra personer som gick tillsammans längs vägen. De vuxna pratade medan barnen sprang runt och lekte. Då närmade sig plötsligt en minibuss i hög fart. Vi makade oss hastigt åt sidan för att inte bli överkörda, men ibland händer saker som är omöjliga att förutse. Ögonblicket efter att bussen hade passerat hördes en serie skott från ett automatvapen. Människor började springa i panik bort från vägen och ut på fälten, men snart stannade de och började oroligt se sig omkring. Var hade skotten kommit ifrån? Var det från bussen? Nu var den utom synhåll. Hade någon blivit träffad?

Vid vägkanten låg en kropp. Det var en av våra grannpojkar. Jag kände honom väl. Han hade nyss fyllt tio år och fått en silverfärgad cykel i födelsedagspresent. Jag tror knappt han hade hunnit åka på den, och inte skulle han göra det i framtiden heller. En ström av blod trängde fram under honom och spred sig långsamt över asfalten. En kula hade träffat honom bakifrån och trängt ut genom bröstet mitt för hjärtat. Han måste ha dött omedelbart. Människor började skrika och gråta. Upprörda protester och frågor surrade i luften. Vem hade skjutit och varför? Någon tyckte sig ha sett soldater i bussen. Det måste ha varit någon av dem som sköt. Hade de uppfattat oss som demonstranter? Ville de skrämma oss? Men varför hade de i så fall skjutit ett barn?

Dagen därpå som var en lördag åkte jag som vanligt till skolan. Ali stannade hemma. Han mådde inte bra. Själv hade jag svårt att koncentrera mig på skolarbetet. Minnen från gårdagen spökade hela tiden i huvudet på mig. Efter skolan gjorde jag sällskap med min jämnåriga kusin. Vi bodde i olika delar av staden, men den första delsträckan åkte vi ändå alltid med samma buss. Sedan bytte vi och åkte åt olika håll, men den här dagen skulle inte bli som andra. När vi närmade oss knutpunkten där vi skulle byta var det fullt av folk på gatan. Det syntes inget slut på havet av människor, och trafiken stod nästan stilla. Vi blev avsläppta för tidigt och var tvungna att bana oss väg genom trängseln något hundratal meter innan vi till sist lyckades hitta en buss som skulle gå åt hennes håll. Jag hjälpte henne ombord, och det sista hon sade till mig var:

– Åk raka vägen hem! Stanna inte här!

Jag vinkade undvikande till svar. I vimlet hade jag nämligen sett två plakat med bilder av vår döde grannpojke. Den enorma folksamlingen var alltså i själva verket ett begravningståg, och jag som bodde granne med den döde och var kompis med hans bror kunde ju inte bara vända honom ryggen och åka hem. Det skulle jag aldrig kunna förlåta mig för.

Jag trängde mig tillbaka till knutpunkten där flera gator möttes i en stor rondell. På andra sidan rondellen fanns en smal park och bortom den låg begravningsplatsen. Människorna rörde sig långsamt dåråt. Några ropade rytmiskt:

– Med vår själ och vårt blod hedrar vi martyren!

Jag korsade den större gatan och lyckades med svårighet tränga mig förbi rondellen och in på en mindre gata som löpte längs begravningsplatsens mur. Där fick jag syn på kistan med den döde, som några av hans manliga släktingar långsamt bar fram på sina axlar. En grupp kvinnor gick gråtande vid sidan om dem. I vimlet tyckte jag mig känna igen den döde pojkens mor. Processionen rörde sig långsamt söderut längs muren, och jag följde med. Efter ungefär tvåhundra meter korsade vi en gata som skiljer den norra delen av begravningsplatsen från den södra, och omedelbart därefter svängde männen med kistan in genom en port i muren. Alla vi andra stannade utanför, också kvinnorna som normalt inte deltar vid själva jordfästningen.

Det var i det ögonblicket som vi hörde de första skotten. Människor började springa söderut längs gatan där vi stod, och någon ropade:

– Militären kommer! De skjuter! Akta er!

Utan att tänka mig för började jag istället springa norrut, mot militären. De måste ju förstå att det här inte var en demonstration! Det var ju ett begravningståg! Och jag var inte ensam. Vi var nog ett dussin män som sprang tillbaka samma väg som vi bara några minuter tidigare hade gått i procession. Nu var gatan i det närmast tom på folk. Alla hade tydligen flytt in i parken och vidare ut mot huvudvägen. Snart fick jag syn på militärerna. De stod på gatan i norra hörnet av begravningsplatsen, helt klädda i svart och med svarta masker för ansiktet. Alla hade vapen i händerna. Vi sträckte armarna över huvudet och ropade åt dem att vi var obeväpnade, men jag såg hur en av dem siktade på mig. Spontant satte jag vänsterhanden för ansiktet. I samma ögonblick hörde jag skottet och kände som en näve grus kastas mycket hårt mot mig. Det gjorde ont, men jag föll inte utan tvärvände och flydde så fort jag kunde tillbaka söderut längs gatan. Det dröjde en stund innan jag förstod att jag hade blivit skjuten med gummikulor.

Snart var jag tillbaka vid porten där männen hade burit in kistan. Klungan av kvinnor stod fortfarande utanför och väntade. De hade inte flytt. Det skulle ju ha varit att vanhedra den döde pojken. Vi var flera unga män som hade samlats omkring dem. Någon upptäckte att en ny grupp militärer närmade sig österifrån längs gatan som delade begravningsplatsen. Vad skulle vi göra?

– Ställ upp er på led, ropade någon. Vi måste skydda kvinnorna!

Det gjorde vi. Samtidigt hade någon lyckats bryta upp en tegelsten från en gång i parken. Han krossade den mot marken och började kasta tegelsmulor mot soldaterna, men de var alldeles för långt borta för att bli träffade. Flera av oss andra tog efter, men det tjänade förstås ingenting till. Plötsligt drog en man i trettioårsåldern fram en pistol och sköt flera skott längs gatan. Militärerna svarade genast. Vi hörde en serie skott, och de två ungdomar som stod omedelbart bredvid mig föll ihop på marken. Jag såg blod tränga fram ur axeln på den ene. Mannen med pistolen tog skydd bakom muren, och någon skrek åt honom:

– Är du inte klok? Ska du döda oss alla?

Han försvarade sig med att det bara var en leksakspistol, men det var förstås inte till någon hjälp.

Nu närmade sig soldater också söderifrån. Vi var omringade! Någon hade lyckats stoppa en taxi, och de två sårade bars in i den. Jag vände mig om och såg kvinnorna hämtas upp av bilar som stannat till vid huvudvägen på andra sidan parken. Nu fanns inget som höll mig tillbaka. Jag började springa så fort jag kunde norrut längs muren. Till min lättnad hade de soldater som skjutit gummikulor försvunnit, och jag fortsatte något kvarter förbi parken och vek sedan in på en gata till vänster. Där blev jag stående tills jag återfått andan. Runt omkring mig öppnade sig många små gränder, men överallt var det folktomt. Alla måste ha flytt eller gömt sig inomhus. Jag torkade svetten ur ansiktet och rättade till ryggsäcken som fortfarande hängde kvar på min ena axel. Tänk om någon polis fick ögonen på mig! Då gällde det att se ut som om jag var på väg hem från skolan. För säkerhets skull tog jag en mycket lång omväg åt väster innan jag vågade mig hemåt.

Det hade blivit sent på eftermiddagen innan jag närmade mig vårt hus. Mamma omväxlande grät och skällde på mig. Så snart hon hade hört talas om upploppet hade hon ringt sin syster och fått veta att min kusin hade kommit hem från skolan för länge sedan. Det sista hennes dotter hade sett av mig var hur jag försvann i folkhavet vid begravningsplatsen. Då hade mamma blivit alldeles förtvivlad. I fantasin hade hon omväxlande sett mig död och gripen av polisen. När jag samma kväll tittade mig i spegeln upptäckte jag att jag hade röda märken efter gummikulorna både på den vänstra armen, halsen och bröstet. Senare fick jag veta att sex män hade dött av de skottskador de fått vid begravningen. Bland dem fanns de två som stått alldeles intill mig. Deras skador borde rimligtvis inte ha varit livshotande, men inget sjukhus hade vågat ta emot dem eftersom de räknades som terrorister. Därmed hade de lämnats utan vård och dött av förblödning.

När Ali och jag kom till skolan nästa dag, stod eleverna samlade i grupper. Överallt surrade rykten om vad som hänt dagen innan. En del kallade det för ett upplopp arrangerat av terrorister, andra beskrev det som ett begravningståg som attackerats av militärer. Det var lätt att förstå vilka som tittade på den syriska nyhetskanalen och vilka som föredrog de internationella al-Jasiira och al-Arabia. Utan att tänka mig för berättade jag stolt att jag hade varit i händelsernas centrum. Så drog jag upp skjortärmen och visade märkena efter gummikulorna. En del av mina klasskamrater var tydligt imponerade, medan andra tog ett steg bakåt och tittade misstänksamt på mig. Det var första gången det gick upp för mig att människorna omkring mig var delade i två läger, men så var det förstås. En del brukade ju tala om "rebeller som inte förstår vilken nytta presidenten gör för vårt land" medan andra kunde använda uttryck som "dumma människor som accepterar att leva som slavar". Samtidigt fanns det många som undvek att över huvud taget tala om politik. Visste de inte vad de skulle tycka? Eller var de kanske rädda? Min kusin var i alla fall mycket arg på mig för att jag inte hade lytt hennes råd att åka direkt hem. Dagen därpå åkte jag till hennes mamma och bad om ursäkt för att jag hade skrämt upp hela familjen.

8

Det faktum att en oskyldig tioåring hade blivit skjuten till döds på väg hem från fredagsbönen kom snart att påverka människors beteende, åtminstone i vår del av Damaskus. En del, och dit hörde vår pappa, blev mycket försiktiga och slutade att över huvud taget gå till al-Salam-moskén som låg närmast vårt hus. Andra reagerade tvärtom. Att gå till moskén blev för dem ett sätt att protestera mot det meningslösa våldet. Vandringarna hem från fredagsbönen utvecklades till något som liknade demonstrationer, och när farmor några veckor senare föreslog att vi skulle gå med henne till moskén, fick vi se hur beväpnade soldater vaktade utanför. Det blev för mycket för oss. Vi bestämde oss för att i fortsättningen gå till al-Kadam-moskén istället. Den var mycket större och hade plats för över tusen besökare, och även om den låg på andra sidan motorvägen mot Daraa, var det ändå inte längre än att vi kunde gå dit till fots. Där fanns inga soldater, men protesterna mot dödsskjutningarna hade tydligen börjat sprida sig även dit. Redan efter vårt första besök såg vi grupper som vandrade längs gatan och ropade:

– Den som dödar är inte en av oss! Den som dödar är inte en av oss!

Samma sak upprepades fredagen därpå utan någon intervention av militären, men så skulle det inte fortsätta.

Den tredje gången vi besökte al-Kadam-moskén var en solig och vacker fredag i mitten av november. När gudstjänsten var över strömmande människor ut genom portarna och fortsatte långsamt söderut längs gatan. Ali och jag var egentligen på väg hemåt, men vi fick ett intryck av att det den här gången rörde sig om en mera organiserad demonstration, och nyfikenheten fick oss att följa med strömmen för att se vad som skulle hända. I täten gick någon som ropade rytmiska slagord, som sedan upprepades av hopen. Själva var vi bland de sista i tåget. Plötsligt ropade ledaren:

– Folket vill att systemet ska falla!

Alla stämde villigt in, men inte jag. Mig fyllde ropet istället med en känsla av obehag. I TV hade jag sett människor ropa liknande slagord i Tunisien, där presidenten snart hade tvingats att avgå. Samma sak hade hänt i Egypten. I Libyen hade protesterna resulterat i krig. Med förundran tittade jag på de allvarliga ansiktena runt omkring mig. Vad ville de åstadkomma?

I al-Kadam finns ett gytter av gator och gränder, ibland så smala att man kan sträcka ut armarna och röra vid husen på båda sidor gatan samtidigt. Det sägs till och med att det finns gränder som är så trånga att ingen utom de som bor vid dem vet att de över huvud taget existerar. Nu rörde sig demonstrationståget långsamt längs en av de större gatorna, men också den är så smal att det knappast förekommer någon biltrafik. Ungefär femhundra meter söder om al-Kadam-moskén delar sig gatan i två grenar, och till vänster om grenpunkten finns en öppen plats. Här stannade anförarna för tåget till, medan led efter led vällde in och fyllde platsen. Plötsligt ropade någon bredvid mig:

– Akta er! Polisen kommer!

Jag vände mig om och såg ett stort antal poliser i svarta och vita uniformer närma sig bakifrån. Runt omkring mig började människor springa, men också från andra hållet kom poliser. Ali och jag vek blixtsnabbt om ett hörn och försvann in i en gränd. Flera andra ungdomar valde samma väg. Plötsligt öppnades en dörr till vänster om oss och en kvinna ropade:

– Min son! Kom in!

Vi störtade alla in till henne och hon stängde snabbt dörren bakom oss. Där stod vi, totalt sju unga män, och flämtade av upphetsning. Ingen av oss kände kvinnan. Ingen av oss var hennes son. Hon hade bara ropat in oss för att rädda oss från polisen. Ungefär två timmar senare vågade vi oss ut. Då var platsen lugn som om ingenting hade hänt, och Ali och jag återvände hem.

De våldsamheter som jag hade blivit vittne till fick mig nu att ifrågasätta saker som jag tidigare betraktat som självklara. Bashar al-Assad hade för mig varit Syriens självskrivne president. Han hade ärvt positionen efter sin far. Han var klok och välutbildad, till och med läkare och ögonspecialist. Men var det ytterst han som hade makten också över polisen och militären? Hur kunde han då gå med på att de fick skjuta personer i ett begravningståg eller gripa människor på väg från fredagsbönen? Var det rätt? Från att ha varit helt ointresserad av politik, började jag alltmer fundera över vad som kunde vara det bästa för landet och folket. Min metod från biologin var att iaktta, dra slutsatser och på så sätt vinna kunskap. Kanske kunde man göra likadant med politiken? Jag bestämde mig för att också nästa vecka gå med i demonstrationståget från moskén och noga registrera vad som hände. När pappa och Ali återvände hem efter fredagsbönen smet jag alltså undan och begav mig ensam in i folkhopen.

Till en början utvecklade sig händelserna precis som veckan innan. Människor strömmade ut ur moskén och började röra sig söderut längs den större gatan. Ganska snart ljöd ropen:
– Folket vill att systemet ska falla!

När tåget nått fram till den öppna plats där gatan delade sig i två ingrep polisen igen, men den här gången skedde det på ett annat sätt. Istället för att massivt blockera gatorna framför och bakom demonstranterna, dök poliserna upp i små grupper. Från långt håll sköt de något slags granater in i folkhavet. De exploderade med ett öronbedövande tjut och ett bländande sken. Så spred sig ett gasmoln bland demonstranterna. Mina ögon brände som helvetet och det blev näst intill omöjligt att andas. Då hade jag ändå hållit mig i utkanten av tåget, och ingen av granaterna hade slagit ner i min omedelbara närhet. Längre in på platsen såg jag människor falla medvetslösa till marken. Andra sköljde frenetiskt ansiktet med vatten eller läsk från flaskor som de burit med sig. Jag stod med ryggen mot en husvägg beredd att smita in i närmaste gränd och springa från platsen. Samtidigt tvekade jag. Jag hade ju kommit för att registrera vad som hände, för att iaktta och analysera. Nu såg jag hur någon plockade tegelstenar från ett bygge och krossade dem mot gatan. Andra plockade upp bitarna och kastade dem mot poliserna. Någon böjde sig ner och grep tag om en granat som just hade exploderat och fortfarande spred sin gas. Han avsåg säkert att kasta den tillbaka mot poli-

63

serna, men han var inte medveten om att gasen som läckte ut var mycket het. Jag såg hans hand brännas som av eld. Till sist kunde jag inte uthärda den stickande gasen längre. Jag vek runt ett hörn och försvann in i en gränd. Till min lycka kände jag till varenda bakgata i området. Min grundskola och min morbrors bokhandel låg ju strax intill, och därför hade jag många gånger rört mig i just de kvarteren. Dessutom bodde en av mina mostrar alldeles i närheten. Nu tog jag min tillflykt hem till henne, och först senare på eftermiddagen återvände jag hem. Båda mina föräldrar var arga på mig för att jag inte hade vett att undvika så farliga situationer. Jag skojade bara och sade att ingen hade sett mig, men i fortsättningen var pappa noga med att hålla mig i handen varje gång vi gick ut från moskén.

Dagarna efter tårgasattacken mot demonstranterna började polisen göra razzior i al-Kadam. De trängde in i husen och förde bort unga män, som misstänktes ha deltagit i demonstrationerna. En av dem som greps var den äldste sonen till den moster som jag själv hade tagit min tillflykt till omedelbart efter demonstrationen. Jag har naturligtvis inte sett med egna ögon hur han greps eller vad som hände sedan, men genom min moster har jag hört att hennes man via bekantas bekanta lyckades få kontakt med en person som hade ett avgörande inflytande över fängelserna. Sedan han lämnat en stor penninggåva till personen i fråga, frigavs hans son. Så snart jag hade fått höra att han kommit tillbaka hem, gick jag till min moster för att fråga ut honom om förhållandena i fängelset. Vi satt länge bredvid varandra. Först ville han inte säga något alls.

– Det är bättre för er att ni ingenting vet, var hans motivering.

Jag stod på mig, och till sist började han berätta. Han hade suttit fjorton dagar i fängelset. Många män hade varit inlåsta i samma cell. Det hade varit så trångt att de bokstavligen hade kissat på varandra. Maten hade bestått av någon kokt potatis och ett stycke bröd. Det räckte att någon var sjuk för att alla skulle bli smittade. Själv var han i mycket dåligt skick, och det tog några veckor innan han återfick hälsan.

Med tiden spred sig polisräderna också till vår sida av Daraavägen. Sent en torsdagskväll ringde min moster mycket upphetsad och varnade mamma:

– Skicka genast dina söner hemifrån! Annars kan de hamna i mosters hus!

"Mosters hus" var ett kodnamn för fängelset. "Andra sidan solen" var ett annat. Ali och jag var just på väg att lägga oss, men nu fick vi istället snabbt dra på oss våra svarta vinterkläder och ge oss ut i mörkret. Mamma och pappa släckte allt ljus i huset, så att det inte skulle synas från vägen. Inte långt från vårt hus fanns en dunge med olivträd. Dit valde Ali och jag att gå, men vi skildes så snart vi hade kommit in i dungen. Vi ville ju inte riskera att bli gripna samtidigt. Var Ali gömde sig vet jag inte. Själv klättrade jag upp i ett av träden. Eftersom det var vinter hade det inga löv, men grenarna växte tätt och jag drog ner mössan i pannan och sköt upp jackan över ansiktet för att min ljusa hy inte skulle synas. Minuterna gick. Ingen bil svängde in till vårt hus, men efter en stund hörde jag ljudet av smygande steg. Jag vågade knappast andas. Det svaga månljuset förmådde inte riktigt lysa upp marken under träden, men jag tyckte mig ändå ana en figur som närmade sig. Han såg inte ut att ha någon uniform, men visst bar han på en Kalasjnikov? Jag blev alldeles iskall och satt blickstilla. Mannen blev stående under trädet några sekunder. Han tittade åt alla håll men – Gud ske lov! – inte uppåt. Till sist smög han vidare. Jag väntade i vad som kändes som en evighet innan jag vågade klättra ner ur trädet och smyga mig hem. Ali låg redan i sängen.

Nästa incident som jag tänker berätta om låter så otrolig att läsaren kanske tror att jag har hittat på den, men så är det inte. Snarare är det verkligheten som överträffar dikten. Från den större väg som passerade något femtiotal meter norr om vårt hus gick en smal grusväg in till oss. Utefter den låg först en rad med hus, sedan följde en lucka och till sist kom två hus till, varav vårt var det sista. I grannhuset närmast före luckan hade ett gräl uppstått mellan en vuxen son och hans föräldrar. Det resulterade i att sonen spikade igen dörrarna mellan sina rum och föräldrarnas

65

och istället sågade upp en egen ingång i ytterväggen. Till yrket var sonen smed, och som den duktiga hantverkare han var tog det honom inte många timmar att sätta in en dörr. Det var torsdag när han avslutade med att måla dörren. Han valde att göra den brun, kanske inspirerad av vår bruna ytterdörr. Alla andra dörrar i husraden hade andra färger. Tidigt nästa morgon kom smeden alldeles förskrämd över till oss. Vi stod utanför huset – det var ju fredag och vår lediga dag. Han drog pappa åt sidan och berättade för honom vad som hade hänt kvällen innan. Sedan berättade pappa det för mamma, och till sist fick vi höra det av henne. Sent på kvällen hade någon bankat på smedens dörr – färgen hade väl knappt hunnit torka – och när han öppnade fick han se flera poliser. De hade frågat efter två rödhåriga pojkar, men det fanns det förstås inga hos smeden. Då hade poliserna frågat om det fanns något mera hus med brun dörr längs vägen.

– Nej, ljög smeden. Det är nog bara jag som gillar brunt.

Mörkret, luckan mellan husen och det faktum att både vi och vår närmaste granne redan hade släckt alla lampor för kvällen, måste ha gjort att poliserna aldrig upptäckte vårt hus. Det var det som räddade Ali och mig.

Samma eftermiddag kallade pappa på oss.

– Kom och sätt er här med mig, så ska jag berätta något för er som ni kan ha nytta av att veta, sade han.

Så berättade han om något som hänt när han var nio år. Det hade varit oroligt en tid med strider mellan regeringen och något som kallades Muslimska Brödraskapet. Det hade hörts skottlossning på nätterna, och en dag när farmor hade skickat honom till affären för att köpa grönsaker och bröd, hade det legat en hel hög med döda kroppar vid sidan av vägen. Det var ett berg av lik, i alla fall sett med ett barns ögon, och blod sipprade fram i rännilar runt om högen. Han skulle aldrig glömma den synen, och han ville aldrig uppleva den igen. Därför skulle vi hålla oss borta från alla provokationer. Vi skulle inte delta i några demonstrationer, alltid undvika platser där det förekom oroligheter. Hade vi förstått? Själv kunde jag inte släppa tanken på att polisen hade sökt efter just två rödhåriga pojkar i grannens hus. Det måste ju ha varit Ali och mig de var ute efter. Men varför just oss? Var det för att vi hade varit med i den första demonstrationen vid al-Kadam-moskén? Hur kunde de veta det? Hade de filmat tåget och lagt märke till just oss för vårt röda hår? Men hur hade de i så fall lyckats ta reda på var vi bodde? Var det någon som hade angivit oss? Vem i så fall?

Bara några dagar senare besökte vi vår moster i al-Kadam. Vi kom att prata om angivare och om hur det påstods att polisen betalade stora summor pengar till den som kunde peka ut eftersökta motståndsmän. Då berättade min moster följande historia, och även om jag inte själv kan garantera att den är sann – jag har ju bara hört den berättas – vill jag ändå ta med den här som ett exempel på de rykten som var i omlopp. En kvinnlig släkting till min mosters man – hur de var släkt vet jag inte exakt – hade en dag fått besök av polisen. Det var fyra uniformerade konstaplar och en svartklädd man med ansiktsmask och solglasögon. Poliserna hade frågat efter hennes söner, och trots att hon försäkrade att de var vuxna och inte längre fanns kvar hemma, hade de börjat genomsöka huset. Den svartklädde hade också gått runt men inte sagt ett ord. De hittade ingenting, men just som de var färdiga att gå, hade den svartklädde lagt sin hand på armen på en av poliserna och pekat på en bokhylla. De fyra konstaplarna hjälptes åt att lyfta hyllan åt sidan. Bakom den fanns en dörr, och i rummet innanför dörren satt kvinnans tre söner. I desperat förtvivlan hade hon kastat sig mot den svartklädde mannen och rivit av honom solglasögonen och ansiktsmasken. Hon kände genast igen honom. Det var en av hennes bröder!

9

Den vintern blev det svårare och svårare att ta sig till skolan. Bussarna började gå mera oregelbundet, och eftersom man ibland hörde skott på nätterna började allt fler undvika att gå ut när det var mörkt. För Ali och mig var det extra besvärligt, eftersom vi hela tiden var rädda för att polisen skulle få syn på oss och gripa oss. När vårterminen skulle börja bestämde sig Ali för att ge upp. Det tjänade ingenting till att försöka klara examen, när vi ändå allt oftare blev förhindrade att ta oss till skolan. Själv ville jag gärna fortsätta, men så tillstötte en annan komplikation. Mamma upptäckte att jag hade fått en böld på högra sidan halsen, och ju mer jag tittade och kände på den desto oroligare blev jag. Till sist tog pappa mig med till en privatläkare, som förklarade att man inte kunde utesluta att det rörde sig om cancer. För säkerhets skull ville han därför operera bort bölden. Vi gick med på det, och det visade sig till vår lättnad att det inte var cancer. Istället rörde det sig om en varböld orsakad av en encellig parasit som heter toxoplasma gondii. Efter operationen rådde läkaren mig att stanna hemma från skolan i tre veckor, och för att säkerställa att inga parasiter fanns kvar på andra ställen i kroppen skulle jag ta antibiotika i ett helt år. För mina studier blev det dödsstöten. Jag slutade åka till skolan, och böckerna blev allt oftare liggande orörda. Att lyckas med examen och dessutom få tillräckligt bra betyg för att komma in på läkarutbildningen hade förvandlats till en illusion. Vid samma tid födde mamma ännu ett barn. Det var en dotter, och nu hade jag alltså två bröder och tre systrar.

Det började gå rykten om att beväpnade grupper hade samlats runt staden, bland annat i området där vi bodde. Där fanns ju gott om skogsdungar och diken att gömma sig i. Kanske var det en sådan gerillasoldat som hade smugit förbi när jag satt gömd uppe i olivträdet? Då och då hördes eldstrider om nätterna, och allteftersom veckorna gick blev oroligheterna värre och värre. Mamma var mycket rädd att något skulle hända oss. Till sist föreslog pappa att hon skulle ta de små barnen med sig och flytta hem till sin mamma. Hon bodde ju i en lugnare del av staden söder om al-Kadam. Resultatet blev att mamma än bodde hos henne, än hos oss. Själv sov pappa allt oftare över på sitt jobb, särskilt som syfabriken låg ett stycke utanför staden och bussarna hade slutat gå under den mörka delen av dygnet. Periodvis bodde därför Ali, jag och vår lillebror som nu var tretton år ensamma i huset. Ibland kom några av våra kusiner och hälsade på för att försäkra sig om att vi mådde bra.

En annan förändring som påverkade vårt vardagsliv var att militären hade börjat upprätta vägspärrar. För att få passera dem måste man visa sitt ID-kort. I början fanns det bara ett fåtal vägspärrar, men snart blev de fler och fler. Bara för att gå och handla i närmaste butik måste jag legitimera mig två gånger. Efter några dagar kände vakterna förstås igen mig och lät mig passera, men så skiftade bemanningen och det var bara att plocka fram ID-kortet igen. Ännu värre var det när släktingar från någon annan del av staden kom för att hälsa på. Då måste alla legitimera sig, och om någon ännu inte hade fyllt fjorton år och därför inte hade något ID-kort, men soldaterna tyckte att han såg äldre ut, så var det stopp.

Veckorna gick och blev till månader utan att situationen förbättrades. Snart var det inte längre bara i vägspärrarna som vi konfronterades med beväpnade soldater. En dag i slutet på vårterminen hade Ali, jag, vår lillebror och en av våra kusiner bestämt oss för att för en gångs skull göra något roligt tillsammans. Vi hade lyckats få tag på en taxi och åkt till den offentliga swimmingpoolen i närheten av morfar och mormors hus. I flera timmar badade vi eller satt i skuggan och pratade. Det var redan sent på eftermiddagen när vi, upprymda och okammade, kom ut på gatan för att om möjligt få tag på en taxi. Det gick förstås inte, så vi började långsamt gå i riktning hemåt. Då hörde vi plötsligt skottlossning, och minuten efteråt dök en soldat upp framför oss. Han hade en kulsprutepistol i händerna och tittade misstänksamt på oss. Vi tvärvände alla fyra och började springa. Han ropade åt oss att stanna, men vi var fullkomligt panikslagna och bara fortsatte. Under några sekunder hörde vi hans tunga steg när han rusade efter oss. Så blev det tyst. Vad gjorde han nu? Tog han sikte på oss? Vi väntade oss i varje ögonblick att få en kula i ryggen, men märkligt nog hände ingenting. Kanske var vi för unga för att utgöra ett hot? Kanske tvekade han av något annat skäl? Hur som helst vill jag nu i efterhand säga: Tack, okände soldat, för att du lät oss leva!

Det närmaste stället att fly till var mormors hus. Svettiga och andfådda stapplade vi in genom dörren. Där fick vi pusta ut och blev bjudna på kvällsmat, men när mörkret föll och vi funderade på om vi skulle våga gå hela vägen hem till fots, utbröt åter skottlossning. Den natten fick vi bo över hos en av våra morbröder. Nästa dag återvände Ali och jag hem. Vår lillebror bestämde sig för att bli kvar hos mamma och mormor.

Fem dagar innan slutproven för studentexamen skulle börja, inträffade en annan incident. Vid det laget hade vi nästan vant oss vid att höra skottlossning på nätterna, men den här natten väcktes Ali och jag av nya ljud. Det hördes en kraftig explosion och marken skakade. Vi kröp fram till fönstret och tittade ut. I det första gryningsljuset skymtade vi en stridsvagn på vägen just där infarten till vår husrad började. Nu brann ett nytt skott av och en flamma av eld slog ut ur kanonmynningen. Tydligen sköt den mot något mål på fälten bortom vårt hus. Vad skulle vi göra? Darrande smög vi tillbaka till våra sovplatser. Tända ljuset vågade vi inte. Där låg vi tysta och förskrämda i våra sängar. Inte förrän vid tiotiden på förmiddagen slutade skjutandet och stridsvagnen körde därifrån. Det kändes fullkomligt absurt. Nyss hade vi befunnit oss på ett slagfält. Nu var det tyst och stilla som om ingenting hade hänt. Och vem hade stridsvagnen skjutit mot? En grupp terrorister, gissade vi. Var det kanske dem som al-Jasiira kallade Fria Armén?

Detta var första gången vi hade sett en stridsvagn i verkligheten, men det skulle inte bli den sista. Visst hade vi hört att stridsvagnar användes i Homs och andra städer, men vad gjorde de här, i landets huvudstad? Ändå dröjde det inte länge förrän de blev en daglig syn. De körde längs gatorna och de placerades ut vid vägspärrarna. Mamma ringde varje dag och bönföll oss att flytta hem till henne i mormors hus, men Ali och jag stod på oss. Det var väl lika farligt där som här? Pappa såg vi inte mycket av. Samma dag som den första stridsvagnen hade skjutit utanför vårt hus, kom han hem från arbetet för att försäkra sig om att vi var i livet. Sedan återvände han till syfabriken, och eftersom de många vägspärrarna hade strypt nästan all kommunikation, förblev han borta.

Två dagar senare upprepades händelsen med stridsvagnen. Återigen vaknade vi av kanonskott och explosioner. Vi smög oss tysta uppför trappan till takterrassen och kröp fram till muren. Vi vågade inte resa oss. Försiktigt kikade vi över murkrönet och såg med en blandning av skräck och fascination hur stridsvagnen återtagit sin plats på vägen. Igen och igen avlossade den skott mot något mål ute på fälten. Inte förrän långt fram på förmiddagen upphörde skottlossningen och stridsvagnen gav sig iväg. Nu kom tre av våra jämnåriga kusiner hem till oss. Det var en av våra morbröder som hade skickat dem med uppdrag att hämta oss till mormors hus. Vi fick på inga villkor stanna kvar hemma. Det var inget att argumentera om.

I mormors hus kröp dagarna fram. Vi hade inget att göra, och snart hade datumet för det första examensprovet passerat utan att jag hade kunnat delta. En morgon efter frukost några dagar senare satt vi samlade i det som en gång hade varit min morfars kontor. Plötsligt knackade någon på dörren. Det var en man som upprört berättade att beväpnade män trängde in i husen och dödade människor bara några kvarter därifrån. Det uppstod en upprörd diskussion. Vad skulle vi göra? Vi kom fram till att vi skulle dela upp oss i två grupper. Kvinnor och barn under femton år skulle förskansa sig i husets övervåning. Vi andra skulle beväpna oss med det vi kunde komma över och försvara huset från intrång. Snart hade männen från grannhusen anslutit sig till oss, så vi kan ha varit omkring fyrtio män som stod på gården beredda att försvara våra familjer. En del hade knivar eller spadar i händerna. Själv blev jag tilldelad en träpåk. Från kvarteren runt omkring hörde vi ljudet av kulsprutepistoler. Vi väntade spänt men ingenting hände. Plötsligt kom en man i soldatuniform springande. När han fick syn på oss ändrade han riktning och försökte fly men hann inte många meter förrän han föll ihop på marken. Några av männen på gården sprang fram och lyfte upp honom. Försiktigt bar de honom tillbaka till oss. Där blev han liggande på rygg medan blod pulserade ut från ett kulhål strax nedanför hans vänstra axel. Det var tydligt att skottet hade trängt in bakifrån, för på sin väg ut hade kulan fläkt ett stort hål i hans bröst. Jag tittade på hans ansikte och kände plötsligt igen honom. Strax innan vi flyttade från vårt hus, hade jag gjort ett försök att köpa gas till spisen. Utanför affären hade jag stött ihop med honom. Han hade varit klädd i civila kläder, och när jag hälsade på honom och frågade om han bodde i vårt område, hade han svarat:

– Ja ja, men jag brukar inte gå ut mycket.

Nu låg han hjälplös på marken, och jag såg skräcken i hans ögon när han tittade från den ene till den andre av de omgivande männen. När han fick syn på mig, vred han huvudet åt sidan och dolde ansiktet bakom handen. Vem var han? Hade han deserterat från sin trupp? Varför ville han inte att jag skulle se honom? Det skulle jag aldrig få veta. Strax efteråt hjälptes några av grannarna åt att lyfta in honom i en bil för att köra honom till sjukhuset.

Hela dagen stod vi kvar på gården och vaktade, medan eldstriderna fortsatte i de omgivande kvarteren. Vid sjutiden på kvällen upphörde skottlossningen. Något senare kom ännu en främmande man in på gården. Han berättade att mördarna hade gett sig av. Flera av mina morbröder började gråta av lättnad. Våra familjer var räddade! Vi återvände in i huset där kvinnorna höll på att duka fram kvällsmat. Det var med glädje som vi alla satte oss ner och åt tillsammans, men friden skulle inte bli långvarig. Efter ungefär två timmar började skottlossningen igen. Vi var mycket trötta efter all spänning under dagen, så vi fann det klokast att dela upp oss i grupper och låta några sova medan andra höll vakt.

Nästa morgon förklarade de två yngsta av mina morbröder att de inte orkade vara kvar längre. De hade vänner i al-Kiswah, femton kilometer söder om Damaskus, och dit tänkte de fly. Den yngre av dem hade en bil och i den gav de sig iväg. Vi andra stannade i huset. Ute syntes inga människor. De som fanns kvar i området höll sig tydligen gömda inomhus. När solen sjönk mot horisonten började skottlossningen på nytt. Nu var den ännu närmare. Flera av mina morbröder hade gjort militärtjänst, som är obligatoriskt i Syrien. De lärde oss att bedöma avståndet till striderna utifrån ljudet av skotten. Om man bara hörde knallar var de ganska långt borta. Om man dessutom hörde visslet av kulor var de farligt nära.

– Och om ni varken hör knallarna eller visslet, behöver ni inte oroa er längre, tillade en av mina morbröder med ett ironiskt leende. Då är ni redan döda!

Det fanns inte mycket vi kunde göra. Några av oss vaktade vid dörren. Andra tittade på TV, där nyhetsuppläsarna i al-Jasiira och al-Arabia berättade att det pågick strider i Damaskus för att "befria" de södra delarna av staden. Vem som stred mot vem var oklart. Själv hade jag inte ro att titta på TV. När jag inte hade vakten vid dörren, smög jag och några av mina kusiner upp på takterrassen. Där låg vi i mörkret i skydd av muren och kikade över murkrönet. Runt omkring hördes visslet av kulor och det dova mullret från stridsvagnarnas kanoner. Då och då korsades himlen av signalskott. Det kunde vara röda eller gröna ljuspunkter som passerade i en vid bana över våra huvuden, alltid flera efter varandra. Vad de hade för funktion vet jag inte. Plötsligt hördes en öronbedövande smäll och sekunden efteråt föll en störtskur av grus och stenbitar över oss. En granat måste ha slagit ner inte långt från huset. Vi kröp tillbaka till trappan och återvände ner. Där satt alla chockade och bleka av skräck.

Den natten blev en av de längsta i mitt liv. När det äntligen började ljusna och skottlossningen hade tystnat var vi alla överens om att vi måste ge oss av. Inte en natt till på det här slagfältet! Vi bestämde oss för att liksom mina två morbröder försöka ta oss till al-Kiswah. Totalt var vi fyrtiofyra personer varav hälften var barn under tolv år. Vi ringde till den ene av våra morbröder som hade åkt dagen innan, och han lovade att komma och hämta så många han fick plats med i bilen. Tre av våra andra morbröder drev en grosshandel tillsammans och hade skåpbilar. Allt som allt borde det räcka. Redan klockan åtta samma morgon hade vi packat in oss i bilarna. Vi satt tätt hoptryckta, några på sätena och andra på golvet i lastutrymmet. Vi tog oss inte tid att packa några kläder, och mat hade vi bara med åt de minsta barnen. Det var bråttom och vi fick försöka klara oss bäst vi kunde. På bakgator tog vi oss ut ur vår stadsdel och fram till motorvägen mot Daraa. Runt omkring var husen skadade av skott. En del var raserade av granater. Ingenstans syntes en enda människa.

Också motorvägen med sina sex filer låg helt öde, frånsett vraken av ett antal söndersprängda och brända bilar. Allt kändes overkligt som i en skräckfilm.

När vi närmade oss al-Kiswah blev situationen en annan. Trafiken tätnade, och det var uppenbart att vi inte var de enda som hade flytt från Damaskus. Det visade sig vara näst intill omöjligt att få tag på en bostad. Några hotell fanns inte, och alla privatrum var fullbelagda. Till sist lyckades någon av våra morbröder hitta två rum som var fria att hyra. De låg på övervåningen i ett inte helt färdigbyggt hus, och enda sättet att ta sig in var via en brant, provisorisk järntrappa på utsidan huset. För mormor, som på den tiden måste ha hjälp av två personer för att kunna gå, blev det en prövning. Vi var en som drog och två som sköt på, och till sist lyckades vi pressa henne hela vägen uppför trappan. Rummen hade än så länge nakna tegelväggar, och det fanns varken någon fungerande gasspis eller något kylskåp. Möbler saknades helt. Den enda bekvämlighet som ingick var en toalett, men för att kunna spola den måste man köpa vatten från en tankbil. Från fönstren hade man utsikt över en vidsträckt begravningsplats.

– Om någon skjuter en granat mot huset, behöver vi i alla fall inte bekymra oss om vår begravning. Vi är ju redan på plats! tröstade oss vår humoristiske morbror.

Vi kunde varken tvätta oss eller byta kläder, och när vi skulle sova fanns det helt enkelt inte plats för alla på golvet. Det slutade med att kvinnor och barn fick sova i rummen, medan alla vuxna män sov under bar himmel på takterrassen. Vi låg direkt på betongen tätt tryckta intill varandra. Efter två dagar stod vi inte ut längre. I desperation började mina morbröder ringa till alla sina bekanta för att hitta något annat ställe där vi kunde bo. Till sist gav det resultat. En av dem var anställd som arbetsledare i en syfabrik för damunderkläder i en förort till Damaskus. Nu låg produktionen nere och ägaren hade flytt utomlands. Tursamt nog gick det fortfarande att ringa till honom, och sedan min morbror beskrivit vår desperata situation, fick han tillåtelse att maka ihop utrustningen i ena halvan av lokalen och använda den andra som tillfällig bostad för familjen. Nu gällde det bara att ta sig dit. Efter ytterligare några telefonsamtal stod det klart att motorvägen till Damaskus inte längre var framkomlig. Klockan var elva på förmiddagen när vi åter packade oss i bilarna och via omvägar närmade oss huvudstaden. På avstånd såg vi stridsvagnar och vägspärrar, men vi höll oss till de små grusvägarna och lyckades till sist ta oss fram till fabriken. Det kändes som ett mirakel att vi alla hade överlevt resan. Vi var åtminstone tillfälligt i säkerhet.

10

Syfabriken låg i Sahnaya, fem kilometer sydväst om Damaskus. Den var inrymd i bottenplanet på ett fyravåningshus. Övriga våningar innehöll lägenheter. Från markplanet ledde en kort trappa ner till fabrikslokalens entré, och inifrån lokalen ledde en annan trappa upp till en av lägenheterna. Det var fabriksägarens bostad, som nu stod tom sedan han och hans familj hade flytt utomlands. Dessvärre hade vi inte fått tillgång till lägenheten. Ägaren hade ju bara erbjudit oss själva fabrikslokalen som tillfällig bostad. Så snart vi hade stigit ur bilarna, började de vuxna männen bära symaskiner och annan utrustning åt sidan. Några hämtade vatten i hinkar och skurade den frigjorda delen av golvet. Så ställde vi upp hyllor så att rummet delades av i en avdelning för kvinnor och barn, en för män och en tredje som gemensamt dagrum. När allt var klart bjöd vi resten av familjen att stiga över tröskeln till det nya hemmet. Förutom stolar fanns det inga möbler, och frånsett en matta, som en av mina morbröder hade varit förutseende nog att ta med när vi flydde från mormors hus, fanns det ingenting att sova på. Någon av mina morbröder var trots förbudet fräck nog att göra en räd upp i ägarens lägenhet och kom tillbaka med ett par madrasser, men de flesta av oss sjönk ner direkt på det ännu fuktiga golvet. Efter de senaste dygnens vaka och stress kändes det obeskrivligt skönt att få sträcka ut sig på betongen. Med en ihoprullad skjorta eller annat plagg som huvudkudde var njutningen fullkomlig. Men ingen lycka varar i evighet, och inom några dagar började vi lida av att vi inte hade några kläder att byta med. Vi luktade inte precis fräscht, och till sist bestämde sig tre av mina morbröder för att utmana ödet och försöka hämta det nödvändigaste från sina hem runt mormors hus. Förmiddagen var i regel den lugnaste tiden på dygnet, så det var då de valde att ge sig av. Efter några timmar kom de tillbaka med bilarna fulla av madrasser och kläder. Vi var alla glada och tacksamma.

Sahnaya visade sig vara en lugn ort, och även om det fanns vägspärrar på in- och utfarterna syntes sällan några soldater inne bland bebyggelsen. Inte långt från fabriken låg några affärer där man kunde köpa mat, och även om mina morbröder av säkerhetsskäl ville att vi alla skulle hålla oss inomhus, smet jag ofta ut och njöt av att kunna röra mig fritt. Snart hade jag lärt mig att hitta i samhället, och det dröjde inte länge förrän jag hade blivit bekant med några ungdomar i min egen ålder som var trevliga att umgås med. Då visste jag inte att Sahnaya har en till stor del kristen befolkning, och jag blev inte lite förvånad när jag fick veta att där fanns en kristen kyrka och att det var dit mina nya vänner gick på söndagsförmiddagarna. Jag som inte hade märkt någon som helst skillnad mellan dem och oss vanliga muslimer!

Det året, 2012, inföll Ramadan i juli och augusti. Eftersom vi inte hade mycket att göra, sov vi för det mesta på dagarna när vi enligt traditionen ändå inte fick äta. På nätterna hade vi fest. Det var roligt att sitta och prata med mina morbröder och deras fruar men framför allt med mina jämnåriga kusiner som alla var pojkar. Den enda flickan i vår ålder som ännu inte var bortgift var min närmaste lillasyster. Pappa hade vi inte sett på åtskilliga veckor – han bodde ju i syfabriken där han var anställd – men den tredje och sista dagen av Eid al-Fitr, festen efter Ramadan, kom han på besök. Mamma hade berättat för honom i telefon att brödet var slut i butikerna där vi bodde, och nu kom han med en stor korg bröd, säkert bortemot trettio kilo, som han hade lyckats köpa i ett bageri närmare staden. För att undvika vägspärrar hade han sedan cyklat ett par mil på små grusvägar med korgen på pakethållaren för att ta sig till oss. Han hade också med en bunt sedlar åt mamma. Det var en fin avslutning på fastemånaden. Tyvärr kunde han inte bli kvar mer än två timmar, eftersom han av säkerhetsskäl måste vara tillbaka på fabriken där han bodde före solnedgången.

Den senaste tiden hade jag haft en känsla av att särskilt två av mina morbröder var på dåligt humör. När de blev medvetna om att både Ali, jag och några av våra kusiner brukade smita ut i samhället och till och med hade börjat umgås med ungdomar i området, förebrådde de oss och varnade oss för att vi kunde bli gripna och tvingade att göra militärtjänst. Vi måste ju förstå att vi var vuxna nu, och tänk om någon tipsade om var vi fanns! Samtidigt hade samma morbröder nytta av att vi hittade på orten. Jag fick till exempel gå med och visa vägen när en av dem hade ärende till apoteket. När vi kom in och han upptäckte att expediten var en mycket ung och vacker kvinna, behövde han plötsligt inte min hjälp längre. Istället körde han ut mig och förklarade att hans ärende måste hanteras i enrum mellan vuxna. Han hade tydligen svårt att bestämma sig för om vi var barn eller vuxna. Allt oftare blev vi tvungna att hålla oss inomhus, och det blev i längden mycket tråkigt. Jag gjorde vad jag kunde för att hålla mig sysselsatt, och erbjöd mig till exempel att hjälpa till med matlagningen, men det var inte heller bra. Snart började morbröderna klaga hos mamma. En av dem tog sig till och med friheten att gå in på kvinnoavdelningen för att prata ostört med henne, men genom hyllan som fungerade som vägg kunde jag och mina kusiner ändå höra allt han sade. Han klagade på att Ali och jag umgicks för mycket med hans och hans bröders fruar. Hade han inte själv sett hur jag hade hjälpt en av dem med att bära en gryta? Det stred minsann mot normer och seder! Hans egna barn visste hur man skulle uppföra sig men tydligen inte Ali och jag. Jag såg på mamma att hon blev sårad, och själv var jag inte dummare än att jag förstod var skon klämde. Han var helt enkelt svartsjuk för att jag hade hjälpt hans fru med matlagningen och pratat med henne. Samtidigt påstod samme morbror att striderna hade avtagit i området runt pappas hus, så om vi ville kunde han skjutsa oss hem. Vi var trötta på att sitta instängda på syfabriken, så både mamma och jag accepterade med glädje. Mina fyra småsyskon skulle förstås också åka med. Bara Ali ville hellre stanna

77

kvar för att fortsätta att hjälpa till med vissa arbetsuppgifter i fabriken.

Nästa morgon gav vi oss av, men det visade sig snart att hemresan inte skulle bli så enkel som vår morbror hade förutspått. Det fanns gott om vägspärrar, och sedan vi på avstånd hade sett flera stridsvagnar i närheten av vårt hus, fann han det säkrast att sätta av oss på Daraa-vägen. Därifrån var det ju inte långt att gå hem, tyckte han. Där stod vi och tvekade om vart vi skulle ta vägen. Till sist bestämde vi oss för att gå hem till vår moster som bodde kvar i al-Kadam. Hos henne blev vi varmt välkomnade och stannade över natten. Nästa morgon gick vi till fots hem till vårt hus. Mamma och småsyskonen gick landsvägen, medan jag smög mig fram på omvägar. Jag kunde ju området som min egen ficka och ville inte riskera att bli stoppad och skickad till militärtjänst. Vi kom fram utan problem, och till vår glädje visade sig huset vara oskadat. Mindre glada blev vi när vi kom in och fann alla skåp och lådor öppna och innehållet utspritt på golvet. Där låg husgeråd, kläder och böcker i en enda röra. Någon hade till och med hällt ut min myntsamling och tagit med sig det mest värdefulla. Det var inget annat att göra än att röja upp så gott vi kunde. Sedan lagade vi mat tillsammans. Potatis hämtade vi ur källaren och auberginer hade vi med från en affär i al-Kadam. Det fanns till och med gas kvar till spisen. Vi skalade, friterade, åt och njöt av att vara hemma, men friden varade inte länge. Redan på eftermiddagen hördes automateld och kanonskott. Min minsta syster skrek högt medan mamma grät tyst och uppgivet. Att striderna var över i vårt område hade alltså bara varit en fantasi. Vem skulle nu hjälpa oss? Vi ringde till min fasters man, som körde taxi, och trots den pågående striden lovade han att komma och hämta oss genast. Så fort han stannade utanför huset kastade vi oss i bilen. Han samlade snabbt ihop våra ID-kort, så att han kunde hålla upp dem framför soldaterna när vi passerade vägspärrarna, men det behövdes knappast. De var så upptagna med striderna att de bara viftade fram oss utan att titta på korten. Samma kväll var vi tillbaka i syfabriken i Sahnaya.

Ganska snart efter vår återkomst bad en av mina morbröder Ali och mig om hjälp med ett ärende. Det var samme morbror som hade arbetat i syfabriken när den fortfarande var i drift, och ärendet som han behövde hjälp med lät nog så enkelt. Han behövde några saker från sitt hus inne i Damaskus och samtidigt behövde mormor en medicin som fanns i hennes hus alldeles intill. Hittills hade medicinen gått att köpa i det lokala apoteket i Sahnaya, men nu var den slut där. Vi kunde alltså göra dubbel nytta om vi ville åta oss att åka in till staden och hämta alltihop. Problemet var bara att Fria Armén just hade intagit det området. Ett stycke längre norrut – exakt var visste han inte – måste det alltså gå en frontlinje mot regeringens trupper. Husen som vi skulle besöka låg nu i princip alldeles intill en krigszon. Han föreslog därför att vi skulle göra sällskap med en av våra äldre kusiner, en man på tjugosju år, så att vi alla kunde hjälpas åt om vi fick några problem. Vi tvekade inte länge. Naturligtvis ville vi vara till nytta, så vi var överens om att göra ett försök redan nästa dag.

Det var mitt på dagen när vi alla tre steg på en buss i riktning mot centrala Damaskus. Det var med hjärtat i halsgropen vi stannade vid vägspärren vid Sahnaya, men vakterna bara kastade ett förstrött öga på passagerarna och viftade åt föraren att köra vidare. Av naturliga skäl gick inga bussar till det område som var vårt mål, så vi steg av på Daraa-vägen och gick de sista kilometerna till fots. Vår kusin, som hade vuxit upp i den delen av staden, visade vägen genom bakgator och gränder. Området var fullständigt öde, och många byggnader var skadade. Tursamt nog såg vi inte till några soldater och kom utan problem fram till familjens hus. De hade stått låsta sedan vi lämnade platsen nästan två månader tidigare och var märkligt nog inte plundrade. I vår morbrors hus plockade vi ihop allt som fanns på hans lista och sedan var det bara att hämta medicinen i mormors hus. Vi samlade alltsammans i en påse. Vid det laget hade det hunnit bli sen eftermiddag, men vi hade inte bråttom. Vi hade mat med oss och hade ändå planerat att stanna över natten, eftersom vi räknade med att förmiddagen skulle vara den säkraste tiden för vår återfärd. Kvällen förlöpte lugnt och tyst och vi lade oss att sova för natten.

Vid femtiden nästa morgon vaknade vi av intensiv skottlossning. Det var både smatter av kulsprutor och dova explosioner från granater. Vi ringde vår morbror och rådgjorde med honom. Han hade just sett på TV-nyheterna att intensiva strider hade brutit ut mellan regeringstrupper och Fria Armén i al-Asali omedelbart norr om där vi befann oss. Vi måste genast ge oss av söderut! Om vi stötte på förband från Fria Armén, skulle vi på långt håll tydligt visa att vi var civila, inte regeringssoldater. Det syntes ju förresten på våra kläder. Alla regeringens soldater hade uniform. Vi tittade tvekande på varandra, men vi insåg förstås att vår morbror hade rätt. Det fanns ingen annan utväg. Regeringstrupperna kunde ju när som helst tränga in i vårt område, och då skulle vi inte ha en chans. Min kusin plockade hastigt upp påsen med det vi hämtat. Så tog vi ett djupt andetag, steg ut i gryningsljuset och låste noga dörren efter oss.

Återigen blev det vår kusin som fick bestämma vilken väg vi skulle ta. Mormors hus låg på den västra sidan av en större gata, och vi tittade noga åt båda hållen innan vi djupt framåtböjda sprang över till andra sidan. Där fanns en grupp byggnader åtskilda av smala gränder, och i skydd av husen halvsprang vi vidare mot sydost. Snart öppnade sig två stora fält åtskilda av en mur precis i den riktning vi var på väg. Även om vi inte såg en människa åt något håll, insåg vi att det kunde finnas krypskyttar som låg gömda på taken framför eller bakom oss. Dessutom passerade då och då en arméhelikopter, så det gällde att inte upptäckas från luften heller. Vi såg oss noga för och sprang sedan så fort vi kunde en efter en över fältet. På andra sidan fanns en lång byggnad vars vägg gav oss skydd åtminstone från ena hållet. Efter ytterligare en kort öppen sträcka, kom vi in i ett större, tätbebyggt område. Min kusin valde de smalaste gränderna där vi gjorde vårt bästa för att gömma oss bakom utskjutande byggnadsdetaljer. Vid varje hörn tvekade vi, men ingenstans såg vi en enda människa. Totalt hade vi nu tillryggalagt en sträcka på kanske fyrahundra meter och närmade oss en större gata. På andra sidan låg en halvfärdig industribyggnad med fördragna jalusier av plåt på bottenvåningen. Två av jalusierna var uppdragna och innanför gapade stora, rektangulära hål i väggen. Förmodligen var de tänkta att en gång bli butiksfönster. Medan vi stod där och tvekade om vilken väg vi skulle ta, hörde vi plötsligt ljudet av en sten som rasade ner mot trottoaren mitt emot. Två män hade stigit fram ur ett av de öppna hålen. I händerna hade de vapen, som de höll riktade mot oss. Vi sträckte omedelbart händerna över huvudet och ropade att vi var civila som bara hade hämtat några saker från vårt hus. De såg genast lugnare ut, och vi gick försiktigt fram mot dem. Nu upptäckte vi flera beväpnade män i byggnadens bottenvåning. Framför de två öppningarna hade de lagt upp högar av sandsäckar och tegelstenar. Vi förklarade att vi var på väg till Sahnaya. Kunde de hjälpa oss att hitta en säker väg dit? Han som stod närmast skakade bestämt på huvudet.

– Nej, det är mycket farligt. Ni kan inte fortsätta nu. Ni måste stanna här hos oss.

Han visade oss in i ett inre rum i byggnaden. Där fanns ingen belysning, men projektiler hade slagit hål i väggar och tak, så att dagsljuset sipprade in från alla håll. Det fanns ingen dörr mellan rummen, och vi hade därför fri sikt ut mot männen i det yttre rummet. De var fem eller sex till antalet – jag minns inte säkert – och medan de stod på vakt innanför barrikaderna pratade de lågmält med varandra. Jag lyssnade uppmärksamt och hörde snart på deras dialekt att alla var från Damaskus södra ytterområden. De var beväpnade, och jag tittade nyfiket på deras vapen. Jag hade aldrig förut haft chansen att titta närmare på sådana dödsinstrument, och det enda namn jag kände till var Kalasjnikov. Det var nog sådana som de hade. Nej förresten, en av dem hade ju ett mycket större vapen. Oräknat själva pipan var det kanske en meter långt, grovt och svart. En av männen förklarade stolt att det var "ett NATO-vapen som de fått från Libyen". Det var det enda som var kraftigt nog att skjuta ner helikoptrar med, och mycket riktigt avfyrade mannen som höll i vapnet just då en serie skott snett upp mot himlen. Från vår plats i det inre rummet kunde vi inte se vad han sköt på eller om han träffade.

När vi hade suttit i rummet någon timme kom plötsligt två män småspringande längs gatan norrifrån. Båda blödde, antagligen av skador från splitter. De togs genast emot av männen bakom barrikaderna, så vi förstod att de stred på samma sida. Antagligen kom de från en postering närmare fronten. Efter att ha talat med dem, kom en av de andra männen in till oss. Han förklarade att läget var mycket allvarligt och att vi måste hjälpa till om de skulle bli tvungna att retirera. Så pekade han på några stora väskor med ammunition.

– Du ansvarar för den här, och du ansvarar för den där, sade han till Ali och mig. Ni bär dem med er om vi måste dra!

Vår kusin tilldelades ett paket med skott till något slags granatkastare. Kanske var det för att han var äldre, så att männen omkring förstod att han måste ha gjort värnplikt och visste vad han höll i. Själv förklarade han för oss att ammunitionen var avsedd för att skjuta mot stridsvagnar. Nu kom allt fler män springande. Några var allvarligt sårade och krävde stöd av kamrater för att över huvud taget kunna ta sig fram. På en av männen var den högra sidan av ansiktet helt täckt av blod, men han verkade inte bry sig. Tillsammans med sin bror hade han nyss legat i den främsta stridslinjen. En granat hade slagit ner, och han berättade gråtande att det inte fanns någon enda del av broderns kropp kvar att begrava. Själv hade han förlorat sitt vapen i explosionen. Nu skulle han hämnas. Någon av de andra sade åt honom att stanna, men han lyssnade inte. Med ärmen torkade han bort blodet från ögat, grep ett vapen och sprang tillbaka norrut mot fronten. Det var första och sista gången vi såg honom.

Strax därpå dök till vår förvåning två obeväpnade män upp på gatan. Det var uppenbart att de var väntade, för de bjöds genast in och behandlades med stor respekt. Den ene var en man i femtioårsåldern med gråsprängt, lockigt hår som nådde ner till axlarna. Den andre var yngre och hade kortklippt, svart hår. Båda var slätrakade och välklädda, och den yngre bar på en axelväska i läder. Inte förrän han plockade fram en mikrofon ur väskan och räckte den till sin äldre kollega, gick det upp för oss att de var reportrar. Senare fick jag veta att de kom från al-Arabia och hade varit ända framme strax bakom frontlinjen. Nu vände sig den lockige reportern mot mannen med NATO-vapnet och frågade om läget. Med hård röst svarade han något i stil med att "idag kommer vi att vinna över de förbannade mördarna" och "snart ska vi befria Syrien från alla jävla förtryckare". Med hänsyn till att vi nyss hade fått veta att vi skulle göra oss beredda att retirera, förstod jag att det han sade mest var prat avsett att skrämma motståndarsidan. Intervjun var snart över, och de två reportrarna gav sig av igen i riktning söderut längs gatan. Två soldater följde med för att visa vägen. Kanske väntade en bil på dem bakom något hörn. Tänk om de hade kunnat ta oss med sig!

Nu kom fler och fler soldater i grupper om två och två eller tre och tre, men de stannade inte hos oss utan tilläts gå vidare söderut för att transporteras i säkerhet. Snart hade åtminstone tjugofem mer eller mindre sårade soldater passerat byggnaden där vi satt. Uppenbarligen var det mannen med NATO-vapnet som var chef för hela styrkan, för han bestämde vart de skulle fortsätta. "Gå till den första platsen", kunde han beordra någon, medan en annan skickades till "den andra platsen". Så småningom började jag förstå hur det hela var organiserat. Uppenbarligen var byggnaden där vi satt basen för hela arméenheten. Längre fram fanns andra posteringar, och mellan dem löpte gator som säkrades av utposterade vakter. När nu allt fler tvingades att dra sig tillbaka, betydde det att regeringsarmén ryckte närmare och närmare. Själva fick vi tydligen inte retirera förrän alla soldater som varit placerade längre fram – och fortfarande bedömdes vara i livet – hade passerat. Till slut kom en av männen in i rummet där vi satt och förklarade snabbt att det fanns risk för att eldstrider skulle utbryta kring byggnaden där vi var förskansade. I så fall måste vi hjälpa till att ladda vapnen, så att de kunde skjuta oavbrutet. Jag hade aldrig hållit i en Kalasjnikov och ville inte gärna göra det nu heller.

– Jag vet inte hur man gör, protesterade jag.

– Det är lätt, förklarade mannen. Gör bara så här!

Och så fick vi lära oss hur man stoppar in patronerna i magasinen. Efteråt har jag försökt glömma det, men i det ögonblicket fanns inget annat alternativ än att lyda order.

Det var nu sent på eftermiddagen och skuggorna på gatan utanför blev allt längre. Någon mat hade vi inte sett på hela dagen, och vatten fanns bara i begränsad mängd. Det var nog en halvtimme sedan vi hade sett några retirerande soldater. Plötsligt hördes en kort serie skott från ett automatvapen alldeles i närheten. Jag vet inte om det kom från en anfallande soldat eller om det var en överenskommen signal från någon av de egna, men chefen gav omedelbart order om att vi skulle dra oss tillbaka. En av soldaterna pekade på mig och beordrade:

– Du följer med mig!

Andra gjorde detsamma med Ali och vår kusin. Jag reste mig med den tunga ammunitionsväskan som jag fått i uppdrag att bära och skyndade efter min ledare. Vi halvsprang söderut längs gatan. Bakom nästa hörn väntade en pickup. På flaket fanns ett stort vapen dolt under en filt, så det fanns ingen plats för oss att klättra upp. Två soldater tog hand om bilen och vi andra fortsatte till fots. Vi visste att regeringstrupperna avancerade bakom oss, så nu sprang vi allt vad vi orkade. Ammunitionsväskan dunkade mot höften på mig och remmen skar in i min axel. Jag hade svårt att hänga med soldaten som jag fått i uppdrag att följa. Trots att han hade tyngre kläder än mig och bar på en massa utrustning sprang han mycket fort. På ett fält några hundra meter längre bort väntade ytterligare tre pickuper med öppna flak. Nu fanns det plats för oss alla att klättra ombord, men i hastigheten såg jag inte vad som hade blivit av Ali och vår kusin. Först när bilen hade startat och jag satt på huk och höll mig fast i flakkanten, upptäckte jag Ali. Han satt hopkurad på samma sätt som jag på en av de andra bilarna, och när han fick syn på mig släppte han för en sekund greppet om kanten med ena handen och vinkade. Det kändes bra!

Bilarna körde snabbt söderut men följde inte vägen utan genade då och då över öppna fält eller följde mindre grusvägar. Snart kom vi fram till en förort som heter al-Sbeina och består av ett gytter av små hus längs trånga gränder. Här stannade bilarna och släppte av oss, men soldaterna uppmanade oss att så snabbt som möjligt fortsätta mot Sahnaya. Den statliga armén jagade säkert de retirerande trupperna och kunde när som helst dyka upp. Vi ringde till vår morbror, som lovade att genast komma och hämta oss. Vi kom överens om att han skulle möta oss på en bestämd plats vid gamla Daraa-vägen, och tillsammans smög vi snabbt men försiktigt mot mötesplatsen. Vi kom dit precis i tid för att på långt håll se vår morbrors bil närma sig och stanna vid vägkanten. Vi sprang fram och kastade oss i bilen, han tvärvände på den helt otrafikerade vägen och så styrde vi hemåt. Nu kom tröttheten över oss, och vi sjönk kraftlösa ihop i sätena. Väl hemma vid syfabriken i Sahnaya stapplade vi in genom dörren. Mamma grät och kramade Ali. Själv stod jag bara i dörren och tittade på allt och alla. Ute hade mörkret fallit, men här inne var det ljust. Kontrasten mot det vi upplevt timmarna innan var fullkomligt absurd. Alla pladdrade och skrattade och frågade i munnen på varandra vad som hade hänt. Min kusins mamma kramade honom, men så släppte hon plötsligt taget och frågade:

– Vad är det du har under skjortan?

För ett ögonblick såg han förvirrad ut men så mindes han. Han knäppte upp skjortan, tog fram påsen och sade:

– Här är ju skälet till hela resan: grejorna som vi skulle hämta åt morbror. Och här är mormors medicin!

11

Under de följande dagarna fick vi om och om igen berätta vad vi hade varit med om. Våra yngre kusiner betraktade oss nästan som filmhjältar, men tyvärr bleknade hjälteglorian med tiden. Återigen var vi för det mesta instängda i källaren och hade inget annat än TV:n att förströ oss med så länge inte de allt vanligare strömavbrotten stängde ner den också. Nyheterna berättade om oroligheter runt om i landet, och det gick rykten om att militanta grupper trängde in i byar och samhällen och dödade invånarna bara för att komma åt deras pengar. En av mina morbröder oroade sig mycket för detta. Tänk om det skulle hända oss!

– Ni har väl hört att många här i Sahnaya är druser? nästan viskade han. Är inte det ett slags kristna? Tror ni att de kommer hit och dödar oss?

Det där med att druser skulle vara kristna hade han fått om bakfoten, men det hjälpte inte att försöka övertyga honom om det. Han var lika orolig i alla fall, och inte blev det bättre när den ena efter den andra av våra släktingar ringde och talade om att personer i deras omgivning hade blivit dödade. En av mammas väninnor berättade till exempel att hennes far hade sprungit ut ur huset för att försöka få tag på en taxi när granater hade börjat falla över området där de bodde. Märkligt nog fick han tag på en bil, men när han minuterna efteråt kom tillbaka för att hämta sin familj låg huset i ruiner. Det hade blivit träffat av en granat. Själv hade han fått en hjärnblödning av chocken. Om inte mammas väninna hade gift sig och flyttat hemifrån skulle hon nog också ha varit död nu.

Så kunde det låta, och varje gång någon av oss fick ett sådant besked spred det sig snabbt i gruppen och gjorde alla ännu oroligare. Flera av mina morbröder började tala om att fly. Mamma rådgjorde med pappa i telefon. De kom överens om att försöka hämta ytterligare några saker från vårt hus innan vi eventuellt skulle ge oss av, vart visste vi inte. Liksom förra gången var det mamma, jag och småsyskonen som gjorde ett försök, medan Ali stannade kvar i syfabriken. Vi skulle ta bussen mot centrum, stiga av i höjd med al-Kadam och börja med att besöka mammas syster som fortfarande bodde kvar i närheten av moskén. I ett försök att se yngre ut rakade jag bort mitt spirande skägg. Jag ville ju inte bli tagen för en artonåring och bli skickad att göra militärtjänst! Det var mera trafik än vanligt, och bussen sniglade fram från vägspärr till vägspärr. Det tog flera timmar att åka de fem kilometerna från Sahnaya till al-Kadam. Jag tror att vi tog oss fram fortare den sista biten till mosters hus, det vill säga den bit vi gick till fots.

Nästa dag erbjöd jag mig att rekognoscera terrängen runt vårt gamla hem. Om vi hade riktig tur kanske situationen hade lugnat sig så mycket att vi kunde flytta dit? Min mosters son, som var sex månader äldre än mig, föreslog att vi skulle göra sällskap. Mamma varnade oss. Hon hade hört att flera av grannhusen hade blivit nerbrända. Vi måste se oss noga för. Det kunde ju finnas soldater både i huset och omkring det. Vi gav oss iväg till fots men valde olika vägar för att inte båda råka i samma fälla. Som vanligt gick jag över fälten och genom dungarna. Det gällde ju att hålla sig utom synhåll från militärposteringar och vägspärrar. Inte fullt en timme senare stod vi tillsammans på uppfarten mot vårt gamla hem. Mycket riktigt var flera av grannhusen nerbrända, men vårt stod kvar. Ytterdörren var olåst, och vi steg försiktigt över tröskeln. Det första vi lade märke till var några små högar av vitt pulver på golvet. Vi gissade att det var fosfor, för vi hade hört berättas att man använde det för att sätta eld på hus. Men varför stod vårt i så fall kvar? Hade de som brände ner husen i trakten ångrat sig eller blivit avbrutna? Vi klev försiktigt vidare. Röran på golvet var ännu värre än förra gången. Tydligen hade någon letat igenom huset igen och tagit med sig allt av värde. Vi hittade några vinterkläder som vi samlade ihop, och så gav vi oss av tillbaka mot al-Kadam som vanligt på skilda vägar. Vi kom fram nästan samtidigt, och när mamma fick höra om de nerbrända grannhusen och om fosforpulvret sade hon att det bekräftade hennes värsta misstankar. Det var lika bra att överge huset för gott, men till syfabriken ville hon inte återvända. Vad skulle vi nu ta oss till?

– Ni kanske kunde bo i våra vänners hus här intill så länge, föreslog min moster. De har flytt så nu står det tomt, och de lämnade nyckeln till oss innan de gav sig av. Det är inte alls långt härifrån.

Det tyckte vi lät som en bra idé. Min moster ringde till sina vänner och de hade inga invändningar. De var till och med så frikostiga att de erbjöd oss att använda allt som fanns i huset. Moster gick med och visade vägen runt kvarteret och in i nästa gränd. Det var med stor lättnad som vi flyttade in och gjorde oss hem-

87

mastadda. Här var det minsann inte lika trångt som i syfabriken, och det kändes mycket tryggare än i vårt eget utplundrade hus.

En morgon någon vecka senare åt vi som vanligt frukost tillsammans hos vår mosters familj. Då utbröt plötsligt skottlossning i närheten, och när den inte upphörde utan snarare tilltog i intensitet blev vi alltmer oroliga. Skulle vi bli tvungna att fly härifrån också? Vi rådgjorde hastigt och kom fram till att vi måste göra oss beredda på det värsta. Två av mina kusiner och jag skulle hämta det nödvändigaste från vår lånade bostad, framför allt kläder och mat åt min minsta syster, och sedan återvända och tillsammans avvakta utvecklingen. Sagt och gjort. Vi skyndade oss ut genom dörren och halvsprang genom gränden ut mot den större gatan. Där var ett antal beväpnade män på marsch norrut. De hade inga uniformer men pannbindlar med texten "Fria Armén". Av en slump råkade min ena kusin känna en av soldaterna som just passerade.

– Vad håller ni på med? ropade han åt sin bekant.

– Idag kommer vi att befria al-Kadam! fick han till svar.

– Är ni inte riktigt kloka? skrek min kusin. Ni kunde väl ha varnat oss! Här är ju fullt med kvinnor och barn! Alla kommer att dö!

Men vid det laget var soldaten redan utom hörhåll. Vi vek runt hörnet in i nästa gränd, som efter en krök löpte vidare och mynnade i ännu en annan gata. Där stod två soldater från Fria Armén på vakt. Porten till "vårt" hus låg bara några meter från korsningen. Jag satte nyckeln i låset och skulle just vrida om när en öronbedövande knall ekade mellan husväggarna. Tryckvågen fick oss att vackla och en skur av splitter regnade över oss. En granat hade slagit ner på gatan alldeles runt hörnet från platsen där vi stod. Av de två soldater som stått där ögonblicket innan fanns inte ett spår.

– Öppna dörren! In fort! skrek den äldre av mina kusiner.

Vi störtade in, och ögonblicket efteråt hördes en ny explosion. Vi rafsade åt oss min lillasysters kläder och mat så fort vi någonsin kunde och var just på väg ut, när min äldre kusin stannade till.

– Gå före ni, sade han. Jag ska bara se hur det gick för dem som bor i hörnhuset.

Utan att tänka på någon försiktighet rusade jag och min andra kusin tillbaka genom gränderna. Då och då skakade marken och ljudet av nya explosioner fyllde våra öron. Men vi hörde också ett annat ljud: tjutet av militärflygplan som passerade på låg höjd över området. Vi hade knappt hunnit in genom dörren till mosters hus förrän min andre kusin hann i fatt oss. Mycket kort konstaterade han:

– Där fanns bara en ruinhög. Alla var nog döda.

Människor strömmade ut från grannhusen och blev stående rådvilla på gatan. Några knackade på vår dörr. Paniken lyste ur deras ögon. Vilket ögonblick som helst kunde ju en granat slå ner här också. Mina systrar grät högljutt. Då bestämde min mosters man:

– Vi måste omedelbart ge oss av härifrån allihop. Vi har inget val.

– Ni äldre kan gå först, föreslog jag.

Min jämnårige kusin höll med mig. Vi kunde gå sist och se till att ingen blev efter.

– Nej, bestämde min mosters man. Ni unga går först! Om regeringsarmén kommer, skjuter de alla unga män de får syn på. Oss äldre kanske de skonar.

Han delade hastigt upp oss i grupper, och vi kom överens om att ge oss av grupp för grupp söderut bort från al-Kadam. Jag var en av de första som steg ut i gränden. De övriga i vår grupp var min äldsta syster, två av mina kusiner – en pojke och en flicka – och min mosters svärmor. Hon var gammal och vi hade åtagit oss att dra hennes rullstol. Hastigt började vi gå mot al-Kadam-moskén. Flygplanen fortsatte att passera på låg höjd, och vi hörde först en kraftig explosion ett stycke till vänster om gatan och sedan ytterligare en till höger. Uppenbarligen fällde flygplanen bomber över området. Bara sekunder senare small det igen, den här gången nära gatan ett stycke framför oss. Vi hörde människor skrika. Min kusin och jag sprang före de andra för att se om vi kunde göra något. Tydligen hade bomben fallit mitt i en grupp människor som liksom vi var på flykt. Kroppar låg sönderslitna på gatan. En ung man hade fått ena benet avslitet. Blodiga hudslamsor var allt som stack fram ur hans södertrasade byxben. I extrema situationer kan en sekund kännas som en evighet, och trots att vi bara hann kasta en blick på förödelsen, finns bilden för alltid kvar inom mig. I samma ögonblick kom min syster ikapp oss. Hon hade slutat gråta och stirrade bara framför sig. Vi drog henne hastigt med oss vidare längs gatan för att skona henne från att se vad vi just hade sett. När vi närmade oss platsen framför moskén, föll ännu en bomb. Den träffade strax till vänster om oss, och vi flydde så fort vi kunde åt höger. Därmed hamnade vi på samma gata som demonstrationståget från moskén hade gått året innan. Vi halvsprang med rullstolen medan bomberna fortsatte att falla men nu mest bakom oss. Snart nådde vi fram till en punkt där gatan grenar sig, och vi valde att gå åt höger i hopp om att kunna ta oss ut till motorvägen och kanske få skjuts bort från staden. Då skrek min kusin plötsligt till och pekade framåt. Längs gatan närmade sig en stridsvagn söderifrån omgiven av en grupp soldater. Alla hade uniform, så det var uppenbart att de hörde till regeringsarmén. Utan att tveka en sekund dök vi in i en gränd. Vi hörde mullret från stridsvagnens larvfötter starkare och starkare och förstod att soldaterna som följde den hade till uppgift att säkra gränderna de passerade från upprorsmän. En kort serie skott ekade mellan husen.

– Nu är det ute med oss, viskade min kusin förtvivlat.

Jag hörde ett hetsigt meningsutbyte mellan några av soldaterna, men kunde inte uppfatta vad de sade. Sekunden efteråt ropade en av dem:

– Ni får komma ut och gå härifrån! Vi vet att ni är civila.

Vi stod kvar som statyer.

– Ni har en enda chans att komma ut och det är nu. Annars kommer ni att dö, fortsatte han med hög röst.

Vi tvekade ännu ett ögonblick, men när vi såg andra komma ut från gränden mitt emot utan att bli skjutna, grep min kusin resolut sin farmors rullstol och körde ut den på gatan. Vi andra följde efter. Vi passerade bara någon meter från de närmaste soldaterna, men ingenting hände. Otroligt lättade gick vi vidare mot Daraa-vägen.

På motorvägen fanns ingen trafik. Vi fortsatte söderut, och efter en stund fick vi se en traktor med släp som hade stannat vid vägkanten. När vi kom närmare ropade föraren åt oss att klättra ombord, så skulle han köra oss bort från krigszonen. Det kändes tydligt på lukten att det senaste han hade transporterat var gödsel, men vad gjorde det bara vi kunde sätta oss i säkerhet. Jag hjälpte flickorna upp, och med gemensamma krafter lyckades min kusin och jag lyfta upp rullstolen med hans farmor på vagnen. Snart skyndade fler människor till. Där kom ju mamma och hennes syster, och där kom resten av familjen! När alla hade klättrat upp var vi nog femtio personer som trängdes i kärran. Bonden startade traktorn, och även om det gick långsamt kände vi hur varje meter förde oss bort från döden och närmare livet. Vid avfarten mot Sahnaya steg vi av. Kvinnorna och barnen vandrade längs vägen in mot samhället medan vi andra smet bakom en husrad för att osedda kunna passera vägspärren. Min mosters man hade en vän på orten, och dit valde han och hans familj att gå. Vi andra styrde stegen mot syfabriken. Solen hade ännu inte börjat dala när vi kom fram. Vi var dödströtta, men märkligt nog var alla oskadda.

Även om mammas släktingar naturligtvis var glada att vi hade överlevt bombanfallet, fanns det nog en och annan som inte precis såg fram emot att behöva tränga ihop sig för att göra plats för oss i syfabriken igen. Att vi gjorde entré direkt från en resa i en gödselkärra gjorde knappast saken bättre. Så gick dagarna och stämningen blev alltmer tryckt. Mamma tog för en tid de mindre barnen med sig och flydde till sin äldsta syster, som fortfarande bodde kvar i centrala Damaskus. Det var för övrigt hon som var mor till min nio dagar yngre kusin som hade varit min klasskamrat på al-Wafi-institutet. Själv gjorde jag ett försök att flytta till pappa på den andra syfabriken. Där hade produktionen också legat nere en längre tid, och pappa var den ende som arbetade kvar. Han ansvarade bland annat för att lämna ut varor från lagret när någon transport kom för att hämta, men nu hade ägaren hört av sig och ville att han skulle rekrytera något femtontal arbetare och försöka dra igång produktionen igen om än i begränsad omfattning. Jag hade nog kunnat få arbete där, men det fanns två hinder: dels avskydde jag tanken på att sitta dagarna i ända lutad över en symaskin, dels – och det var ännu värre – kunde jag bara inte ha min pappa som chef. Det var omöjligt för mig att inte ifrågasätta hans beslut, och han stod inte ut med mina ständiga frågor.

Men livet tar ibland en helt annan vändning än man kan förutse. Som jag tidigare har nämnt hade jag under åren i skolan haft svårt att bli accepterad av mina klasskamrater. Vi hade så olika intressen, och medan jag lade det mesta av min fritid på att läsa läxor, drev de andra i grupper på stan och hittade på olika pojkstreck. Det var inte förrän under de två åren på al-Kawakibi-gymnasiet som jag hade fått en riktigt god vän. Han hette Wisam, och när jag tänker tillbaka på honom måste jag med ett leende konstatera att vi egentligen var ganska olika. Jag var liten och smal; han var lång och bredaxlad. Jag var intresserad av biologi; hans passion var datorer. Ändå hade vi mycket gemensamt. Båda ville vi göra bra ifrån oss i skolan och lade mycket arbete på läxor. Båda ville vi fördjupa oss i det som var vårt stora intresse. De aktiviteter som skolkamraterna ägnade sig åt på fritiden var för oss fullständigt ointressanta. Kanske var det också just utanförskapet som förenade oss. Vi hängde tillsammans på rasterna och pratade engagerat. Vid ett tillfälle, när vi hade lärt känna varandra väl, sade Wisam att han aldrig hade haft en så god vän som mig. Det gjorde mig mycket glad.

Jag var under tiden i skolan ganska ofta hemma hos Wisam och lärde känna hans föräldrar och syskon. Hans far var en välbeställd fabriksägare, så det var inte konstigt att Wisam alltid hade det senaste av datorer och kringutrustning. Hans mor kom från Jordanien men hade flyttat till Syrien när hon gifte sig. Eftersom hon fortfarande var jordansk medborgare och hade sin släkt i Jordanien, hade det varit lätt för familjen att fly dit så snart inbördeskriget bröt ut. Nu var det över ett år sedan jag hade träffat Wisam, och vi hade under tiden bara haft sporadisk kontakt per telefon. Därför blev jag både förvånad och glad när min mobil ringde och jag såg på landsnumret att samtalet kom från Jordanien. Mycket riktigt var det Wisam! Efter en stunds prat om ditt och datt kom han fram till sitt ärende:

– Du, jag har en morbror här i Jordanien som vill gifta sig. Han heter Jad. Mormor och morfar är ju döda, så hans systrar har åtagit sig att försöka hitta en brud åt honom. Har du något förslag?

– Nja, jag vet inte, tvekade jag. Hur gammal ska hon vara? Sexton, sjutton år?

– Ja, min morbror är tjugofem, så det skulle passa bra.

– Alla mina kusiner i den åldern är redan bortgifta ... Nej, jag kan nog inte komma på någon.

– Är du säker på det? Finns det ingen närmare dig?

– Tja, vem skulle det vara? Min syster?

– Ja! Det var just henne jag tänkte att du skulle föreslå. Du, mamma sitter här bredvid mig. Hon vill tala med din mamma.

De närmaste dagarna följde flera samtal mellan mamma och Wisams mor. Sedan mamma också rådgjort med pappa, slutade det hela med att min äldsta syster, som då var sjutton år, blev föreslagen som brud åt Wisams morbror. Enligt traditionen skulle nu brud och brudgum träffas omgivna av sina närmaste släktingar, men det gick förstås inte. Vi hade ju inga pass så vi kunde inte åka till Jordanien, och att Jads familj skulle riskera livet genom att resa till Damaskus var uteslutet. Alltså fick min syster nöja sig med att träffa sin blivande man via Skype, och det blev banbrytande på mer än ett sätt. Eftersom det är nästan tvåhundra kilometer från Damaskus till Amman, var det ingen som bekymrade sig om att de skulle kunna förledas till några opassande intimiteter så länge de bara satt framför sina datorer och pratade med varandra. Alltså lät släkten dem prata ostört med varandra utan att någon lyssnade, och det blev många och långa samtal. Min syster var mycket glad, och till sist hölls till och med förlovningsfesten via Skype. Tänk hur världen hade förändrats! Det var för övrigt inte bara min syster som förlovade sig den hösten. Det gjorde också min kusin, flickan som var nio dagar yngre än mig, och vi var förstås alla med på förlovningsfesten. Nu skulle snart två bröllop gå av stapeln: hennes här i Syrien och min systers i Jordanien. Hur gick ett bröllop till där? Det visste vi inte. Säkert bokade man skilda festsalar för män och kvinnor precis som här. Men var det bara brudgummen som fick gå in i kvinnornas sal och dansa med bruden? Och hur länge varade festen? Var det som här att männen återgick till arbetet redan nästa dag, medan brudparets kvinnliga släktingar fortsatte att umgås i varandras hem och dansa och äta festmat i sex dagar till?

Nu närmade sig vintern, men inte bara den. Det gjorde också min formella artonårsdag, och det betydde att jag måste genomgå mönstring för värnplikt och hämta ut min militärbok. Annars skulle jag inte kunna få ut något pass för att åka till min systers bröllop i Jordanien. Jag skulle dessutom riskera att bli gripen i första bästa vägspärr och dömas för smitning från värnplikt. Ali hade mönstrat året innan och lyckats få anstånd med värnplikten genom att visa att han fortfarande studerade. Nu ville jag försöka detsamma. Processen var ganska krånglig med hälsoundersökningar och intervjuer, och för att få anstånd måste jag dessutom skaffa stämplade kopior av betyg från de skolor jag gått i och intyg på att jag ansökt om att delta i vårens slutprov för gymnasiet. Jag ska inte trötta ut läsaren med att beskriva allt jag var tvungen att göra steg för steg. Låt mig bara nämna några udda detaljer som jag tror kan vara intressanta. Den första var att jag måste betala tvåtusen pund i avgift för hela processen via en bank men sedan ändå skjuta till kontanter på varje ställe jag besökte. Jag ifrågasatte hemma om det inte kunde röra sig om mutor, men pappa sade bestämt åt mig att jag bara skulle hålla tyst och betala. Annars skulle jag råka illa ut. En annan överraskning var att jag i samband med den första läkarundersökningen inte bara måste lämna pengar utan dessutom en halv liter blod till sjukhusets blodbank.

Till det avslutande besöket på mönstringskontoret följde pappa med mig. Medan vi väntade i kö utanför ingången fick vi se en hel rad unga män hopkopplade med kedjor tåga förbi noga övervakade av militärer. Det gav en ögonblicksbild av hur det gick för dem som hade fyllt arton år utan att anmäla sig till mönstring. Själv fick jag vänta i flera timmar på att bli vägd, mätt och intervjuad, och när jag till sist stod i kö utanför dörren till den beslutsfattare som skulle fälla det slutliga avgörandet om min militärtjänst sade pappa:

– Jag var här med Ali förra året, och han berättade hur det går till. Lyssna noga! När du kommer in hittar du ett bord till höger om dörren. I bordet finns ett hål. Där lägger du den här.

Han räckte mig en sedel på 500 pund.

– Sedan går du fram till kvinnan som sitter längst in i rummet och lägger pärmen med alla dina papper på bordet framför henne. Du öppnar inte munnen på hela tiden, och du gör precis som hon säger. Bara så! Har du förstått eller behöver jag upprepa det?

Hans instruktioner oroade mig men jag gjorde ändå precis som han hade sagt. Kvinnan tittade några sekunder i min pärm, skrev sedan sin signatur och förklarade att jag var godkänd för värnplikt. Nu måste jag bara uppsöka en militär tjänsteman som skulle besluta om eventuellt anstånd för studier. Med hennes underskrivna beslut i handen gick jag till nästa beslutsfattare. Utan att tveka en sekund skrev han också på. Så var allt klart. Den 2 januari 2013, på min formella artonårsdag, kunde jag hämta ut min militärbok tillsammans med ett intyg om att jag hade fått sjutton månaders anstånd med att göra värnplikten. Vilken lättnad!

Nu återstod bara att skaffa pass åt pappa, mamma och alla oss sex syskon för att vi skulle kunna åka till min systers bröllop i Jordanien. Det var inte heller alldeles enkelt, men frånsett att vi måste ställa upp för att bli fotograferade och lämna fingeravtryck, tog pappa hand om hela ärendet ensam. Jag vet att han betalade en officiell avgift om 2 890 pund per pass. Ali, som först inte hade tänkt åka med till Jordanien, hämtade ut sitt pass någon månad senare. Då hade avgiften höjts till femtusen pund.

Någon berättade att processen kunde förenklas väsentligt, om man var villig att betala ett antal tusen pund till, men för oss var det inte aktuellt.

12

Inför resan till Jordanien ville mamma ta ett ordentligt farväl av sin mor, som fortfarande bodde kvar i syfabriken i Sahnaya med sina söner och deras familjer. Själva hade vi den senaste tiden bott hos min moster i centrala Damaskus, det vill säga hon som var mor till min kusin som just hade förlovat sig. Nu passade vi på när en av mina morbröder hade ärende in till staden för att köpa bröd. Han tog med oss tillbaka till syfabriken, och där blev vi kvar i två dagar. Stämningen kändes på något sätt ödesmättad, för ingen visste ju säkert om vi någonsin skulle få se varandra igen. En kväll satt jag med några kusiner och morbröder och spelade kort. Samtalet drev som så ofta in på vår förestående resa, och jag sade:

– Det ska i alla fall bli skönt att komma ifrån diktaturen här i landet ett tag.

En av mina morbröder gav mig en svårtydd blick och svarade:

– Tror du verkligen att det är bättre i Jordanien? Vi har i alla fall bara en president. De har ju en kung!

Det var till Jordaniens huvudstad Amman vi skulle resa, och pappa hade köpt biljetter med ett internationellt bussbolag. Det var visserligen dyrt, men han räknade med att vi på så sätt skulle få mindre problem vid vägspärrarna och lättare kunna passera gränsen. Den sista natten före avresan låg vi alla – pappa också – över hos min moster inne i staden. Allt vi behövde var packat i nyköpta resväskor. Det var tidigt på morgonen måndagen den 14 januari 2013 som vi tog taxi till busstationen. Totalt var vi sju personer: pappa, mamma, jag, min lillebror och mina tre systrar. Ali hade den här gången valt att stanna i Sahnaya. Vi fick vänta någon timme på bussen, som av naturliga skäl var försenad, men när den väl kom prickades vi genast av och fick gå ombord. Bussen var mycket stor, och det stod VIP med västerländska bokstaver på sidan av den. Snart rullade vi söderut på motorvägen mot Daraa. Med blandade känslor såg vi Damaskus försvinna i fjärran. För att underlätta passagen av vägspärrarna hade bussbolaget upprättat en noggrann passagerarlista, så istället för att granska resenärernas ID-handlingar kunde vakterna nöja sig med att kontrollera listan, där bolaget intygade att allas pass var i ordning. Nu ska man inte tro att resan för den skull förlöpte utan avbrott, så trots att det knappt är mer än hundra kilometer från Damaskus till gränsen var solen redan på väg ner när vi närmade oss den sista och avgörande vägspärren. Den var mycket stor och bemannad av ett antal beväpnade vakter. En av dem steg ombord på bussen och ropade:

– Alla som inte har en stämpel i passet som visar att de har varit i Jordanien under 2012 måste stiga av!

Det utbröt förvirring. Varför fick vi inte resa vidare? På bussen hade pappa träffat en bekant som regelbundet reste över gränsen, så för honom var det inget problem. Han åtog sig att ta med några av våra resväskor till Amman. Det var de som innehöll min systers brudkläder, och han lovade att lämna dem hos Jads familj. För oss andra fanns det inget annat att göra än att stiga av. Soldaterna förklarade att vi måste vänta tills deras befälhavare kom och granskade våra handlingar innan vi fick fortsätta förbi vägspärren. När skulle han komma? Det visste de inte. Busschauffören beklagade situationen – han måste förstås köra vidare. Där stod vi nu i skymningen och visste inte vad vi skulle göra. De senaste dagarna hade Syrien drabbats av en köldknäpp, och det låg snö på marken. Vi behövde få komma in någonstans och värma oss. På en kulle till vänster om vägspärren låg ett hotell. Dit bestämde vi oss för att gå, men redan i dörren mötte oss en man och förklarade att det var fullbelagt. Man hade röjt undan möblerna i ett sällskapsrum, och där kunde kvinnor och barn få sitta på golvet. För män fanns det tyvärr ingen plats inomhus. De måste vänta utanför. Pappa, jag och min lillebror fick alltså vackert återvända ut i mörkret där andra män redan väntade i spridda grupper. Tänk om vi måste stå här hela natten! Hur skulle vi hålla oss varma? Jag hade en lång yllerock som pappa hade sytt åt mig, min lillebror hade en läderrock, men pappa hade bara sin fina läderjacka. Vi frös redan. Pappa gick ner och pratade med gränsvakterna. Fanns det något ställe där vi kunde vänta inomhus? Nej, det gjorde det inte. Fanns det någon affär där vi kunde köpa något att äta? Nej, inte det heller. Efter några timmar orkade vi inte stå upprätt längre utan lade oss på marken. Timmarna kröp fram. Det blev en olidlig natt som jag aldrig ska glömma.

Först vid tvåtiden nästa eftermiddag infann sig befälhavaren som skulle granska våra pass. Han bläddrade hastigt igenom dem och skrev sedan ett intyg om att vi fick passera. Det tog inte många sekunder, för allt som stod på intyget var pappas namn och siffran sju. Förmodligen skulle det tolkas som att han var ledare för en grupp på totalt sju personer. På det hade vi väntat i arton timmar! Nu fanns det naturligtvis ingen buss att fortsätta resan med, men däremot väntade ett antal eleganta, vita taxibilar utanför hotellet. Pappa pratade med en av chaufförerna, som åtog sig att köra oss från vägspärren och till den jordanska gränsen för sextio amerikanska dollar. Några syriska pund ville han inte ha. Till min förvåning plockade pappa fram en bunt dollarsedlar. Han måste verkligen ha förberett resan noga. Efter en sista kontroll av våra pass och befälhavarens intyg lät vakterna oss åka, och vi kom snart till ett område med mycket eleganta hus. De skimrade av marmor och omkring dem växte palmer. All snö var bortsopad från gatan. Jag kunde knappast tro mina ögon och var förstås övertygad om att detta måste vara Jordanien, men så var det inte. Det var den officiella, syriska gränsstationen. Så såg den alltså ut, den skimrande fasaden på ett land i ruiner. Chauffören förklarade att han skulle vänta medan vi gick in för att få passen stämplade för utresa. Aldrig förut hade jag satt min fot i en så fashionabel byggnad. Aldrig förut hade jag tryckt på en touchscreen-knapp för att få ett könummer. Det var närmast en njutning att sitta inomhus i en så fin miljö och vänta. Redan efter två timmar blev det vår tur att gå fram till en av glasluckorna – jag vill minnas att det var nummer fjorton – och få våra pass stämplade. Och så måste vi förstås betala en avgift: femhundra pund per person för alla över tolv år. Vi återvände till taxin, men ännu var inte överraskningarna slut. Det fanns ytterligare en station att passera innan vi lämnade Syrien. Det var en postering av gränsvakter i mycket prydliga uniformer. De stoppade bilen men till vår förvåning var de artiga och vänliga. De frågade om vårt ärende i Jordanien, och när de fick veta att vi var på väg till min systers bröllop gratulerade de henne. De småpratade och skrattade och önskade oss lycka till. För den som snästs och misstänkliggjorts i ett oändligt antal vägspärrar tidigare var det en obegriplig upplevelse. Kunde detta verkligen vara Syrien? Så rullade vi vidare något hundratal meter genom ingenmansland, som man väntar sig ska ligga öde, men så var det inte. Taxin kröp fram och med stora ögon tittade jag åt höger och vänster. Där låg hundratals människor insvepta i smutsiga och trasiga filtar och täcken. Det var som en surrealistisk slow-motion-film. Vad gjorde de där?

Så rullade vi över gränsen till Jordanien, och efter att ha passerat en första postering med gränsvakter kom vi fram till ännu en ståtlig, officiell gränsstation. Här måste vi återigen gå in för att få passen stämplade, och under tiden undersökte grupper av tulltjänstemän alla bilar som stannat utanför. Väskor lyftes ur och säten fälldes upp, men chauffören försäkrade att vi inte behövde bekymra oss. Det var inte passagerarna de var ute efter. De letade efter cigaretter och annat smuggelgods som en del yrkesförare hade för vana att ta med över gränsen för att tjäna några extra dollar. Under tiden steg vi alltså in i gränsstationen, och det första jag såg var flera stora bilder på Jordaniens kung Abdullah II. Kanske hade min morbror haft rätt att det var lika illa att ha en kung som en president? Just då ringde Jad för att höra hur det gick för oss. Han var övertygad om att vi inte skulle få några problem vid passkontrollen. Vi skulle bara tala om vad vårt ärende gällde. Bostad hade han redan ordnat åt oss, så allt var under kontroll. Mycket riktigt behövde vi inte vänta länge på inresestämpeln, men vi fick inte passen tillbaka och kunde alltså inte återvända till taxin. Istället blev vi anvisade plats i ett särskilt väntrum. Där satt vi en timme, två timmar, tre timmar utan att veta vad vi väntade på. När pappa till sist frågade en av tjänstemännen fick han bara kort till svar att vi skulle vänta. Någon förklaring gavs inte. Lyckligtvis fanns det en kiosk intill gränsstationen, och pappa lyckades köpa vatten och något åt oss att äta. Då och då hänvisades nya resande till väntrummet medan en och annan kallades ut. Pappa kom i samspråk med en annan man från Syrien som berättade att han hade försökt resa till Jordanien flera gånger men alltid råkat ut för samma procedur. Enligt honom fick man först en inresestämpel i passet. Sedan fick man vänta ett antal timmar, och sedan blev man skickad tillbaka till Syrien. Skälet till att man måste vänta så länge trodde han var att Jordanien på så sätt kunde räkna den resande som officiellt mottagen i landet och få rätt till bidrag från UNICEF eller FN. Vi trodde honom inte. Medan vi satt där och väntade började min minsta syster gråta allt mera. Det var tydligt att hon var sjuk. Man såg i hennes ögon att hon hade feber. Mamma blev mycket orolig och frågade en av vakterna var hon kunde få tag på en läkare. Hon fick ett kort och avvisande svar, och återvände uppgiven till väntrummet. Först vid niotiden på kvällen blev vi kallade tillbaka till en av luckorna. Tjänstemannen förklarade kort att vi av skäl som var sekretessbelagda inte kunde medges inresa i Jordanien. Han satte en stämpel om återkallat inresetillstånd i passen, och så fördes vi åt sidan för att visiteras innan vi fick lämna lokalen. För männen skedde visitationen öppet, medan kvinnorna fick gå in i ett särskilt rum. Plötsligt hörde vi mamma ropa:

– Nej, låt bli! Det vill jag inte!

Utan att tveka en sekund rusade pappa in i rummet. Det visade sig att kvinnorna som skötte visitationen hade krävt att få ta över en del av de barnkläder mamma hade med åt vår minsta syster, bland annat en ljusgrå tröja med mönster av rosor som hon lagt mycket tid på att sticka. Tack vare pappas kraftfulla ingripande fick mamma behålla kläderna. Sedan blev vi skickade tillbaka till väntrummet och fick sitta där i ytterligare en timme, innan vi blev hämtade av två militärer som förde oss ut på planen framför gränsstationen. Där väntade en buss i riktning mot Syrien. Mamma vände sig gråtande till en av militärerna och bad:

– Snälla, låt oss få komma till en läkare! Min dotter har mycket hög feber. Hon är inte ens ett år gammal. Hon kommer inte att överleva.

Mannen svarade med hård röst:

– Om ni inte vill åka tillbaka till Syrien, kan ni bara gå dit bort till det där jävla flyktinglägret som FN har anlagt vid gränsen. Var så goda!

Mamma grät och grät, men pappa bet ihop. Han visste förstås att han inget kunde göra. En flykting från Irak som också var på väg att stiga på bussen hade hört meningsutbytet och svor åt vakterna för deras omänsklighet. De ändrade inte en min. Så körde bussen oss fram till den sista vägspärren på den jordanska sidan. Där blev vi kommenderade att stiga av. I desperation vände sig pappa till en av gränsvakterna och bad om hjälp att få träffa en doktor. Till svar fick han:

– Vi har inte tid med sådant. Du får röra på dig, jävla flykting.

Då tappade pappa kontrollen och började skrika åt vakten:

– Så kan ni väl inte göra? Är ni inte människor?

Svaret kom som en pisksnärt:

– Ett enda ord till och jag sätter en kula i huvudet på dig!

Nu grät vi alla högt utom pappa och jag – syriska män gråter inte! Han lastade resväskorna på min rygg och tog själv över min minsta syster från mamma. Han slöt henne hårt i sina armar. Jag anade tårar i hans ögon. Tillsammans med en lång rad andra vandrade vi långsamt ut i ingenmanslandet. Jag släpade mig fram böjd som en sköldpadda under väskorna. I mörkret till höger och vänster anade jag konturer av människor på marken. När vi kom fram till den syriska gränsen var soldaterna som hade önskat oss lycka till när vi lämnade landet utbytta mot andra. Nu var stämningen en helt annan. Ingen sade ett ord eller rörde en min. Vi fortsatte som bedövade att gå. Någonstans måste vi hitta en plats där vi kunde söka skydd. Om vi tvingades sova ute skulle vår lillasyster inte överleva natten. Vi passerade en liten moské. Pappa kände på dörren. Den var låst. Efter ytterligare några hundra meter upptäckte vi ett hotell. Det var vårt sista hopp. Det visade sig att hotellet var fullbelagt, men när ägaren såg vår lillasyster och förstod hur sjuk hon var, tog han oss med upp till ett sällskapsrum på tredje våningen. Där satt redan en annan familj med två små barn.

– Här kan ni sitta över natten, förklarade han, men ni måste ha lämnat rummet klockan sju i morgon bitti. Nu sover våra hotellgäster, men i morgon måste de få tillgång till rummet.

Vi var mycket tacksamma. I det ögonblicket ringde Jad. Jag svor åt honom och han var förtvivlad. Han hade aldrig kunnat föreställa sig att det skulle vara så svårt att få resa in i hans hemland.

– Mina systrar varnade mig och sade att jag skulle kontakta någon uppsatt tjänsteman i förväg, men jag tyckte att det var onödigt. Ni har ju rätt att resa in i landet ändå.

Han bad om ursäkt igen och igen och lovade att fixa allt till nästa gång.

– Om min lillasyster dör kommer det inte att bli någon nästa gång, snäste jag av honom och bröt samtalet.

Den natten slapp vi i alla fall frysa. Själv slumrade jag kanske till någon timme. Klockan sju stod vi alla utanför entrén till hotellet.

– Vad ska vi göra nu? undrade mamma uppgivet.

Pappa såg sammanbiten ut när han svarade:

– Minns du mannen jag pratade med igår, han som hade försökt ta sig in i Jordanien flera gånger? Han sade att det måste gå fjorton dagar innan man får göra ett nytt försök. Vi kan inte bo på hotell här så länge. Det har jag inte pengar till. Vi måste helt enkelt åka tillbaka till Damaskus.

Det var med blandade känslor vi tog emot hans besked. Vad hade vi hoppats? Pappa sade sällan vad han tänkte, så jag vet inte säkert om han hade drömt om att fly till Jordanien och bli kvar där för gott eller inte. Mamma var definitivt emot den idén, för hon ville inte skiljas från sin släkt. En månad utomlands var allt hon kunde tänka sig att stå ut med. Med hänsyn till hur vi hade blivit behandlade vid gränsen, hade jag själv tappat lusten att över huvud taget åka till Jordanien. Min morbror hade rätt. Det var inte ett dugg bättre än Syrien!

Pappa och jag gick för att försöka få tag på en taxi. Vi hittade en flott, vit bil registrerad i Daraa.

– Vart ska ni åka? undrade chauffören.

– Till Damaskus.

– Till Damaskus? Dit kör jag aldrig. Men jag kan ta er till den stora vägspärren bortom gränsstationen.

– Vad skulle det kosta? undrade pappa.

– Tja. Femhundra pund skulle räcka, fick han till svar.

– Femhundra pund! Men det är ju inte ens en kilometer.

Chauffören ryckte på axlarna.

– Ni kan inte gå till fots förbi gränsstationen. Det är förbjudet. Ni kan ju alltid fråga någon annan, men jag tvivlar på att ni hittar någon som är billigare.

Det fanns inget att välja på. Bara några minuter senare blev vi avsläppta vid den gigantiska vägspärren, där vi två nätter tidigare hade sovit på marken. Vi fick passen kontrollerade ännu en gång. Sedan var vi fria att fortsätta in i vårt hemland. Ett stycke längre bort på vägen stod en rad gula taxibilar. På färgen gissade vi att de kom från Damaskus, och de visade sig mycket riktigt vara registrerade där. Men vad väntade de på här? Det fanns ju knappast några turister som var villiga att ta risken att resa rakt in i ett inbördeskrig. Vi började ana ett monster. Kunde det vara så att taxiförarna visste att många damaskusbor försökte fly från kriget men inte blev insläppta i Jordanien – åtminstone inte vid första försöket – och därför tvingades återvända till huvudstaden? Såg de en chans att tjäna pengar på sina landsmäns förtvivlade belägenhet? Den förste chaufför som vi frågade ville ha fyratusen pund för att ta oss till al-Kiswah. In i Damaskus vägrade han köra. Vi accepterade. Pappas bror, han som tidigare hade drivit en restaurang inne i staden, bodde ju numera i al-Kiswah. Så upprepades resan längs motorvägen med stopp vid ett antal vägspärrar. Igen och igen fick vi visa upp våra identitetshandlingar. På ett ställe godtog vakterna inte mitt bevis om anstånd med militärtjänsten, så pappa blev tvungen att prassla med några sedlar för att vi skulle få åka vidare. Samma efter-

103

middag var vi framme i al-Kiswah. Med öppna armar tog min farbror emot oss i dörren.

Vi blev kvar hos min farbror i en vecka. Varje dag gick mamma till doktorn med min minsta syster, och när hon väl fick medicin blev hon snart bättre. Härnäst hälsade vi på hos mammas släktingar i syfabriken i Sahnaya. Mamma kramade sin mor, och de grät tillsammans över att världen var så ond. Så sade mormor:

– Om ni ska göra ett nytt försök att åka till Jordanien, måste ni ta Ali med er. Jag har sett på honom hur mycket han har saknat er. Det går inte. Ta med honom!

Under några dagar besökte vi min moster i centrala Damaskus och ansökte samtidigt om pass åt Ali. Pappa förklarade att han behövde skaffa mera pengar innan vi kunde göra ett nytt försök, så han måste återvända till syfabriken och arbeta en tid medan han väntade på att ägaren skulle betala ut allt han hade innestående. För mamma hade det blivit viktigare än förut att hålla ihop familjen, så vi åkte alla med och bodde i nästan två veckor tillsammans med pappa i ett rum i ägarens övernattningshus. Vi samlade ihop alla pengar vi hade. En av mammas bröder, han som arbetade i syfabriken i Sahnaya, bidrog med en frikostig gåva. Dessutom ringde Jad och berättade att han nu hade förberett allt inför vår nästa resa.

– Den här gången kan jag garantera att ni blir insläppta i Jordanien, försäkrade han.

Tisdagen den 19 februari 2013 gjorde vi nästa försök. Nu måste pappa ha förberett resan på ett helt annat sätt. Vi åkte inte med VIP-bussen längs motorvägen. Istället hade han lyckats hitta en förbindelse med lokalbussar via småvägar på landet. Där fanns knappast några vägspärrar, så ironiskt nog tog det inte längre tid att nå gränsen på det sättet. Vid den sista, enorma vägspärren, där vi förra gången hade fått vänta i arton timmar, tog det nu bara två timmar innan befälet kom och godkände att vi fortsatte till gränsstationen. Av pappas min fick jag intrycket att han hade tagit reda på det i förväg. Det hade hunnit bli eftermiddag, och vi hade fortfarande några mellanstationer kvar innan vi kunde lämna Syrien. Det gjorde oss nervösa, för min blivande svåger hade ringt och förklarat att vi måste vara framme vid den jordanska gränsstationen senast klockan åtta samma kväll. Hade vi förstått? Absolut senast klockan åtta! Nu fortsatte vi med taxi, men det tog ett par timmar att få utresestämpeln i passen och att passera vägspärren på väg in i Jordanien. När vi stannade utanför gränsstationen var klockan kvart i åtta.

– Stopp där! skrek en av tulltjänstemännen på planen framför ingången. Ni får inte gå in förrän vi har undersökt bilen.

Minuterna tickade. Vi bet på naglarna. Klockan var två minuter i åtta när vi steg in genom dörren. Genast hörde vi ett utrop i högtalare. Det var någon som ropade efter pappa. De angav till och med alla hans mellannamn. Förtvivlat försökte han anmäla att han var där, men det var inte så lätt, för det var mycket folk i lokalen och svårt att komma fram till någon disk. Klockan var fem över åtta när hans namn ännu en gång ropades ut i högtalaren. "Sista utropet" lade rösten till. Då viftade pappa med armarna och ropade:

– Det är jag! Det är jag!

En av vakterna försvann snabbt ut genom en dörr, och strax efteråt kom en civilklädd tjänsteman in och hälsade artigt på oss. Han förklarade att han just hade varit på väg hem, så vi hade verkligen kommit i grevens tid. Så fick vi följa med in på hans kontor och fick utan några som helst frågor passen stämplade. När vi kom ut kramade vi om varandra. Glädjetårar skymde min blick när vi steg in i taxin igen. Så rullade vi vidare. Efter några hundra meter saktade chauffören in. I ljuset av strålkastarna såg vi två pampiga grindar i smidesjärn resa sig framför oss. På vardera sidan fanns en vaktkur bemannad av en soldat. Vår chaufför öppnade sidofönstret och höll upp våra pass. Utan ett ögonblicks tvekan gick den ene soldaten fram och öppnade grindarna. I mörkret rullade vi vidare in i det nya landet.

På flykt i Jordanien
2013 - 2015

13

Snart hade gränsstationens strålkastare försvunnit i fjärran. Runt omkring oss låg det nya landet i djupaste mörker. Bara enstaka ljus skymtade från någon avlägsen by. Efter en dryg timme började himlen framför oss lysas upp av skenet från tusentals lampor. Chauffören förklarade att vi närmade oss Amman och undrade var vi ville bli avsläppta. I vår del av världen används sällan gatuadresser för att ange platser, men pappa visste namnet på stadsdelen vi skulle åka till och berättade att hans blivande svärson bodde i närheten av Saudiarabiens kulturambassad. Det räckte som vägledning, och chauffören körde utan att tveka över en stor bro och vidare uppför en kulle. Snart kom vi in i ett område med välstädade boulevarder omgivna av praktfulla byggnader. Allt såg mycket renare ut än i Syrien. På trottoarerna rörde sig skaror av människor, och på båda sidor om gatan fanns restauranger överfulla av gäster. För oss som just hade kommit från en stad där ingen vågade sig ut efter mörkrets inbrott var det vi såg fullkomligt overkligt. Medan vi långsamt gled fram längs gatan, fick jag i vimlet syn på någon jag kände. Det var ju Wisam! Jag skrek åt chauffören att stanna och hoppade ur bilen. Wisam var lika förvånad som jag, och vi kramade glatt varandra.

Så snart Wisam hade hälsat på mina föräldrar och syskon, tog han oss med till våningen där hans familj bodde. Den låg på markplanet i ett pampigt flerfamiljshus och hade en egen uteplats omgiven av en häck. Mamma och mina systrar bjöds genast in, medan Wisams far ledde pappa och oss pojkar till uteplatsen. För en västerländsk läsare kan särbehandlingen av män och kvinnor kanske låta konstig, men man måste förstå att Wisams familj inte var beredd på vårt besök. Kvinnorna måste få tid att klä sig korrekt, ta på sina slöjor och kanske städa upp lite i huset, innan de kunde ta emot manliga gäster. För oss män var det en njutning att sitta och prata i den fria utemiljön. Det var naturligtvis vinter här också men inte lika kallt som i Syrien. Efter en dryg halvtimme svängde två bilar upp framför huset. Ur den ena steg min blivande svåger Jad och ur den andra, en stor Chevrolet, hans äldsta syster och hennes man. Jad hade lyckats boka plats åt oss alla på en restaurang i närheten, och nu gjorde vi sällskap dit. Medan vi åt fick jag veta att Wisams mosters man, han som körde Chevroleten, ägde en bensinstation, och av den naturliga auktoritet han utstrålade gissade jag att han betraktades som släktens överhuvud. Trots att han och Jad i strikt mening var svågrar, kallade Jad honom "farbror", vilket är ett artigt sätt att tilltala en högt skattad anförvant. Senare förklarade Jad för mig att hans svåger tillhörde en högt ansedd ätt i Jordanien och att han därför måste visa honom särskild vördnad. Nu var det ju dessutom ett extra högtidligt tillfälle då blivande släktingar träffades för första gången, och stämningen runt bordet var hög. Alla fortsatte att prata engagerat ända tills en av servitörerna vid ettiden på natten mycket försynt informerade oss om att det var stängningsdags. Då bestämde Jads "farbror" att han och Jad tillsammans skulle köra oss till vår lägenhet. Jad skjutsade oss pojkar, medan pappa, mamma och flickorna istället åkte med Jads syster och hennes man i Chevroleten. På vägen stannade Jad vid ett nattöppet bageri och köpte allt vi behövde till frukost dagen därpå. Jag blev förvånad när jag såg att det bland varorna han plockat ihop fanns en dunk vatten. Vad skulle vi ha den till? Jad förklarade att man inte kan dricka kranvattnet i Amman. För oss var det konstigt. I Damaskus hade vi haft en egen brunn, och det var aldrig några problem med kvaliteten på vattnet. Från bageriet fortsatte vi uppför en backe och in i ett välskött område med ståtliga flerfamiljshus omgivna av palmer. Det var här han hade hyrt en lägenhet åt oss. Den låg på plan tre av fem och visade sig var mycket stor: fyra rum och kök, två badrum plus en extra toalett och en inglasad terrass som löpte längs två sidor av huset. Naturligtvis var den möblerad. Vi, som bara några dagar tidigare hade trängts i ett enda rum vid pappas syfabrik, var överväldigade. Vi sprang från rum till rum medan vi försökte komma överens om vem som skulle sova var.

Nästa morgon åt vi en sen frukost. Vi pratade ivrigt om allt vi ville se i det nya landet, och plötsligt kom någon på att vi kunde ta hissen upp till översta våningen. Säkert fanns där en takterrass. Sagt och gjort. Snart stod vi i solskenet högt över marken och beundrade utsikten. Amman ligger på sju kullar, och vårt hus låg högt upp på en av dem. På höjderna runt omkring bredde ett gytter av stora och små byggnader ut sig. Långt bakom oss planade marken ut och övergick i ett tomt och ökenartat landskap. Bron som vi hade åkt över kvällen innan gick alltså inte över någon flod utan över en torr dal. Till sist återvände mamma och mina syskon till lägenheten, medan pappa och jag gick ut för att orientera oss. Vi hittade snart en elektronikaffär, och det första vi köpte för jordanska dinarer var nya SIM-kort till våra mobiler. Jag ringde Wisam från mitt nya nummer, och han beskrev var han bodde. Det var inte alls långt från vår lägenhet, och pappa och jag styrde genast stegen dithen. Pappa ville prata mera med Wisams far. Jag hörde förstrött på när han frågade om olika detaljer som rörde livet i Jordanien. Hur var det med arbetsmöjligheter, bostäder, kommunikationer ...? Själv var jag inte särskilt intresserad av sådana frågor, så Wisam och jag valde att gå en promenad istället. Det var spännande, för det fanns mycket nytt att titta på. Vi hade knappt hunnit utanför dörren förrän jag hörde en kort melodi som spelades upp igen och igen.

– Vad är det? undrade jag.

– Vad då? Du menar signalen? Det är gasförsäljaren som talar om att han är här.

– Vad konstigt! I Damaskus hamrar han på en gastub och ropar "gas, gas". Att spela musik är ju en mycket bättre idé!

– Vänta bara en månad, så kommer du att vara jättetrött på oväsendet, konstaterade Wisams far torrt från andra sidan häcken. Han hade tydligen hört vad vi pratade om.

Men gasförsäljarens signal var minsann inte det enda som var annorlunda. Wisam berättade om det ena efter det andra som han själv hade förvånats över när han kom till Jordanien året innan. Vi tittade i affärer och han förklarade att grönsakerna var så dyra för att de var importerade. I det här klimatet gick det helt enkelt inte att producera tillräckligt med mat åt alla inom landet. Efter ett tag kom vi till en dataspelhall, och Wisam berättade att han arbetade där. Klockan var snart tolv och då började hans arbetspass, men det varade inte mer än fyra timmar. Han hade ju inte precis valt jobbet för att tjäna pengar utan mest för att få träffa andra dataentusiaster. Vi gick in och satte oss bland ungdomarna som stirrade oavvänt på sina skärmar. Då och då svor någon högt eller gav till ett glädjetjut. Hela tiden höll Wisam ett öga på dörren för att se om ägaren skulle dyka upp. Han lät minsann inte sina anställda sitta och prata. Om jag ville vara kvar var det bäst att jag började spela. Det hade jag ingen lust till, särskilt som magen började knorra efter lunch. Jag gav mig av och tog vägen förbi Wisams familj, men pappa var inte där längre. Ensam styrde jag stegen hemåt.

I lägenheten höll mamma och Ali på att städa. Det är i och för sig helt normalt när man är nyinflyttad, för hos oss finns det inget krav på att man ska flyttstäda innan man lämnar en bostad, men här hade det ju varit rent och fint redan när vi kom. Kanske var det därför mamma och Ali var på så gott humör? Eller var det för att det var så lugnt och tyst utanför huset? Inget kulspruteknatter, inga granatexplosioner. Vilken ofattbar lättnad! Pappa såg däremot tankfull ut, och efter en stund tog han med Ali och mig in i vardagsrummet och bad oss sitta ner.

– Jag har något att säga er, började han. Vi har ju åkt hit för att vara med på er systers bröllop, men inte bara för det. Hon kommer att bo kvar här i Amman, och det ska ni två också göra. Om ni återvänder till Syrien blir ni tvungna att göra värnplikt, och som förhållandena är nu riskerar ni att dö. Det tänker jag inte acceptera. Vi andra åker tillbaka, men ni blir kvar här! Samtidigt kan ni ju hjälpa er syster om hon får några problem.

Det kom inte som en fullständig överraskning men jag kände mig ändå lurad. Ända sedan vårt första, misslyckade försök att resa in i Jordanien hade jag varit negativ till landet. Varför skulle jag då tvingas leva här? Jag hade ju vuxit upp i Syrien, och det var det som var mitt hemland. Här skulle jag få anpassa mig till en massa nya regler och värderingar. Samtidigt insåg jag att jag inte hade något val. Ytterst var det ju pappa som bestämde. Och om jag försökte återvända till Damaskus ensam och utan hans beskydd skulle jag väl knappt överleva resan.

– Er lillebror åker med oss tillbaka, fortsatte pappa. Det är ju flera år kvar tills han ska mönstra. När det blir dags, skickar vi honom till er. Tills dess behöver ni skaffa er jobb så att ni kan ta hand om honom när han kommer. Har ni förstått?

Vi nickade. Vad mera kunde vi göra?

Vi åt en sen lunch. Själv satt jag tyst och tankfull vid bordet. Innan jag hunnit svälja sista tuggan ringde Wisam. Han hade gjort sina fyra timmar i spelhallen och föreslog att vi skulle fortsätta vår promenad. Det var mycket annat som han ville visa, men för mig fanns det nu mera angelägna problem att bena ut. Så snart vi möttes berättade jag för honom om pappas beslut.

– Vad bra! utbrast han. Då kan vi ju träffas varje dag precis som när vi gick i skolan.

Javisst var det positivt, men det fanns också många frågor som jag inte hade något svar på. Var skulle Ali och jag bo när de andra hade åkt hem? Var skulle jag hitta ett arbete? Wisam tänkte en stund. Det bästa var nog att jag började leta genast, trodde han. Förresten kunde vi göra det tillsammans. Han borde också skaffa sig ett riktigt jobb, inte bara stå och hänga i spelhallen fyra timmar om dagen med näst intill ingenting i lön. Vi bestämde oss för att börja fråga runt nästa dag. Varken i Syrien eller Jordanien finns det någon arbetsförmedling, och även om det förekommer annonser efter arbetskraft, så är det vanliga att man går runt och frågar. Följande dag började vi alltså vandra från affär till affär och höra oss för, men vi fick inget napp. Vi gjorde likadant dagen därpå, och medan Wisam gjorde sina fyra timmar i spelhallen fortsatte jag ensam. Jag fick nej efter nej efter nej, men till sist kom jag in i en stor livsmedelsaffär. Två män höll på att ställa upp varor på hyllorna, och jag hörde omedelbart på deras dialekt att de var syrier. Jag frågade efter arbete, och de pekade ut butikschefen och hänvisade mig till honom.

– Hans bror ska öppna en affär, anförtrodde mig den ene. Jag tror säkert att han behöver arbetskraft.

Hoppfull vände jag mig till butikschefen.

– Ja, det stämmer att min bror ska öppna en affär, bekräftade han. Men det finns ett problem.

– Jag är redo för allt. Säg bara!

– Den ligger i andra änden av Amman. Det blir inte så lätt att ta sig dit. Var bor du?

När jag förklarade var vår lägenhet låg sken han upp. Det visade sig att hans bror bodde alldeles i närheten av oss.

– Då kan du åka med honom, konstaterade butikschefen. Vi säger så. Du börjar arbeta här hos mig nu på en gång. Vi har mycket att göra. När min bror kommer, ska jag prata med honom. Han är min lillebror, så han kommer att lyssna på mig.

Snart stod jag med de två andra syrierna och lastade upp varor. Då ringde min mobil. Det var Jad.

– Var är du? undrade han.

– På jobbet, svarade jag stolt.

– Du skojar?

– Nej, inte alls.

Och så förklarade jag att pappa hade bestämt att Ali och jag skulle stanna i Jordanien och att han hade sagt åt mig att skaffa ett jobb. Jag märkte att Jad var imponerad. Tredje dagen i ett nytt land och redan anställd! Samtidigt var han missnöjd. Han hade velat att vi skulle ha mera tid att umgås före bröllopet. Nu kunde jag väl inte hänga med? Nej, så var det förstås. Så snart vi lagt på fortsatte jag att hämta varor från lagret och lasta upp dem på hyllorna. Samtidigt funderade jag över jobbet jag just hade börjat. Det hade gått så plötsligt. Och det var första gången jag arbetade hos någon som inte var min släkting. Hur skulle det fungera? Vad skulle jag få i lön? Det hade jag glömt att fråga. Jag gick bort till butikschefen igen.

– Tja, tvåhundrafemtio dinarer i månaden tror jag är rimligt, tyckte han. Men jag kan inget lova. Du får fråga min bror när han kommer.

Jag hade ingen aning om vad som var en normal lön i det nya landet, men jag tyckte att han lät övertygande så jag accepterade utan att tveka. Senare på eftermiddagen kom chefens lillebror in i affären. Jag hörde honom prata med butikschefen, som berättade att han hittat en arbetare åt honom.

– Vem då? undrade han.

– Det är han Rödhår där borta.

Jaha, förut hade jag varit Rost och Tigern. Nu var jag Rödhår. Min nye chef kom fram och pratade med mig. Jag undrade om lönen, och han bekräftade att det hans bror föreslagit var rimligt.

– Hur många dagar i veckan ska jag arbeta? undrade jag.

Han såg förvånad ut.

– Varje dag förstås, åtminstone tills affären är etablerad. Sedan får vi se.

Jag hann knappt återgå till arbetet förrän Jad steg in genom dörren. Jag gick fram för att tala med honom, men det dröjde inte många sekunder förrän butikschefen stod vid min sida.

– Vad håller du på med? frågade han i skarp ton.

Jag förklarade kort att det var min svåger som ville fråga om något.

– Ja, ja. Se bara till att skynda er!

Jad berättade att han hade planerat att visa oss runt i Amman. Tyvärr kunde jag inte åka med. Men han hade bokat en restaurang åt oss i kväll. Jag kunde inte vara med då heller! Jag såg att han blev både besviken och arg, och innan han försvann ut genom dörren utbrast han:

– Nu vet jag vem som är den mest envisa personen i hela er släkt!

14

Klockan drog mot sex på eftermiddagen när min nya chef annonserade att det var dags att åka till hans affär.

– Hoppa in i bilen, beordrade han.

Han hade en imponerande bil, stor och fin. Det var minsann inte ofta jag hade sett sådana bilar i Syrien. Resan till affären tog ungefär tre kvart, och när vi kom fram visade han mig lokalen. Den var stor och helt tom. På väggarna gapade tomma hyllor. Allt var mycket smutsigt.

– Det här kommer du att städa, förklarade han. Jag kanske skaffar några arbetare till. Vi får se. Den här första veckan kommer att vara den tuffaste, men om du ställer upp för mig nu, så lovar jag att ställa upp för dig i framtiden.

Det tyckte jag lät bra, så jag var redo att sätta igång. Han lämnade hink, borste, trasor och rengöringsmedel åt mig, och så gav han sig iväg i något annat ärende. Jag grep mig an uppgiften och började med hyllorna. Det rörde sig nog om åtminstone femhundra stycken. Rengöringsmedlet luktade starkt och det sved i händerna när jag doppade borsten i hinken. Inte förrän vid tolvtiden på natten kom chefen tillbaka. Han körde mig hem, och jag snubblade utmattad in genom dörren. Där satt Jad och pratade med pappa. Han hade tagit med kycklingkebab åt mig från restaurangen.

– Hur går det med ditt nya jobb? undrade han.

– Det går bra. Men det är ganska tufft nu i början. Jag måste städa allt innan vi kan öppna.

Medan jag stoppade i mig av kebaben, tittade Jad forskande på mig.

– Vad har du gjort? undrade han. Dina händer är ju alldeles röda och såriga.

– Det är nog rengöringsmedlet, gissade jag. Det heter Easy, och det svider på händerna.

– Va? utbrast Jad. Använder du det utan handskar? Det kan du inte göra! Du måste säga till din chef att det inte går.

Som vi hade gjort upp dagen innan hämtade chefen mig klockan sex nästa morgon. Jag bad om gummihandskar, och det ordnade han. I övrigt lämnade han mig ensam. Några fler att dela arbetet med dök inte upp. Vad han själv ägnade dagarna åt vet jag inte. En eller två gånger per dag kom han förbi och kontrollerade hur långt jag hade hunnit. Då hade han också med något åt mig att äta. Ibland var det konserver, ibland bättre mat från någon restaurang. Att jobba från sju på morgonen till tolv på natten en dag eller två kan man väl stå ut med, men lokalen var stor och arbetet drog ut på tiden. Varje natt körde chefen mig hem, men ibland hade han ärenden att uträtta på vägen. Då hände det att jag inte kom i säng förrän två eller tre på natten, men lika punktligt tutade han utanför vår lägenhet klockan sex nästa morgon. Efter en vecka var jag dödstrött, men då var också affären ren som en operationssal.

Nu kom bilar med varor och män som lastade av och bar in. Det sista som kom på plats inför öppnandet var kassaapparaten och ett antal övervakningskameror. Samtidigt dök en ny anställd upp. Det var en gammal man – jag skulle gissa att han var runt sjuttio år – och jag hörde genast på hans dialekt att han var palestinier. Det var han och jag som skulle sköta butiken tillsammans, och chefen fördelade våra arbetsuppgifter så att han skulle sitta i kassan medan jag skulle hjälpa kunderna att hitta i butiken och se till att inga varor fattades i hyllorna. Han var noga med att jag inte fick sitta ner, och jag måste hela tiden vara i rörelse. Så långt var arbetsfördelningen tydlig, men snart dök en komplikation upp. Chefen hade inte haft tid – eller kanske inte brytt sig om – att skaffa någon EAN-skanner till kassaapparaten, och det fanns ingen prismärkning på varorna. Om arbetet i kassan skulle flyta någorlunda smidigt, dög det förstås inte att palestiniern slog upp priset på varje vara i prislistan. Därför föreslog chefen att han skulle lära sig alla priser utantill. Det blev för mycket för honom, så istället blev jag beordrad att memorera prislistan. Det var hundratals poster att plugga in, men jag gillar utmaningar

och hade snart lärt mig vad allt kostade. Resultatet blev att palestiniern hela tiden ropade till mig från kassan:
– Vad kostar det här? Vad kostar det här?

Vi hade haft öppet några dagar när chefen kom på ett av sina kontrollbesök. Han kallade på mig och pekade på en bärbar dator som han just hade kopplat upp. På skärmen såg jag till min förvåning interiören i butiken och mig själv bland hyllorna. Tydligen var det en film från en av övervakningskamerorna.

– Titta här! sade han och pekade på skärmen. Du bara står och hänger som om du inte hade lust att arbeta! Du måste se villig ut! Om jag får se dig stå och slöa så där en gång till så får du sparken!

– Förlåt, men jag har ju bara sovit några timmar per natt i tio dygn nu, försvarade jag mig. Jag har ensam städat hela affären. Det är klart att jag är trött.

– Så kan du inte resonera, protesterade han. Du måste se arbetet från den ljusa sidan. Jag har skjutsat dig gratis hit och hem varje dag. Om du vill sova längre, så är det okej. Du kan få börja klockan åtta på morgnarna istället för klockan sju, men då måste du ta dig hit själv!

Jag insåg genast att jag skulle få gå upp lika tidigt i alla fall, för det tog säkert mycket längre tid att åka buss och byta flera gånger än att få skjuts direkt till affären.

– Nej, backade jag. Vi fortsätter som hittills. Det blir bäst.

Snart kom ägaren med en ny arbetsuppgift åt mig. För att öka försäljningen hade han annonserat om att man kunde beställa varor för hemleverans. Jag fick i uppdrag att ta emot samtalen och notera beställningarna, men inte bara det. Jag skulle dessutom packa varorna och leverera dem hem till kunderna. Någon cykel fanns inte, så jag skulle bli tvungen att bära lådorna.

– Men det kommer jag inte att hinna, protesterade jag. Vi har ju många kunder som handlar i butiken och ställer frågor. Hur ska jag då samtidigt kunna bära ut lådor?

– Det blir inget problem, lugnade mig ägaren. Jag har ju skaffat dig en kollega – han pekade på palestiniern – och om det behövs, kan jag anställa fler.

Vid det laget hade jag börjat inse att mycket av det han sade bara var prat. Han hade talat om att anställa fler när lokalen skulle städas, men jag hade fått göra hela arbetet ensam. Kanske var det likadant nu. Vad väntade han sig? Jag kunde ju inte vara på flera ställen samtidigt. När jag arbetade åt mina släktingar hemma i Syrien kunde tempot visserligen vara högt ibland, men vi hade alltid samarbetat. Vad gjorde den här mannen på dagarna? Han lyfte i alla fall inte så mycket som ett finger i butiken själv! Men jag hade inget att säga till om. Om jag ville ha jobbet kvar var det bara att kämpa på. Jag tog mig alltså an att svara i telefon, notera beställningar och bära ut lådor utöver att fylla på hyllorna och hjälpa kunder.

Det var nog två dagar senare som jag stapplade in genom butiksdörren efter en av mina leveranser, när palestiniern ropade på mig. Han lät alltid som om han gav order. Framför kassan stod en kund.

– Kom hit! Vad kostar det här? Han pekade på en vara.

– En dinar, svarade jag.

– Tack, Rödhår, det var mycket bra! sade han och gav mig en rungande örfil.

– Va-varför slog du mig? stammade jag alldeles omtumlad.

– Jag skojade bara, skrattade han och gav mig en lika hård örfil på den andra kinden.

Inför kunden fanns det inget jag kunde göra, men så snart det hade blivit tomt i lokalen gick jag fram till palestiniern.

– Du är mycket äldre än mig och därför vill jag inte vara ohövlig mot dig, men jag måste säga att jag inte tycker om att bli slagen. Det var definitivt inte roligt!

– Det är bara ni syrier som inte har någon humor, försvarade han sig. Gå och gör ditt jobb!

Jag bet ihop och återgick till mina sysslor, men jag hade svårt att sluta tänka på vad som hade hänt. Sent på kvällen kom ägaren.

Han pratade först en stund med palestiniern. Sedan kom han upprörd fram till mig.

– Att du står i butiken och hänger utan arbetslust har jag hittills tolererat, men att du svär åt en gammal man kommer jag aldrig att förlåta.

– Jag? Jag har inte sagt något, försvarade jag mig.

Då ingrep palestiniern. Med tårar i ögonen snyftade han:

– Han kallade mig för gubbdjävel och sade att jag skulle dra åt helvete. Jag som kunde vara hans farfar!

Jag bara stod och gapade. Till sist fick jag fram:

– Jag har inte sagt ett enda fult ord till honom. Det var han som slog mig i ansiktet två gånger, fastän jag inget hade gjort. Han påstod att han skojade, och det jag sade till honom var att jag inte ville vara med om sådana skämt.

– Varför ska jag tro på dig? utbrast ägaren. Du är ju syrier!

– Men tänk efter nu, vädjade jag. Jag har flytt hit från ett krig. Nu försöker jag skapa mig en tillvaro i ett nytt land. För att kunna göra det måste jag ha ett jobb. Om jag inte sköter mig, får jag inte vara kvar. Varför skulle jag då ställa mig och svära helt omotiverat åt en äldre arbetskamrat? Så dum är jag inte!

Då utbrast gubben:

– Ni är minsann bra på att ljuga och spela teater, ni jävla syrier!

– Det räcker! bet ägaren av. Nu får ni sluta!

Själv rusade jag ut genom dörren. Jag kunde inte hålla tårarna tillbaka. Efter några minuter kom ägaren ut.

– Gå in och gör färdigt, sade han i lugnare ton. Det är stängningsdags.

Stämningen var tryckt när han körde mig hem. När han hade stannat utanför vårt hus tog han upp en bunt sedlar.

– Här är betalningen vi gjorde upp.

Vad han gav mig var mycket riktigt exakt vad vi hade gjort upp, 125 dinarer för två veckors arbete, inte en dinar extra för övertid eller helgarbete.

– Och i morgon behöver du inte komma, lade han till. Jag måste fixa problemet med din kollega först. Jag ringer dig när jag behöver dig igen.

Jag tackade. Skulle han verkligen ställa upp för mig? Det var ju vad han hade lovat när han bad mig att ställa upp för honom. Minuten efteråt stapplade jag in i lägenheten. Jag gav mamma pengarna jag tjänat ihop och sjönk ner vid bordet. Tröttheten gjorde det svårt att hålla tårarna tillbaka. Jad, som var kvar hos oss den kvällen också, undrade vad som hänt. När jag hade berättat allt sade han:

– Jag borde ha varnat dig. Det är så här i Jordanien. Utlänningar blir ofta mycket illa behandlade.

Den natten sov jag som medvetslös. Jag vaknade inte förrän klockan tre nästa eftermiddag. Vid femtiden ringde min arbetsgivare.

– Jag har ett problem, sade han tvekande. Det finns skäl som gör att jag inte kan bli av med din äldre kollega. Därför kan du inte få arbeta hos mig längre. Men du ska veta att du gjorde ett bra jobb.

Jag hade alltså fått sparken fastän jag verkligen hade kämpat för att göra mitt bästa. Därmed hade ägaren svikit sitt löfte om att ställa upp för mig. Var människor så opålitliga? Och varför hade han sparkat mig och inte palestiniern? Han arbetade ju inte alls lika hårt som jag, och dessutom ljög han! Kanske fanns det någon personlig koppling mellan honom och ägaren? Men det tjänade ingenting till att fundera. Jag måste helt enkelt göra ett nytt försök att skapa mig en tillvaro i det nya landet.

Wisam hade egentligen haft bättre tur än mig när vi frågade runt efter arbete tillsammans. Vi hade varit inne i en rad affärer, och även om vi inte hade fått något direkt napp hade vi på några ställen fått lämna våra mobilnummer. Dagen efter att jag börjat arbeta hos den svekfulle butiksägaren, hade Wisam blivit kallad till en intervju. Det slutade med att han fick anställning i en affär som sålde choklad, och det handlade inte om vilka produkter som helst. Det var fin, importerad choklad från Frankrike. Mannen som ägde affären var kristen, men han behandlade ändå Wisam överraskande väl. Tänk om jag hade haft lika stor tur. Men så hände plötsligt något oväntat. Min förre arbetsgivare ringde och frågade om jag ville börja hos honom igen.

– Javisst! Självklart! svarade jag övertygad om att han hade löst problemet med palestiniern.

Nästa morgon bromsade han som vanligt in utanför vår lägenhet klockan sex. När vi kom fram till butiken visade det sig mycket riktigt att palestiniern inte fanns på plats. Istället var det ägaren och jag som skulle sköta affären tillsammans. Han tog hand om kassan, och jag återgick till mina vanliga sysslor. Vad som hade hänt med palestiniern nämnde han inte med ett ord.

– Jag kan hjälpa till med kassan också, erbjöd jag.

– Nej, det är för tidigt för det, fick jag till svar.

Jag fick ett intryck av att han inte litade på mig, och det fick jag bekräftat nästa dag. Då var det fredag, och ägaren ville lämna butiken en stund för att gå på fredagsbönen. Under tiden fick jag serva kunderna, men han anförtrodde mig inte nyckeln till kassaapparaten. Istället fick jag skriva upp vad varje kund hade betalat och samla pengarna på bordet, så att han kunde kontrollräkna dem och föra in dem i kassan när han kom tillbaka.

Medan ägaren var borta ringde mamma. Hon ville veta hur det gick för mig. Jag hade ju varit mycket tyst och nedstämd den senaste tiden. När hon hörde att palestiniern hade slutat i affären blev hon lugnare, men hon föreslog att jag skulle fråga ägaren om jag inte kunde få arbeta kortare dagar eller åtminstone få ersättning för all övertid jag gjorde. När han kom tillbaka från moskén tog jag upp frågan.

– När jag får tag på någon mer som kan arbeta i affären, så ska du få jobba mindre, men tills vidare måste du ställa upp för mig.

– Men om du skaffar en arbetare till, kommer du att få betala honom också, invände jag. Som det är nu, jobbar jag alltså för två. Jag kräver inte att få betalt för två, men något borde jag väl få för alla extra timmar jag gör?

Det vägrade han, men efter att ha tänkt någon sekund lade han till:

119

– Du kommer ihåg den där sista dagen? Då gav jag dig ju extra pengar för att du hade arbetat bra.

– Nej, sade jag. Du gav mig exakt så mycket som vi hade gjort upp.

– Vi får prata om det en annan gång, snoppade han av mig.

Två timmar senare kom palestiniern in genom dörren. Med bestämda steg gick han fram till ägaren. Det utbröt en upprörd diskussion, som jag inte kunde undgå att höra. Palestiniern hade strejkat eftersom han var missnöjd med sin lön och sina arbetsvillkor. Han ville ha det så och så och så för att han skulle komma tillbaka och jobba. Bland annat framgick det att han hade mer än dubbelt så mycket i lön som jag, fastän han jobbade mycket mindre. Ändå krävde han nu att få ännu mera. Jag höll tyst, men på natten när vi hade stängt butiken och var på väg hem, sade jag till chefen:

– Jag måste prata med dig om en sak. Du förstår säkert att man inte kan jobba så här länge dag efter dag. Jag kommer att slita ut mig helt. Du måste ge mig ledigt någon dag i veckan, så att jag kan vila ut. Och en rimlig övertidsersättning borde jag väl också få.

– Nej! svarade han mycket bestämt. Du får bestämma dig nu om du vill fortsätta arbeta hos mig eller inte. Någon extra ersättning för långa arbetsdagar kommer jag aldrig att betala till någon!

– Då har jag gjort min sista arbetsdag i din butik, avgjorde jag. Jag kommer inte i morgon.

Det blev slutet på mitt första jobb i Jordanien.

15

De närmaste dagarna satt jag hemma och visste inte vad jag skulle göra. Halvhjärtat gick jag ut för att söka arbete, men jag hade ingen framgång. Då ringde Wisam. Han arbetade fortfarande i chokladaffären, och nu behövde en av grannbutikerna anställa någon. Det var en affär som rostade och sålde kaffebönor och olika slags nötter. Jag blev kallad till intervju, och det slutade med att jag fick jobbet. Den ordinarie arbetstiden var "bara" tolv timmar om dagen sju dagar i veckan, men om jag av något särskilt skäl behövde ta ledigt en dag, så skulle det gå att ordna. Lönen var tvåhundra dinarer i månaden men höjdes snart till tvåhundratjugo. Jag tackade naturligtvis ja. Jämfört med mitt förra jobb uppvägdes den lägre lönen definitivt av att jag fick så kort väg till arbetet – det tog bara några minuter till fots – och att arbeta från tio till tio var mycket rimligare än de sjutton timmars arbetsdagar jag hade haft på det förra stället.

Förutom mig arbetade tre personer i affären: ägaren, hans yngre bror och en ung man. Var och en hade sin speciella arbetsuppgift. Ägaren rostade kaffe, hans bror servade kunderna och den unge mannen rostade nötter. Jag fick snart veta att ägaren hade en universitetsutbildning i human resources och hade arbetat på stora företag, bland annat i Saudiarabien. På äldre dagar hade han dragit sig tillbaka och startat den här butiken. Jag var imponerad av hans utbildning och kände genast både respekt och förtroende för honom. Den yngre brodern hade ett förflutet inom det militära. Jag skulle hjälpa till där det behövdes och fick redan från början förtroendet att sköta kassan. Snart fick jag också vara med om att rosta och mala kaffe. Den verksamheten låg på markplanet i ett rum innanför butiken, och där fanns många olika sorters kaffebönor i lager. Ägaren hade sina egna recept och blandade hemlighetsfullt de olika sorterna. Han rostade och jag malde, och alltefter som tiden gick lärde jag mig mer och mer om hanteringen.

Rummet där nötterna rostades låg på övervåningen, avskilt från butiken. Nyfikenheten lockade mig snart dit, och jag såg mig omkring med stora ögon. Utrymmet dominerades av en apparat som såg ut som en tvättmaskin fast högre. Jag insåg att det måste vara rostningsugnen. I en bastant gryta med ett lager av vita kristaller runt kanten ångade vatten. Längs väggarna i ett separat förråd stod säckar med nötter, påsar med frön och burkar med olika sorters kryddor. Det var uppenbart att mannen som skötte nötrostningen måste vara en verklig expert. Han arbetade bara tre eller fyra timmar om dagen – längre tid än så tog det inte att täcka affärens behov av rostade nötter – och ändå tjänade han fyrahundra dinarer i månaden. Tänk om jag kunde lära mig hans hantverk! Då skulle jag kunna studera och samtidigt försörja mig på att rosta nötter som deltidsarbete. Jag vågade inte ta upp frågan med honom på en gång, men efter några dagar tog jag mod till mig och berättade om mina planer. Han lyssnade noga, och svaret jag fick var både oväntat och positivt:

– Han som visade mig hur man rostar nötter var aldrig snål med sina kunskaper. Han lärde mig allt han kunde. Om du vill kan jag göra detsamma med dig. Kom upp hit så ofta du får tid. Det är viktigt att du lär dig praktiskt. Det måste sitta i händerna.

Så visade han mig hur man blandade nötterna med grovsalt för att få en jämnare värmefördelning och hur man körde dem fram och tillbaka i den roterande ugnen tills de var exakt lagom rostade. Grovsaltet föll genom ugnsgallret och samlades upp i ett tråg, medan nötterna hämtades ut med en stor sil. De saltades med precis lagom mängd kokande saltvatten, och så tillsattes kryddor. Det fanns till och med ett särskilt smakämne som gav en arom av rök. Jag fick provsmaka olika blandningar och kryddningar och lärde mig steg för steg att sköta processen. Rostningsexperten var mycket nöjd och sade att han aldrig förut hade mött någon som lärde sig så fort. Till sist fick jag ta hand om alla momenten, och när vi var klara att bära ner dagens skörd, sade han:

– Nu ska du inte tala om för chefen att det är du som har rostat nötterna. Låt honom tro att det är jag.

I butiken mötte oss ägaren.

– Oh, vad det luktar gott! utbrast han.

Han stack fram handen, stoppade några nötter i munnen och konstaterade:

– Lika gott som vanligt.

Rostningsexperten och jag log tysta mot varandra.

Ett par veckor senare utbröt ett gräl mellan butiksägaren och rostningsexperten. Jag vet inte vad det gällde – kanske var det lönen – men jag hörde dem skrika åt varandra. Strax därefter hörde jag dörren slå igen med en smäll, och nästa dag kom ingen för att rosta nötter. Ägaren, som nu hade haft tid att fundera, åkte hem till den unge mannen för att övertala honom att komma tillbaka. Det lyckades inte. Han vägrade att arbeta mera i butiken. Nu försökte ägaren hitta en ny rostningsexpert, men det var inte lätt. Mig lät han ta över mer och mer av kafferostningen, och han lovade att när jag kunde ansvara för den helt och hållet själv skulle han dubbla min lön. Jag åtog mig gärna uppgiften, men att jag också kunde rosta nötter visste han ännu inte. Till sist berättade jag det för honom, men han trodde mig inte.

– Kommer du ihåg nötterna som du smakade på den där gången när vi kom ner tillsammans? Du sade att de var lika goda som vanligt. Det var jag som hade rostat dem! Vi ville bara se om du kunde känna någon skillnad.

Han såg fortfarande skeptisk ut.

– Låt mig göra ett försök, bad jag. Om resultatet inte blir bra lovar jag att betala för råvarorna.

– okej. Gå upp och rosta då, svarade han motvilligt.

Jag gjorde så gott jag kunde, och fast jag var nervös blev resultatet i stort sett bra. Han smakade och smakade igen.

– Ja, det är näst intill lika bra som vanligt, erkände han.

Därmed fick jag ta över nötrostningen, och när den yngre brodern smakade på nötterna blev han mycket nöjd.

– Det här gör du verkligen bra, konstaterade han. Du är värd en ordentlig löneförhöjning.

Men det var naturligtvis inte han som beslutade om våra löner utan hans äldre bror, butiksägaren, och istället för att erbjuda mig högre lön kom han med en helt annan idé. När det blev dags att rosta nästa gång, följde han med mig upp och beordrade:

– Visa mig hur man gör!

Jag trodde att han ville kontrollera att jag verkligen behärskade tekniken, men jag blev tveksam när han fortsatte att komma upp flera dagar i rad för att titta på. Till sist sade han:

– Nu vill jag försöka.

Det gick ganska bra och sedan han provsmakat resultatet bestämde han:

– Nu tar jag över det här själv. Du kan arbeta i butiken och kafferosteriet istället. Men du måste komma om jag ropar på dig.

Så blev det. Han ropade då och då när han behövde hjälp med något moment, men i övrigt skötte han nötrostningen ensam. Själv ansvarade jag för kafferosteriet, men den löneförhöjning som han hade förespeglat mig uteblev.

Ungefär en vecka senare inträffade en tråkig incident. Ägaren höll på att rosta nötter och hade ropat på mig för att jag skulle hjälpa honom. Då kom en av hans goda vänner på besök, och den yngre brodern hänvisade honom upp till nötrosteriet. Där blev han hjärtligt mottagen, och ägaren vände sig till mig och sade:

– Gå och hämta något åt oss att dricka!

– Men se upp med rostningen, varnade jag. Det är cashewnötter och de blir fort brända, så det är viktigt att ...

– Säg inte emot mig! avbröt han. Jag tar hand om det här. Gå och hämta dricka!

Utan ett ord lommade jag iväg och återvände en stund senare med två flaskor Fanta. På väg uppför trappan råkade jag höra vad de två där uppe talade om. Jag dröjde på stegen och lyssnade.

– Är det du som sköter nötrostningen? Är det inte svårt? undrade vännen.

– Äsch, det är enkelt, svarade ägaren. Nu försöker jag lära den rödhårige så att han ska kunna ta över, men det går långsamt. Han är så trög i huvudet.

Just då kom jag runt hörnet i trappan. Jag ställde ner flaskorna på golvet bredvid dem utan ett ord.

– Gå ner och hjälp min bror! beordrade ägaren.

När jag kom ner blev brodern mycket förvånad.

– Vad gör du här? undrade han. Titta, vi behöver påfyllning av flera sorters nötter. Ska du inte gå upp och rosta?

När jag förklarade att det var ägaren som hade kört bort mig, sade han tröstande:

– De kanske behövde prata om något som de inte ville att du skulle höra. Stanna du här hos mig så länge.

Några minuter senare gick besökaren, och strax efteråt kom ägaren ner röd i ansiktet.

– Cashewnötterna är förstörda! De har blivit alldeles för brända. Du kunde ha varnat mig när det var dags att ta ut dem, förebrådde han mig.

– Det gjorde jag, men du lyssnade inte utan körde bort mig, försvarade jag mig. Det var kanske dumt, men jag har alltid haft svårt för att ljuga.

– Då kan du gå upp och fixa dem, du som är så duktig, tyckte ägaren. Det finns ju en massa kryddor man kan ta till.

– Nej, svarade jag. Är de brända så är de brända. Det finns inget man kan göra åt det.

Då blev han ännu argare, och efter den incidenten ville den dåliga stämningen mellan oss aldrig riktigt släppa.

Så gick tiden. Våren övergick i sommar. Hemma i lägenheten bad hyresvärden oss att flytta upp till översta våningen. Det var turistsäsong, och då hyrde hon ut lägenheterna på de nedre våningarna som hotellrum. Vi accepterade motvilligt. Vem vill bo högst upp i ett hus? Det var ju på de nedersta våningarna som statuslägenheterna fanns. Vår nya bostad var precis lika stor som den förra men visade sig vara ordentligt smutsig, så det krävdes en rejäl arbetsinsats innan vi kunde känna oss som hemma. Ungefär vid samma tid inträffade en annan avgörande förändring i familjens liv. Pappa fick ett telefonsamtal från en av sina bröder. Det var tydligt att det inte var några goda nyheter som brodern hade att komma med. Efter att ha tänkt en stund samlade pappa oss alla i vardagsrummet.

– Jag har fått veta att våra två äldsta söner är efterlysta i Syrien, började han. Det handlar inte om att polisen letar efter två rödhåriga pojkar. De är efterlysta med namn och födelsedata.

– Hur visste vår farbror det? undrade jag.

– Fråga mig inte. Det var genom bekantas bekanta. Men förstår ni vad det innebär? Ingen med vårt efternamn kan känna sig helt säker i Syrien längre, särskilt inte vår familj. Om vi återvänder, kommer vi att bli gripna redan vid gränsen. Det finns bara en lösning. Vi måste bli kvar här.

Beskedet möttes med blandade reaktioner. För Ali och mig var det mest positivt. Vi kunde ju ändå inte återvända till hemlandet, och även om mycket var oklart när det gällde familjens framtid så skulle vi i alla fall få fortsätta att leva tillsammans. Mamma var däremot förtvivlad. Hon ville inte skiljas från sin släkt, och nu var det oundvikligt. Vad hon inte visste då var att hon med tiden ändå skulle få återse flera av sina släktingar, för vi var långt ifrån de enda som skulle tvingas fly undan kriget.

För mig fortsatte arbetet i affären. En torsdag kom ägaren med en stor låda.

– Det här är reklamblad, förklarade han. Du går till fredagsbönen i morgon, och när den är slut ställer du dig utanför ingången till moskén och delar ut dem.

– Nej, förklarade jag bestämt. Det vill jag inte. Mina uppgifter är att sköta butiken och rosta kaffe. Jag vet inget om att dela ut reklam.

Han försökte övertala mig, men jag stod på mig. Jag ville inte tränga mig på människor jag inte kände. Och att tvinga på dem reklamblad när de just kom från fredagsbönen ... nej, det kändes bara fel! Han lät saken bero, men återkom då och då till det under dagen. Till sist kom han med ett förslag.

– Vad tror du om att vi gör så här? I morgon far vi till moskén tillsammans, du och jag och min bror. Efter bönen står vi där och delar ut reklamblad alla tre. Det kan väl inte vara fel?

Tveksamt gav jag med mig. Nästa dag dök hans bror inte upp i affären, och han förklarade:

– Jag gjorde upp med min bror att han skulle åka till en annan moské och dela ut. Det blir bara du och jag som tar hand om moskén här intill.

Så stängde vi affären och åkte till moskén. Han räckte mig påsen med reklamblad och instruerade mig:

– Sätt dig alldeles innanför dörren. Se till att du är först ut när bönen är över. Då hittar du mig här, och så delar vi ut tillsammans.

Jag gjorde som han hade sagt, men när jag kom ut såg jag inte en skymt av butikschefen. Hade han lurat mig? Ändå började jag dela ut blad, men det var svårt att hinna med alla för det vällde ut människor ur moskén. Då kom två killar i femtonårsåldern fram till mig.

– Vi kan hjälpa dig att dela ut. Det ser roligt ut, tyckte den ene.

Jag gav dem var sin bunt, och när vi var flera som samarbetade gick det mycket bättre. I stort sett alla som passerade fick ett reklamblad. Lagom när strömmen av besökare höll på att ebba ut, dök butikschefen upp. Jag tyckte att vi hade gjort ett bra jobb, men till min stora förvåning var han arg.

– Jag betalade mycket för de där reklambladen och jag sade åt dig att du bara skulle dela ut till äldre! skrek han. Titta vad ni har gjort. Ni har delat ut till alla! Fattar du vad det har kostat mig?

Jag förstod ingenting.

– Ge mig nycklarna till affären, fortsatte han. Du stannar här och delar ut till dem som är kvar, och våga inte komma tillbaka förrän alla har passerat!

Fylld av dystra tankar stod jag kvar och delade ut de sista reklambladen. Sedan gick jag tvekande tillbaka till affären. Vad hade jag egentligen gjort för fel? När jag kom in genom dörren var det första jag fick höra:

– Du måste förstå att jag inte har någon nytta av en sådan oduglig arbetare som dig! Du kan lika gärna sticka härifrån nu på en gång!

– okej, svarade jag. Men du får ge mig mina nycklar. Du tog både dem till affären och dem till vår lägenhet.

Jag såg att han tänkte medan han vägde nyckelknippan i handen.

– Ja, du behöver inte sluta nu på en gång, sade han. Ge mig ett par dagar, så jag hinner skaffa en ersättare.

– Du har ju just sagt upp mig. Då kan du väl inte kräva att jag ska vara kvar några dagar till, invände jag.

– Nja, du missförstod mig nog, ändrade han sig.

– Hur länge ska jag vara kvar då? undrade jag.

– En vecka kan vi väl säga, blev hans svar.

Så räckte han mig nycklarna, och jag tog under tystnad itu med mina vanliga sysslor.

Några dagar senare fick jag ännu en överraskning. Chefen fanns för tillfället inte i affären, utan det var hans bror och jag som skötte alla uppgifter. Klockan var runt tolv när brodern tittade ut genom fönstret och utbrast:

– Gå genast härifrån! Skynda dig!

Jag var fullständigt oförstående. Vad hade jag nu gjort?

– Två kontrollanter är på väg hit. Ge dig iväg, och kom inte tillbaka förrän jag ringer efter dig!

Jag störtade ut genom dörren fylld av samma känsla som när jag flydde undan polis eller soldater i Syrien. Men så lugnade jag mig. Med mitt röda hår och mina ganska snygga kläder tog mig nog kontrollanterna för en turist från Europa. Det bästa var förstås att bete sig som en sådan. Med värdiga steg lämnade jag butiken och började planlöst strosa nedför gatan medan jag då och då stannade och tittade i något skyltfönster. Så fortsatte jag i kanske tre timmar innan brodern ringde och sade att jag kunde återvända till affären. Först när jag kom tillbaka in i den svala lokalen – i Jordanien kan livsmedelsaffärer knappast klara sig utan luftkonditionering – kände jag hur det sved i ansiktet och på armarna. En blick i väggspegeln räckte för att jag skulle inse hur kraftigt jag hade bränt mig i solen! Nu förklarade ägarens bror för mig att det var förbjudet att anställa utlänningar som inte kunde visa upp något arbetstillstånd. Längs vår gata låg en rad butiker, och han hade plötsligt fått syn på två av Skatteverkets kontrollanter som han kände igen. De var på väg ut från en av grannbutikerna, och det var därför han hade kört ut mig. Annars skulle både affärsägaren och jag ha råkat illa ut och fått betala böter. Då insåg jag varför arbetsgivarna i Jordanien kunde betala mycket lägre lön åt oss syrier än åt sina egna landsmän. Vi var ju inte lagligt anställda och hade därför ingen möjlighet att klaga.

När min extra vecka hade gått och jag var inställd på att sluta, sade butiksägaren lite torrt:

– Du får gärna komma i morgon också om du vill.

– Men du har ju sagt upp mig från idag, invände jag.

– Du får gärna komma i morgon, upprepade han. Det var bara att jag ... Asch, du får gärna komma i morgon, bara så att du vet.

Jag tvekade. Kanske var det bättre att ha överseende med människors misstag än att haka upp sig på vad de hade sagt? Jag nickade, och nästa morgon steg jag som vanligt in i affären strax före tio. Nu hade vi väl rimligtvis försonats, trodde jag, men efter ytterligare en vecka dök det upp en ny man i affären. Ägaren hade fått tag på en rostningsexpert! Från den dagen behandlade han mig sämre och sämre. Han var alltid arg på mig och skrek och domderade. Till sist hände det att han utbrast:

– Jag kan inte ha en sån oduglig som dig i min affär. Du kan lika gärna åka hem till ditt jävla land!

För mig blev det droppen som fick bägaren att rinna över. Ägarens bror och jag tittade på varandra. Vi hade alltid samarbetat bra och gillade varandra. Jag stack handen i fickan och tog upp min nyckelknippa. Långsamt krokade jag loss nycklarna till affären och räckte dem åt honom. Så tog jag farväl och gick med långsamma steg ut genom dörren.

Samma kväll ringde ägaren.

– Du behövde väl inte ta så illa upp bara för att jag var på dåligt humör, sade han i ett försök att stryka över vad som hänt. Du är välkommen i morgon också.

– Nej tack, blev mitt svar. Jag tror att det är bäst för oss båda att jag slutar nu.

– Tänk på saken så pratar vi mera i morgon, avslutade han samtalet.

Nästa dag tog ägarens vän kontakt med mig, han som hade kommit på besök när vi rostade cashewnötter. Han uttryckte sig mycket inlindat, och förklarade att jag hade blivit som en del av deras familj och att de gärna ville se mig i butiken igen. Det hjälpte inte. Jag hade bestämt mig för att sluta, och det stod jag fast vid. Efter en vecka ringde ägaren igen och bad mig komma till butiken för att hämta ut min lön.

– Det är en sak jag måste tala med dig om också, lade han till.

När jag kom till affären tog han mig med upp i nötrosteriet där vi kunde tala ostörda.

– Här är din lön, började han. Men så är det en sak du måste lova mig. Du har nog lärt dig mina kafferecept utantill, eller hur?

Jag nickade.

– Då måste du lova att aldrig avslöja dem för någon. Gör du det?

Jag lovade och har genom åren hållit mitt löfte. Men det förstås, jag kommer fortfarande ihåg alla recepten!

16

De följande dagarna satt jag overksam i lägenheten. Det ena minnet efter det andra vällde upp inom mig. I fantasin arbetade jag i köket på min farbrors restaurang i Damaskus eller vandrade genom dungarna av olivträd bakom vårt hus. Restaurangen hade stängt för gott redan innan vi lämnade Syrien, men hur var det med vårt hus? Stod det kvar eller var det förvandlat till en rykande ruinhög? På nätterna hade jag svårt att sova. Minnen av bombräder och sargade kroppar jagade mig. Skulle jag någonsin få återvända till min barndoms hemland? Skulle det någonsin bli fred? TV-nyheterna ingav mig inte mycket hopp. Men just när allt såg som mörkast ut, hände något som åtminstone fick mig på lite bättre humör.

En av mina kusiner på mammas sida hade liksom vi lyckats fly med sin familj från Damaskus till Amman. Nu kom också hans lillebror, och eftersom det var ganska gott om plats i vår lägenhet, erbjöd vi honom att bo hos oss. Han var några år äldre än mig men vi hade ändå varit goda vänner så länge jag kunde minnas. Nu hade vi alltså fått en ny familjemedlem, och jag hade fått en kompis till att umgås med. Men det var inte nog med det. Min kusin hade i sin tur "kusiner" i Jordanien – fråga mig inte hur de var släkt – och efter bara några dagar ringde en av dem och tipsade om ett jobb. Det var en restaurang som behövde personal, och eftersom vi båda hade erfarenhet av branschen, bedömde vi att vi borde ha en hygglig chans. Vi gick dit tillsammans för att anmäla vårt intresse, och så snart vi steg över tröskeln kände vi att det här skulle passa oss. Restaurangen var stor och serverade både grillat kött och en rad andra rätter. Det såg ut att finnas över tjugo anställda: kockar, servitörer och diskare. Efter en grundlig intervju fick vi visa praktiskt vad vi dög till, och det slutade med att ägaren anställde oss båda två. Villkoren var de vanliga: arbete sju dagar i veckan från tidigt på morgonen till sent på kvällen, högt tempo och krav på att alltid lyda order. Å andra sidan förespeglade oss ägaren att vi kunde få ledigt någon dag ibland om vi hade särskilda skäl. Det lät ju ganska bra, så det var inte konstigt att vi var nöjda när vi gick därifrån.

Redan nästa dag började vi vårt nya jobb. Jag blev placerad vid grillen, som var tre meter lång och sköttes av två personer tillsammans. Min kusin arbetade i köket. Arbetsgivaren förklarade att vi tills vidare fick arbeta svart, det vill säga utan formellt arbetstillstånd, men om vi ville kunde han ansöka om arbetstillstånd åt oss. Det kostade en avgift – jag tror det var trehundra dinarer – som han erbjöd sig att lägga ut för oss och sedan dra av på lönen under några månader. Det var mycket pengar, så vi valde att avvakta. Han upplyste oss också om att hans anställda inte fick ha mobiltelefon på sig under arbetet. Vi protesterade med hänvisning till att vi kom från Syrien och att vi när som helst kunde få bud om att någon släkting hade dött i kriget. Märkligt nog gjorde han då ett undantag för oss. Vi måste bara hålla mobilen gömd i fickan och inte använda den annat än i nödfall.

Det skulle inte dröja mer än två veckor förrän jag fick vad som var näst intill ett dödsbud. Det var mamma som ringde alldeles uppriven och berättade att min jämnårige kusin, en lillebror till min arbetskamrat på restaurangen, hade blivit gripen i en vägspärr. Bara några dagar tidigare hade vi pratat med honom på Skype. Jag bad ägaren att få gå hem och lugna mamma, och det gick han med på. När min kusin bad att också få gå hem blev det däremot nej.

– Nu är det arbetet som gäller! bestämde han. Jag kan inte ge er ledigt båda två samtidigt. Han får åka och ta hand om sin mamma – han pekade på mig. Hon finns ju här. Din bror är i Syrien. Du kan ändå inte göra något för honom nu.

Det hade han rätt i, mera rätt än vi kunde föreställa oss. Varken då eller senare har vi kunnat göra något för honom. Faktum är att vi nu flera år senare fortfarande inte har fått något enda livstecken från honom.

Det året inföll Ramadan i juli och augusti. Arbetet på restaurangen pågick som vanligt sju dagar i veckan, men eftersom vi muslimer varken äter eller dricker så länge solen är uppe försköts arbetstiderna. Vi började inte förrän klockan elva på förmiddagen, gästerna kom vid åttatiden på kvällen, och vi arbetade kvar till långt in på natten. När restaurangen till slut hade stängt var det inte ovanligt att ägaren kommenderade min kusin och mig att stanna kvar och diska även om det egentligen inte var vår arbetsuppgift. En av de första dagarna hade vi ganska få gäster, vilket medförde att vi fick sluta arbetet redan vid tolvtiden på natten. Som vanligt gick vi till fots hem, och på vägen passerade vi en bil som hade något tekniskt problem. En kille höll i ratten, medan två andra sköt på bakifrån för att knuffa igång den. De betedde sig konstigt, och min kusin förklarade i efterhand att de var berusade. Eftersom vi muslimer normalt inte dricker alkohol, visste jag knappt vad ordet betydde. Hur som helst bad killarna oss om hjälp och vi gjorde så gott vi kunde, men när vi efter intensiva ansträngningar fortfarande inte hade fått liv i bilen, ursäktade vi oss och vandrade vidare. Medan vi gick pratade vi om allt som hänt på jobbet under dagen. Just när vi kom till en sträcka utan gatubelysning, närmade sig en bil i hög fart bakifrån. Vi drog oss åt sidan, men då bromsade bilen in. Det var de tre berusade killarna.

– Jävla syrier! skrek de åt oss.

Så följde en rad andra svordomar innan bilen for vidare med en rivstart. I samma ögonblick kände jag ett hårt slag mot min högerarm följt av ljudet av krossat glas. Tydligen hade en av killarna kastat en flaska mot oss. Den hade träffat mig innan den krossades mot gatan. När vi kom hem hade jag ett stort blåmärke på armen och det gjorde mycket ont. Mamma övertalade Jad att köra mig till en jourläkarcentral. Armen var inte bruten, men läkaren rådde mig ändå att ta det lugnt och ge skadan tid att läka. På jobbet meddelade min kusin att jag var sjuk, men chefen var ändå ganska irriterad när jag efter tre dagar kom tillbaka till arbetet. Jag visade det stora blåmärket, och det fick honom att lugna sig något.

– Du kan säkert jobba ändå, sade han överslätande. Du får försöka behärska dig, så blir det nog snart bra.

De sista tio dagarna under Ramadan var vi sällan klara med arbetet förrän klockan fyra på morgonen. Så kom Eid al-Fitr och restaurangen var full av gäster från morgon till kväll. Ägaren satt på sitt kontor och övervakade oss via kameror. Om någon av oss lät rumpan så mycket som snudda vid en stol kom han genast rusande och skällde på oss för att vi var lata. För min kusin och mig var arbetet ändå en tröst. I Damaskus hade Eid al-Fitr varit en höjdpunkt på året då släkten träffades med fest och gamman. Här i Amman hade vi bara något dussin släktingar. Det kändes verkligen tomt.

Den första vardagen efter Eid al-Fitr fick vår restaurang en mycket stor beställning. Det gällde en cateringleverans till ett bröllop, och utöver det kött vi redan hade i förrådet beställde ägaren fyra nyslaktade får. Vi styckade och grillade hela dagen, och när vi till sist var klara hade vi fyllt fyrtioen stora brickor med ris och kött. Jag fick hjälpa till att leverera beställningen, och vi bar in bricka efter bricka i bröllopssalen. Till min förvåning såg jag män och kvinnor sitta blandade runt borden. Tydligen var sederna inte desamma i Jordanien som i Syrien. Så återvände vi till jobbet och hann arbeta ett antal timmar innan chefen vid ettiden på natten beordrade några av de anställda att hämta brickorna. När de kom tillbaka visade det sig att mer än hälften av maten fanns kvar. En del brickor var till och med helt orörda.

– Släng allt i soporna och skynda er att diska! beordrade chefen.

Min kusin och jag tvekade. Varje dag såg vi ju människor tigga på gatan, och här fanns mat åt minst hundra personer! Kunde vi inte dela ut det som var kvar åt dem som behövde? Vi började argumentera.

– Hörde ni inte vad jag sade? röt chefen. Släng resterna och börja diska!

– Ge oss en halvtimme, vädjade min kusin.

– Jag sade att ni ska tömma dem *nu*! fick han till svar.

– Nej, det gör jag inte, envisades min kusin.

Då vände sig chefen mot mig.

– Nå, ska inte du heller göra som jag säger?

Jag tittade tvekande på brickorna. Det måste ha rört sig om åtminstone femtio kilo kött som var kvar. Jag skakade på huvudet.

– Ni får två alternativ, konstaterade chefen. Antingen håller ni käften och kastar resterna eller också slutar ni arbeta hos mig nu.

Min kusin och jag utväxlade blickar. Så hängde vi av oss arbetskläderna och började gå mot dörren. Det sista vi såg var hur några av de andra arbetarna skrapade ner köttet och riset i stora, svarta sopsäckar.

Nu drabbades jag av en verklig depression. Hela dagarna satt jag hemma framför datorn, lyssnade på musik och körde ett meningslöst spel, där man styr en bil längs krokiga vägar. Jag satt där när mina föräldrar lade sig på kvällen och jag satt där när de steg upp på morgonen. Jag sov kanske en eller två timmar per dygn. Hela tiden grubblade jag över människorna. Jag kunde inte förstå dem. Alla ljög ju, alla spelade teater! Varför ville de trampa på sina medmänniskor? Varför brydde de sig bara om sig själva? Fanns det inget som hette medkänsla, bara strävan efter makt och status? En månad gick, kanske en och en halv. Jag vet inte så noga. En gång ringde ägaren till nöt- och kafferosteriet och erbjöd mig att börja arbeta hos honom igen, men jag tackade nej. Då och då kom Wisam på besök, men jag hade inte mycket att säga till honom. Till sist kom han med ett konkret förslag. Han hade slutat arbeta i chokladaffären och istället fått jobb på en pizzeria. Den hette Little Caesar Pizza och tillhörde en amerikansk franchisingkedja. Nu behövde de anställa ytterligare någon. Skulle det inte passa mig? Arbetsvillkoren var bra, försäkrade han och log uppmuntrande mot mig. Jag skulle visserligen inte få mer än tvåhundra dinarer i månaden, men jag behövde bara arbeta åtta timmar om dagen sex dagar i veckan. Det var amerikanska regler. Dessutom skulle jag få göra min egen pizza till lunch varje dag. Jag kände hur lusten att leva bland människor började spira inom mig igen, men det som lockade mest var att få arbeta tillsammans med Wisam. Jag tvekade några sekunder. Sedan tackade jag ja.

Samma dag följde jag med Wisam till pizzerian för att träffa "the manager". Han ställde några frågor, noterade mitt namn och telefonnummer och lovade att återkomma. Det lät bra, men dagarna gick och ingenting hände. Jag var så trött på människor som inte höll sina löften. Ändå började jag långsamt känna mig bättre, och efter några dagar gick jag till och med hem till Wisam för en pratstund. Vi gjorde sällskap till pizzerian när hans arbetspass skulle börja, och just när jag vände i dörren för att fortsätta hemåt fick ägaren syn på mig.

– Vänta lite! ropade han. Var det inte du som ville arbeta hos mig? Vad sägs om att börja nu?

Inom mig suckade jag återigen över människorna. Om han behövde mera arbetskraft, kunde han väl ha ringt mig som han hade lovat göra? Men så tänkte jag på hur trevligt det skulle vara att få arbeta tillsammans med Wisam och tackade ja.

De första dagarna var jag fortfarande ganska tyst och tankfull, men alltefter som tiden gick kände jag krafterna återvända. Jag upptäckte snart att i stort sett alla på pizzerian var nybörjare. De var mycket unga, och jämfört med dem var jag, som nyss hade fyllt nitton år, både gammal och erfaren. Jag hade ju arbetat på min fasters mans pizzeria i Damaskus och var van vid alla arbetsmoment. När det var dags att göra deg anmälde jag mig genast och alla inklusive ägaren var förvånade över hur bra den blev.

– Jag följde bara receptet som hänger här på väggen, förklarade jag.

Ägaren tittade förvånat på mig.

– Men det är ju på engelska. Kan du läsa det?

Det dröjde inte länge förrän ägaren började ägna mig särskild uppmärksamhet. Han lärde mig de moment jag inte var van vid som att hantera kassan, och snart befordrade han mig till "supervisor". Därmed var jag chef för mitt arbetslag, och det fungerade bra även om jag inte kunde undgå att märka att en del av mina underställda som var jordanier hade svårt att ta order av en syrier. Två eller tre gånger om året kom en kontrollant från franchisingkedjan och inspekterade lokalen och tog prover på maten. Jag visade honom runt och det slutade med att vår restaurang fick höga betyg. Ägaren var mycket nöjd och pratade om att ordna ett formellt arbetstillstånd åt mig. För det krävdes ett friskintyg, och jag gick till vårdcentralen och skaffade intyget för egna pengar. Sedan lämnade jag det till honom, men tiden gick utan att jag fick något arbetstillstånd.

Redan efter några månader på Little Caesar hade jag hunnit få två löneförhöjningar och tjänade nu 218 dinarer i månaden. Samtidigt hade jag lärt känna en ung man som arbetade på en av de andra restaurangerna i samma kedja. Han brukade titta förbi då och då och fråga mig om något råd. En dag kom vårt samtal in på löner och han berättade i förtroende att han fick 250 dinarer i månaden. Som arbetare i köket fick man vara nöjd med det.

– Du som är supervisor måste väl ha minst 400, fortsatte han. Det vet jag att andra supervisors har, men du lär väl ha mera för ert ställe har ju fått det bästa betyget i hela landet.

Jag var alldeles förstummad. Hade andra supervisors verkligen så mycket mera betalt än mig? Så snart han hade gått vände jag mig till ägaren och frågade. Han försäkrade att jag var duktig och att han gjorde vad han kunde för att höja min lön, men 400 dinarer i månaden ... nej, så mycket hade ingen betalt. Var hade jag fått det ifrån? Jag svarade ärligt. Han blev tyst en sekund och förklarade sedan att det var lögn. Det hade den andre bara hittat på. Tankfull återgick jag till arbetet. Uppenbarligen ljög en av dem – men vem? Nästa gång mannen som lämnat uppgiften tittade förbi frågade jag honom om han var säker på vad han hade sagt. Han såg först lite generad ut. Sedan böjde han sig fram och sade i förtroende:

– Jag har blivit tillsagd att inte prata om löner, men ... det jag sade förra gången var sant.

Då var det alltså ägaren som ljög! Min respekt för honom rasade, men eftersom jag inte hade något annat alternativ valde jag ändå att arbeta kvar. På fritiden började jag läsa böcker om psykologi. Jag ville ta reda på varför människor ljög. För mig var det en gåta.

17

Den 21 mars 2014 var det dags för min systers bröllop. Det hade blivit fördröjt i flera omgångar, men nu såg vi alla fram emot festen. Ali, jag och vår lillebror hade köpt nya kostymer, men de var ingenting emot min systers festkläder. Jad hade bokat festlokalen, och vid sextiden på eftermiddagen åkte både vi och hans många släktingar dit i en kortege av bilar. Fönstren var nervevade och vi tutade, ropade och vinkade. Lokalen bestod av två salar, en för kvinnor på bottenplanet och en för män på planet ovanför. Det fanns ingen direkt passage mellan salarna. Om man ville gå från den ena till den andra, var man tvungen att göra det via gatan. Jad lämnade av sin brud vid kvinnosalens dörr och följde sedan med oss andra till manssalen. När vi steg in möttes vi av tonerna från en inhyrd musikgrupp, men efter en kort stund packade de ihop och ersattes av musik från högtalare. Vi var inte många i salen, knappt ens sjuttio personer. Senare fick jag veta att kvinnorna var många fler, säkert minst tvåhundrafemtio. Vi blev serverade juice och tårta, men hos mig ville feststämningen inte infinna sig. De äldre pratade och pratade. Själv satt jag mest tyst och lyssnade förstrött. Då inträffade plötsligt ett oväntat avbrott. En av festarrangörerna, en kvinna, kom in i salen och tillkännagav:

– Nu är det dags för brudgummen och brudens far att komma ner till kvinnosalen.

Jag och Ali tittade förvånade på varandra. Att brudgummen skulle få se sin brud var ju normalt, men att brudens far skulle få gå med var en nyhet för oss. Vi såg pappa gå med tvekande steg mot dörren. Några minuter senare kom kvinnan tillbaka och den här gången ropade hon efter brudens bröder. Ali, jag och vår lillebror reste oss förbryllade. Hon förde oss nedför rampen mot gatan och vidare mot kvinnosalens dörr, men där gjorde vi halt.

– Kom nu! uppmanade hon oss.

Vi protesterade. Vi var ju män och hade ingen rätt att gå in till kvinnorna.

– Jo då, förklarade hon. Nu är ni i Jordanien, och här får brudens bröder fira med kvinnorna. Alla där inne väntar på er.

Osäkra steg vi över tröskeln. Hundratals ögon tittade på oss, och det gick ett sus genom salen. Jag uppfattade ordet "rödhårig" från flera håll. Det var tydligt att ingen hade väntat sig något sådant. Arrangören förklarade att det nu var vår tur att dansa med bruden. Det var både nervöst och spännande. Jag hade aldrig dansat förut, och aldrig hade jag sett min syster med makeup och i urringad klänning heller. Jag gjorde mitt bästa för att röra mig på samma sätt som hon, men hon var mycket duktigare. Hur kommer det sig att flickor kan dansa bara så där? Är det medfött eller lär de sig det av sina mödrar när vi pojkar inte ser det? Snart var det Jads tur att bjuda upp sin brud igen. De rörde sig vackert över golvet och höll till och med i varandra. Det var tydligt att de hade övat. Det var nog i samband med den extra förlovningsfest vi hade firat strax efter att vi kom till Jordanien.

Nu annonserade arrangören att brudgummens bröder var välkomna in i salen. Herre Gud, hur kunde det vara möjligt? Vår syster hade ju ingen slöja. Mycket riktigt försvann hon som en virvelvind, vart hann jag inte se. Så tågade Jads bröder in genom dörren och fortsatte ut på dansgolvet. Till min stora förvåning kom även hans systrar och systerdöttrar fram och ingen av dem hade någon slöja. Här var tydligen stora skillnader i traditioner mellan Jordanien och Syrien. Visst hade jag sett kvinnor utan slöja på gatan, men de här var ju Jads släktingar. Jag hade träffat flera av dem förut, men nu kände jag knappt igen dem i sina fina klänningar och sitt utsläppta hår. Vi dansade alla tillsammans, och jag visste inte riktigt om jag skulle vara glad eller om jag borde skämmas.

Efter festen åkte vi hem tillsammans. Pappa och mamma hade erbjudit Jad och min syster att bo hos oss. Det var ju onödigt att de hyrde en egen lägenhet när det fanns plats i vår. De fick disponera ett sovrum och ett av badrummen helt själva, och mamma var mycket nöjd. Hon saknade sin släkt och kände sig ensam i vår lilla familjekrets. Nu fick hon behålla sin dotter hemma och fick dessutom en svärson att umgås med varje dag. Säkert hoppades hon att de snart skulle bli tre som kunde hjälpa till att fylla tomrummet i hennes hjärta.

Det hade hunnit gå ett drygt år sedan vi kom till Jordanien. Pappa hade fått arbete på en kemtvätt i vårt område. Det passade honom bra, för det var mest rika människor som lämnade in sina kläder där, och han var van att hantera de finaste material. Ali arbetade i en ateljé och sydde gardiner, och efter en tid lyckades han även ordna arbete åt vår lillebror. Han tog mått hos kunderna och hängde gardinerna på plats när de var klara. Mitt i de dagliga sysslorna fick mamma ett glädjebud. Hennes bror, han som hade arbetat i syfabriken i Sahnaya, hade lyckats skaffa uppehållstillstånd åt sig och sin familj i Saudiarabien. Hans svärföräldrar hade bott där nästan hela sitt liv, och hans fru var född och uppvuxen där. Därför kändes det som ett naturligt val, även om varken hon eller hennes föräldrar var saudiska medborgare. För att man ska få bli det tror jag att släkten måste ha levt i landet sedan urminnes tider. Hur som helst tänkte min morbror och hans familj stanna några dagar hos oss på vägen dit. Mamma var överlycklig, men tyvärr går inte alla önskningar i uppfyllelse.

139

Strax innan de hade planerat att komma ringde hennes bror från gränsstationen och berättade att de bara hade fått visum för genomresa. Allt de fick göra var att åka genom Jordanien med en internationell busslinje – stanna fick de inte. De fick inte ens komma till Amman utan bara färdas genom landet på motorvägen. Vi var naturligtvis alla mycket besvikna, men värre skulle det bli. Efter bara några månader i det nya landet blev min morbror allvarligt sjuk. Orsaken visade sig vara en obotlig hjärntumör. Snart fick mamma bud om hans bortgång. Så vitt jag vet lever hans änka och barn fortfarande kvar i Saudiarabien.

För min egen del hade jag ända sedan vi kom till Jordanien varit inställd på att ta gymnasieexamen i Amman för att sedan kunna fortsätta på universitetet och läsa till läkare. Redan efter en dryg månad hade jag besökt den jordanska skolmyndigheten för att ta reda på hur jag skulle gå vidare, men beskedet jag fick var att jag skulle återkomma i juli. Då skulle de pröva om jag kunde få börja i årskurs tolv till hösten eller inte. Alltså återvände jag till skolmyndigheten i början på juli 2013 men möttes av ett tvärt nej. Om jag hade kommit ett år tidigare skulle det ha gått bra, men nu var jag för gammal. Jag ville inte ge upp så lätt och blev skickad från tjänsteman till tjänsteman. Till sist visade en av dem på en möjlighet. Om jag läste in alla de fjorton ämnen som ingick i en jordansk gymnasieexamen hemma, skulle jag kunna få delta i slutproven som privatelev. För varje prov måste jag i så fall betala en avgift, och jag måste bli klar med alla ämnena inom loppet av två år. Han räckte mig en mapp med instruktioner och en ansökningsblankett. Lättad fyllde jag i blanketten. Han granskade den noga och nickade.

– Då är det bara en detalj som återstår. Du måste visa att du blev godkänd i alla ämnen i årskurs nio.

– Inget problem. Jag har med mig en kopia av betyget, log jag.

Jag räckte honom kopian och en ny granskning följde.

– Tyvärr duger inte det här, konstaterade han. Här finns ju ingen stämpel från skolan. Dessutom krävs en stämpel från utrikesdepartementet i Syrien för att det ska gälla utomlands.

– Men hur skulle jag kunna ordna det? protesterade jag. Jag kan ju inte åka dit när det är krig!

– Det är inte vårt problem. Vi måste följa de regler som gäller, avslutade han samtalet.

När jag kom hem var jag inte på mitt bästa humör. Mamma försökte muntra upp mig och lovade att ringa sin syster som bodde kvar i al-Kadam. Hon skulle nog kunna ordna en stämplad kopia åt mig. Märkligt nog lyckades hon också med det, men det tog lång tid. Först måste hennes man trots vägspärrar, skottlossning och flyganfall ta sig till skolan och få en ny betygskopia utskriven och stämplad. Sedan måste han gå till skolmyndigheten för att få den stämplad där också och slutligen till utrikesdepartementet för ytterligare en stämpel. Därmed var kopian godkänd i Syrien, men hur skulle de kunna skicka den till Jordanien? Något statligt postverk fanns inte, och DHL Express hade ställt in sin verksamhet till följd av kriget. De skulle alltså bli tvungna att anlita ett privat bud, men det var stor risk att brevet skulle fastna i någon vägspärr eller i tullkontrollen vid gränsen. Till sist bestämde sig min moster för att sy in betygskopian i fodret på en jacka. Den packade hon sedan tillsammans med andra kläder i en väska som hon skickade med bud till Amman. Till vår stora glädje kom kopian fram, och nu krävdes bara stämplar från den syriska ambassaden i Amman, från det jordanska inrikesdepartementet och från den jordanska skolmyndigheten för att alla krav skulle vara uppfyllda. När jag i juni 2014 uppsökte skolmyndigheten igen för att visa upp betyget var hela baksidan full av stämplar.

– Vänta lite nu, sade tjänstemannen som granskade pappret. Du måste ju visa att du var godkänd i alla ämnen i årskurs elva också.

– D-det går inte, stammade jag. I Syrien får man bara officiella betyg efter årskurs nio och årskurs tolv.

– Du kan säkert be din skola att skriva ut ett särskilt intyg åt dig, lugnade han mig, och du har två hela månader på dig. Ansökningstiden för höstterminens slutprov går ju inte ut förrän i september.

Förkrossad återvände jag hem. Mamma ringde än en gång sin syster och bad om hjälp. Min snälla moster tvekade. Två av hennes söner hade flytt till Jordanien. En tredje var gripen och hade inte hörts av. Det var med risk för livet som hennes man i så fall måste uppsöka de olika ställen som krävdes, och hon ville absolut inte mista honom också. Till sist gav hon ändå med sig och lovade göra ett försök.

Vid samma tid fick mamma genom en väninna veta att ett utbildningsinstitut för syrier hade öppnat i Amman. Undervisningen var gratis och finansierades av en grupp rika, syriska affärsmän. Där skulle jag med lärarstöd kunna läsa in det jag saknade inför slutproven. Jag tog genast kontakt med institutet och fick genomgå ett omfattande inträdesprov. Det slutade med att jag blev antagen. Då sade jag upp mig från Little Caesar Pizza. Ägaren lovade mig ett arbetsbetyg, men det kom aldrig. Några veckor senare ringde han och bad mig ställa upp igen – det gällde bara en dag. Det var dags för en ny inspektion av franchisingkedjan, och förra gången när vi fick så bra betyg var det ju jag som hade visat inspektören runt. Om jag bara ville göra det igen, skulle han se till att arbetsbetyget låg färdigt. Jag tog ledigt från institutet och ställde upp, men när inspektören hade gått förklarade ägaren att datorn hade krånglat så att han inte hade kunnat skriva ut betyget åt mig. Han lovade ringa så att jag kunde hämta det så snart han fått ordning på datorn. Det har nu gått flera år utan att han har hört av sig.

Det nya utbildningsinstitutet låg ganska långt ifrån vår stadsdel, men det fanns bussar som utan avgift hämtade eleverna dit. Lärarna var högutbildade och mycket pedagogiska. De flesta kom från Syrien, men några var jordanier. Jag kom snart att känna mig som hemma, och till det bidrog att jag kände flera på institutet sedan tidigare. En av dem var rektorn, som visade sig vara samma kvinna som hade varit rektor för al-Wafi-institutet i Damaskus. En annan var en gammal skolkamrat från al-Kawakibi som liksom jag läste till gymnasieexamen. Han hade med sig en kusin, som jag också snart blev god vän med. Undervisningen pågick fem dagar i veckan och behandlade två ämnen om dagen.

Normalt följde man fem ämnen per termin och läste in två på egen hand. På så sätt kunde man täcka in allt som krävdes för de nationella gymnasieproven på två terminer. Nu närmade sig tiden för att lämna in ansökan till höstterminens slutprov. Min moster och hennes man hade mot alla odds lyckats skaffa det intyg jag saknade och fått det stämplat i alla instanser i Syrien. Nu gällde det bara att få det skickat till Jordanien men det visade sig bli svårt. Längs gränsen hade strider utbrutit, och dagarna gick utan att vi fick något brev. Efter en dryg vecka ringde min moster och berättade att budet som de anlitat hade återvänt till Damaskus med oförrättat ärende. Vid gränsen hade han hamnat i en stridszon och tvingats söka skydd på marken under sin bil i flera dygn. Till sist hade han gett upp. Allt jag hann få innan ansökningstiden gick ut var därför bilder på dokumentet via Internet. Jag visade upp dem för skolmyndigheten och förklarade vad som hade hänt, men det dög inte. De måste få det stämplade originalet i handen för att kunna godkänna det. Vem som helst kunde ju göra en förfalskning och fotografera av den! Jag var färdig att bryta ihop. På två hela år i Jordanien skulle jag alltså inte få göra examensprov i ett enda ämne!

Trots besvikelsen tog jag mig samman och fortsatte på institutet. Bara dokumentet kom fram skulle jag ju kunna anmäla mig till nästa nationella provomgång, det vill säga den som skulle hållas i juni 2015. Det fanns också ett annat skäl till att jag verkligen ville göra mitt bästa. Rektorn hade kallat mig och två av mina studiekamrater till sitt kontor och berättat att hon kände en professor på Harvard University i USA. Nu hade han hört av sig och sagt att han kunde ordna stipendier åt tre studenter från Jordanien. Kravet för att få vara med och konkurrera om platserna var att man sammanlagt fick minst nittiofem procent av full poäng i slutbetyg från gymnasiet. Det var ovanligt att någon lyckades få så höga betyg, men rektorn trodde att just vi tre skulle ha en chans att lyckas. När jag kom hem den kvällen tog jag ett stort papper och skrev "Till Harvard" som rubrik. Därunder skrev jag upp vilka mål jag skulle sträva efter och vilka problem jag skulle undvika. Pappret tejpade jag upp över min säng. Jag började plugga intensivt och fick snart ytterligare skäl att anstränga mig.

Institutet fick nämligen besök av en professor från Kanada, som liksom sin kollega från Harvard sökte potentiella stipendiater. Han var ganska gammal, lång till växten och mycket vänlig. Eftersom han själv bara talade engelska, hade han för säkerhets skull med sig en tolk, men de flesta av oss förstod ändå vad han sade. Han talade först med hela klassen. Sedan valde rektorn ut samma tre kandidater som förra gången för fördjupade intervjuer, men liksom när det gällde Harvard hängde det i slutändan på betygen vilka som skulle få stipendier.

Det dröjde inte länge förrän vi fick ännu ett besök. Den här gången var det en hel delegation av män och kvinnor. Alla var ganska unga och pratade engelska utan tolk. De förutsatte helt enkelt att vår engelska var tillräckligt bra för att vi skulle kunna göra oss förstådda. De kom från ett land i norra Europa som hette Sverige, och om jag förstod saken rätt var de alla läkare eller sjuksköterskor och hade kommit till Jordanien för att hjälpa syriska flyktingar. De var ljusa i hyn och hade olika färg på håret. En av männen var nästan lika rödhårig som jag. De pratade med alla, och vi frågade om det var möjligt för syrier att studera i Sverige. Vi fick inget helt klargörande svar, men det var ett roligt och informellt möte.

I november stängde institutet för terminen. Många av mina studiekamrater var anmälda till de centrala proven i december och var helt koncentrerade på att plugga in i det sista. Jag, som inte var antagen till proven, hamnade i ett vakuum. Återigen kände jag depressionen komma smygande men jag kämpade emot. Gång på gång tittade jag på pappret över min säng. Jag måste sträva mot mina mål. Så långt var det inte till juni, och då skulle det bli min tur.

18

I slutet av december flyttade vi till en ny lägenhet. Den låg i bottenvåningen på en villa i samma område, och trots att den var större än vår förra lägenhet var hyran lägre. Dessutom ingick ett garage för Jads bil. I januari kom en kraftig köldknäpp och det föll ymnigt med snö. I Jordanien är sådana väderfenomen mycket ovanliga och landet saknar helt beredskap för att hantera dem. Vägarna blev snart oframkomliga. Det hade en tid varit tydligt att min syster väntade barn, och en kväll när snöovädret var som värst satte värkarna igång. Jad kunde omöjligen köra henne till förlossningskliniken, så han ringde efter en ambulans. Den kunde inte heller ta sig fram, så sjukhuset ringde i sin tur efter en militär bandvagn som kom och hämtade min syster. Det fanns bara plats för henne, Jad och mamma i fordonet. Militärerna körde dem till universitetssjukhuset, men där fanns bara manliga förlossningsläkare i tjänst, och det kunde Jad inte acceptera. Till sist ringde han till sin äldsta systers man som hade en fyrhjulsdriven bil, och han ställde upp och körde dem till ett annat sjukhus. Själv hade jag pulsat genom snön till universitetssjukhuset och kom lagom i tid för att åka med. Snart satt jag i väntrummet utanför förlossningsavdelningen, medan Jad vandrade rastlös fram och tillbaka över golvet framför mig. Timmarna kröp fram. Inte förrän nästa morgon kom en sköterska ut och berättade att allt hade gått bra och att Jad hade blivit far till en dotter. Han var färdig att spricka av glädje. Efter ytterligare en stund kom sköterskan tillbaka. Hon tog oss med till ett annat rum där vi fick se den nyfödda och till och med hålla henne. Att varsamt få lägga armarna om min lilla systerdotter var en höjdpunkt i livet. Jag hade blivit morbror! Tre och en halv månad senare födde mamma ett sjunde barn. Därmed hade min systers lilla dotter fått en ännu mindre moster.

I slutet av januari 2015 började vårterminen på institutet. Snart kom också det efterlängtade brevet med mitt intyg om att jag klarat årskurs elva. När det var stämplat och klart lämnade jag in det till skolmyndigheten. Äntligen skulle jag få göra de nationella gymnasieproven. Jag deltog i lektionerna på institutet och lade mycket tid på att läsa hemma, men jag hade svårt att koncentrera mig när min systerdotter grät. Innan vårterminen var över var det två barn som grät i lägenheten, och för att jag skulle få studiero föreslog mamma att jag skulle flytta hem till hennes väninna, hon som hade tipsat om institutet. Hon hade en son som också skulle göra gymnasieproven i juni. Jag bodde hos dem den sista månaden före proven, och vi läste intensivt tillsammans. Varje dag steg vi upp klockan sju på morgonen och pluggade till tio på kvällen med korta pauser för frukost, lunch och kvällsmat. Min ursprungliga plan var att göra prov i sju ämnen nu och sju ämnen i december, men när jag fick veta att fyra av de prov jag tänkte anmäla mig till skulle genomföras på fyra dagar direkt efter varandra blev jag rädd och backade ur från två av dem: engelska och matematik. Nu återstod fem ämnen, och det första var samhällskunskap. Jag hade inte gjort ett skriftligt prov på tre och ett halvt år, och när jag steg in i provsalen var jag mycket nervös. Jag försökte koncentrera mig men kunde absolut inte komma på svaren på två av frågorna. Jag visste att man inte fick göra om godkända prov, och om jag inte fick toppbetyg skulle jag inte få något stipendium. Alltså suddade jag ut alla mina svar och lämnade blankt. Prov nummer två gällde biologi, som var mitt favoritämne. Ändå fick jag bara 102 poäng av 110 möjliga, eftersom jag på en av frågorna inte hade svarat ordagrant som det stod i läroboken. Vår lärare på institutet hade nämligen påpekat att det fanns ett fel i boken, men det kände tydligen inte de som rättade proven till. Det tredje provet var i kemi, och där fick jag inte mer än 99 av 110 poäng. Förklaringen visade sig vara att jag inte hade fått plats med svaret på den sista frågan på formuläret utan tillfogat det på ett löst papper, och det hade den som rättade tydligen missat. Prov nummer fyra avsåg datakunskap, men vid det laget hade jag haft svårt att sova flera nätter i följd. När Ali försökte väcka mig på morgonen orkade jag bara inte släpa mig ur sängen. Det sista och femte provet gällde arabiska, och också där förlorade jag några poäng. Sammantaget hade jag därmed bara gjort godkända prov i tre ämnen och fått en genomsnittspoäng som omräknat till procent blev 92.7, alltså strax under vad som krävdes för att få vara med och tävla om stipendierna till Harvard.

Nu återstod prov i elva ämnen för att jag skulle få en jordansk gymnasieexamen. Det skulle ta minst ett år till, kanske ett och ett halvt. Jag såg studiekamrater som var klara med examen åka förbi i tutande bilar och stolt hålla upp skyltar med texter som "Jag fick 70". För mig krävdes minst 95 om jag skulle ha en chans att få ett stipendium till USA eller Kanada. Skulle jag klara det? Visserligen hade man rätt att räkna bort två ämnen från betygsgenomsnittet, men det var ändå osäkert. Att läsa den läkarutbildning jag drömde om här i Jordanien var uteslutet. När vi först kom hit hade jag fått veta att FN sponsrade universitetsutbildning för syriska flyktingar i Jordanien. Man fick läsa gratis eller för en kraftigt reducerad avgift. Nu hade bidragen successivt avvecklats, och därmed skulle vår familj aldrig ha råd att betala för en sådan utbildning åt mig. Till råga på allt ryktades det att institutet där jag läst de senaste två terminerna hade fått ekonomiska problem och skulle läggas ner. Vilka framtidsalternativ fanns kvar för mig om jag inte fick något stipendium? Att arbeta på restaurang tolv timmar om dagen, sju dagar i veckan resten av livet? Det var det sista jag ville göra.

Den närmaste tiden blev jag sittande hemma. Jag insåg att mitt enda alternativ var att fortsätta läsa på egen hand. Vilka ämnen skulle jag ta itu med först? Då ringde mammas väninna igen. Hon hade hittat ett institut som erbjöd gratis kurser i engelska. Det hette Souriyat Across Borders, och lärarna kom från engelsktalande länder. Målet var att de studerande skulle klara ett så kallat TOEFL-test, Test of English as a Foreign Language, vilket ger den behörighet i engelska som krävs för universitetsstudier i utlandet. För mig, som hade hoppat över gymnasieprovet i engelska, skulle det passa utmärkt. Jag sökte upp institutet, och efter att ha genomgått ett prov blev jag placerad på nivå tre av fem. På nivå fyra och fem fanns än så länge inga elever. Institutet hade tre lärare, en från England, en från Skottland och en från USA. Den första av dem tog hand om vår klass. Det var en ung kvinna – inte äldre än mig – och hon berättade att hon egentligen studerade juridik på ett av universiteten i London. Över sommaren ställde hon upp som volontär för att lära ut engelska. Eftersom hon inte kunde tala arabiska, var det självklart att all kommunikation måste ske på engelska. Till en början var det inte alldeles lätt att förstå vad hon sade, för hennes uttal skilde sig kraftigt från det jag hade hört från mina lärare i Syrien, men jag vande mig snart. Jag kom att tycka mycket bra om henne och kände hur min engelska blev bättre och bättre. Undervisningen omfattade tre dubbeltimmar i veckan. Dessemellan pluggade jag ivrigt hemma.

Vår klass bestod av både män och kvinnor, men vi satt förstås uppdelade i var sin halva av salen, männen på ena sidan, kvinnorna på den andra. Jag lärde snart känna två systrar från Syrien som gick i samma klass som jag och deras bror Mahmud som gick på institutets grundnivå. Vi blev goda vänner och det dröjde inte länge förrän vi hade vunnit varandras förtroende. På rasterna pratade vi om våra framtidsplaner, och när ingen annan fanns inom hörhåll anförtrodde de mig att de snart skulle resa till Europa tillsammans med sin mamma och en ännu yngre bror. Där kunde nästan alla tala engelska, så det var som en förberedelse för den resan som de gick här på institutet. Jag hade redan hört att det krävdes inresevisum för syrier som ville åka till Europa, och att det var mycket svårt att få. I praktiken var därför enda möjligheten att ta sig in illegalt och sedan söka asyl som flykting. Hur hade de tänkt göra? Jag fick veta att deras plan var att flyga till Istanbul och därifrån ta sig vidare till Grekland. Sedan var det fritt att resa vart man ville i Europa. Kanske vore det en möjlighet för mig också? Tanken hade nog föresvävat mig tidigare, men nu framstod den som mera konkret. När jag kom hem den kvällen tog jag upp frågan med mamma, men hon sade mycket bestämt nej. Visste jag inte hur det gick till? Människor försökte korsa Medelhavet i överfulla gummibåtar, och det var liktydigt med självmord. Kanske hade hon rätt? Jag försökte glömma tanken och istället koncentrera mig på mina studier. Till en början gick det bra, men sedan mina tre kamrater hade tagit farväl och börjat sin resa, blev det svårare. Det kändes konstigt tomt på institutet. Varje dag tänkte jag på dem och oroade mig för dem. Först efter flera veckor fick jag ett telefonsamtal från Mahmud. Nu var de i Holland! Visst, resan hade inte varit problemfri, men i stort sett hade allt gått som planerat. Jag drog en suck av lättnad. Samtidigt fick min egen dröm om en framtid i Europa nytt liv. Där fanns bättre möjligheter till både utbildning och arbete, och om jag ska vara helt ärlig så fanns det också något annat som lockade. Jag hade blivit mycket förtjust i en av systrarna och hade svårt att förlika mig med tanken att jag aldrig skulle få se henne igen. Därför framstod Holland nu som det mest attraktiva resmålet i världen. Jag tog upp frågan med mamma på nytt, och till min förvåning var hon inte längre lika negativ. Hon höll med om att det i realiteten inte fanns några framtidsmöjligheter för mig i Jordanien. Kanske var Europa ändå det bästa alternativet? Om jag absolut ville, så skulle hon inte hindra mig från att fara. Hon avslutade med att lova att hon skulle be innerligt till Gud att jag måtte komma fram tryggt och säkert.

Jag hörde på nyheterna att flyktingströmmen till Europa var på väg att bli okontrollerbart stor och att flera länder övervägde att stänga sina gränser. Om de gjorde det skulle ju flyktingarna riskera att fastna i Grekland. Jag bad till Gud att gränserna skulle hållas öppna ett tag till och började i hast förbereda min avresa. Först måste jag skaffa pengar. Jag ville inte blanda in min familj – de hade redan gjort så mycket för mig – så jag frågade en rad bekanta om jag kunde få låna av dem, men alla tvekade. Vad skulle hända om både jag och min plånbok försvann i Medelhavet? Då skulle de ju aldrig få sina pengar tillbaka. Till sist var jag ändå tvungen att vända mig till mamma, som via en av sina halvbröder lyckades låna åttatusen dinarer åt mig, vilket motsvarade ungefär elvatusen amerikanska dollar. Eftersom det fanns risk att jag skulle bli rånad på vägen, kom vi överens om att jag bara skulle ta med mig tvåtusen dinarer. Resten skulle mamma tills vidare behålla och skicka till mig om det blev nödvändigt. Sedan uppsökte jag ett flygbolag för att köpa en biljett till Istanbul. De tittade i mitt pass och påpekade att jag måste resa så snart som möjligt. Passet skulle ju gå ut om mindre än fem månader, och för att få resa in i Turkiet måste man ha ett pass som var giltigt i ytterligare minst fyra månader. Samtidigt fick jag veta att jag inte skulle kunna återvända till Jordanien om jag inte redan nu skaffade ett jordanskt inresevisum. Jag uppsökte den berörda myndigheten och fick veta att de behövde minst en månad för att utfärda ett sådant papper. Så länge kunde jag inte vänta. Jag hade ju redan köpt flygbiljett till nästa vecka. Alltså skulle jag bli tvungen att lämna Jordanien utan möjlighet att återvända. Som en ytterligare förberedelse för resan ringde jag till alla

149

jag kände som redan hade flytt till Europa och frågade om allt: vad skulle man ha med sig, gick det att skaffa mat på vägen, vilka problem skulle man vara beredd på ...? Mamma hörde mina frågor, och kom snart med en burk stora piller åt mig.

– De här innehåller all näring och alla vitaminer som en människa behöver, förklarade hon. De är egentligen avsedda för gravida kvinnor som lider av undernäring, men om du inte får tag på någon mat så kan du klara dig på de här.

Så började jag packa. Jag hade hört att en del människor blev stoppade i passkontrollen när de skulle resa ut ur Jordanien eftersom det var uppenbart att de tänkte fly till Europa. Av någon anledning försökte Jordanien tydligen hjälpa Europa att stoppa flyktingströmmen. För att undgå misstankar skaffade jag en extra resväska som jag fyllde med kläder. Så länge jag bar på den skulle ju alla tro att jag tänkte stanna i Turkiet. Resväskor får ju dåligt plats i gummibåtar. Jag funderade också på hur jag skulle kunna svara på passkontrollanternas frågor utan att ljuga. Kanske ungefär så här:

– Ska du stanna i Turkiet?

– Ja, det ska jag (men inte mer än några dagar).

– Vad ska du göra?

– Jag ska studera (men inte i Turkiet).

– Har du släktingar i Turkiet?

– Ja, det har jag (men jag tänker inte bli kvar hos dem).

Skrämmande fort infann sig avresedagen, den 27 september 2015. Pappa hade bestämt att jag skulle åka ensam till flygplatsen. Det var bättre att vi tog avsked här hemma än att vi gjorde det bland en massa främmande människor. Ali vägrade att foga sig. Han skulle åka med och se till att allt gick bra för mig. Klockan var halv tio när hela familjen stod uppradad i hallen för att ta farväl. Det var ett avgörande ögonblick i mitt liv, och stämningen kändes ödesmättad. Syriska män gråter inte, och jag gjorde mitt bästa för att spela tuff och se oberörd ut. I tur och ordning räckte jag fram handen till mina syskon – kramas orkade jag bara inte – men mina två äldsta systrar lade ändå armarna om

150

mig. Jag såg på Ali att han hade svårt att behärska sig. Med pappa skakade jag formellt hand. När jag till sist kom till mamma tog jag hennes hand och kysste den. Så försökte jag le och sade med tillkämpad hurtighet:

– Du måste vara glad, mamma! Nästa gång du ser mig kommer jag att vara utbildad och ha ett bra arbete.

Hennes mun skrattade men i hennes ögon fanns bara sorg. Jag såg det tydligt. Hon hade ju själv lärt mig att läsa uttrycket i andras ögon. Jag kysste hennes hand en gång till. Så vände jag mig hastigt om och skyndade ut genom dörren. Jag ville inte att hon skulle se mig gråta.

Utanför väntade taxin. Jag hade gjort upp med en av mina klasskamrater från det engelska institutet att vi skulle flyga tillsammans. Han hette Ahmad, och nu åkte Ali och jag hem till honom. Därifrån blev vi skjutsade till flygplatsen av hans systers man. Avgångshallen var bara öppen för resenärer, så Ali och jag fick ta avsked utanför dörrarna. Vi sade inte mycket. Det gällde ju att visa att vi var män och hade kontroll över våra känslor. Solen lyste skarpt och jag lade märke till att hans kinder glänste. Var de blanka av tårar?

– Ta hand om dig, fick han fram och gav mig en hastig kram.

Sekunden efteråt svängde han runt och gick med fasta steg tillbaka mot bilen. Han vände sig inte om för att vinka.

Min kamrat och jag checkade in vårt bagage. Så passerade vi genom passkontrollen och säkerhetskontrollen innan vi fick gå ombord på flygplanet. Jag hade aldrig flugit förut, så för mig var allt nytt och främmande. Ändå såg jag det som genom en dimma. När planet lättade och svängde ut över Medelhavet satt jag fortfarande som bedövad. Det enda jag kunde tänka på var att jag hade lämnat min familj i Jordanien. Jag hade inget visum för att få resa tillbaka in i landet. Skulle jag någonsin få se dem igen?

Norge
Sverige
Finland
Oslo
Karlstad
Stockholm
Helsingfors
Sankt Petersburg
Санкт-Петербург
Tallinn
Estland
Göteborg
Riga
Lettland
Nordsjön
Köpenhamn
Danmark
Malmö
Litauen
Moskva
Москва
Vilnius
Minsk
Минск
Hamburg
Workum
Amsterdam
Polen
Berlin
Vitryssland
Nederländerna
Warszawa
Voronezj
Воронеж
Bryssel
Köln
Tyskland
Belgien
Kiev
Київ
Charkiv
Харків
Prag
Luxemburg
Frankfurt am Main
Tjeckien
Ukraina
Slovakien
München
Wien
Budapest
Moldavien
Odessa
Одеса
Chișinău
Österrike
Ungern
Schweiz
Slovenien
Zagreb
Rumänien
Krasnodar
Краснодар
Milano
Belgrad
Београд
Kroatien
Bosnien och Hercegovina
Bukarest
Serbien
Monaco
Sarajevo
Sofia
София
Svarta havet
Italien
Montenegro
Kosovo
Bulgarien
Rom
Makedonien (FYROM)
Tirana
Albanien
Istanbul
Kavala
Ankara
Tyrrenska havet
Grekland
Mytilene
Izmir
Turkiet
Aten
Alger
Tunis
Antalya
Adana
Malta
Cypern
Syrien
Medelhavet
Libanon
Tunisien
Beirut
Damaskus
Tripoli
Amman
Alexandria
Jerusalem
Israel
Jordanien
Kairo
Libyen
Egypten

Resan genom Europa
2015

19

*Söndag
27 september*

Det tog ungefär två timmar att flyga från Amman till Istanbul. I början av resan kunde jag inte släppa tanken på hur jag hade skilts från mina föräldrar och syskon, men allteftersom vi närmade oss Turkiet började jag istället fundera på allt jag måste klara av där innan jag kunde börja resan till Europa. Nu hängde allt bara på mig ... eller i alla fall nästan bara på mig. Jag hade en kusin i Istanbul, och han hade lovat att möta mig på flygplatsen. Han skulle visa mig runt, och jag skulle få sova hos honom så länge det behövdes. Själv hade han flytt från Syrien två år tidigare för att slippa göra militärtjänst, och nu arbetade han på en textilfabrik i Turkiet och skickade då och då hem pengar till sina föräldrar i Syrien. Där hade kriget vid det här laget gjort det nästan omöjligt att försörja sig.

För den som inte har rest mycket förut är det en märklig upplevelse att komma till ett nytt land. Så snart jag steg ur flygplanet på Sabiha Gökçen International Airport, överväldigades jag av doften från havet. Trots det klara solskenet fanns det fukt i luften, och jag anade smaken av salt på tungan. Ljuset var också annorlunda och färgerna på något sätt djupare än i det torra ökenlandskapet runt Amman. Inför resan hade jag köpt mitt första par solglasögon. Nu tog jag på dem och kände mig genast mera vuxen och världsvan. I passkontrollen satt en kvinna i uniform. Hon sade något på ett obegripligt språk, och det var tydligt att hon inte förstod när vi svarade på engelska. Hur skulle vi klara upp det här? Då fiskade min reskamrat Ahmad upp en bok ur fickan. På omslaget läste jag: "Lär dig turkiska på sju dagar utan lärare". Det var tydligt att han var bättre förberedd än mig. Han bläddrade några sekunder i boken och läste sedan upp två fraser på stapplande turkiska: "Vi kommer från Jordanien" och

"Vi ska besöka vänner". Kontrollanten tittade fullkomligt oförstående på honom. Så sträckte hon ut handen efter våra pass, stämplade dem och lät oss passera. Jag drog en suck av lättnad. Det var i alla fall inte jag som hade ljugit om vad vi skulle göra i Turkiet.

Vi hämtade våra väskor från ett rullande transportband, och sedan var det bara att fortsätta ut i ankomsthallen. Någon tullkontroll såg vi inte till. Jag tittade mig nyfiket omkring. Människor vandrade förbi, ofta ensamma eller i små grupper. De flesta var tysta eller talade lågmält med varandra. Många hade hörlurar. Några stirrade i sina mobiler. Högljudda samtal, som jag var van vid från Jordanien, förekom inte alls. Men titta, där stod min kusin! Och där borta kom ju Mohamad, vår andre kamrat från det engelska institutet! Sedan vi hälsat och presenterat alla för varandra visade min kusin vägen till bussen. Det var en stor busstation i två plan, så min reskamrat och jag hade nog fått leta länge efter rätt buss om vi hade varit ensamma. Inte hade jag tänkt på att skaffa några turkiska pengar heller, så min kusin fick betala för mig. Hur skulle jag ha klarat mig utan honom? Snart låg flygplatsen bakom oss, och jag tittade med stora ögon på landskapet vi rullade igenom. Överallt fanns lummiga träd och gröna buskar, inga nakna sandkullar som i Jordanien. Inne i centrala Istanbul bytte vi till ett slags tåg som kallades tunnelbana. En rulltrappa ledde ner till perrongen.

– Du ska stå till höger. Annars är du i vägen för dem som har bråttom, förklarade min kusin.

Det var nytt för mig. Visst hade jag åkt rulltrappa förut, i varuhusen i Amman, men där stod alla hur som helst. På perrongen väntade många människor. Efter bara någon minut kom ett tåg och vi gick ombord. När vagnen rullade in i tunnelns mörker, berättade min kusin dramatiskt att vi åkte *under vattnet* från den asiatiska delen av staden till den europeiska. Det var där han bodde. Plötsligt var vi alltså i Europa, men tyvärr inte i det Europa där man kunde resa fritt mellan länderna. Härifrån skulle vi fortsätta åt olika håll, för jag skulle sova hos min kusin, och mina kamrater från institutet hade ordnat ett rum i en annan stadsdel. Men vad skulle vi göra i morgon? Vi blev stående en stund för att göra upp planer. Det avgörande steget var förstås resan till Grekland. Eftersom det var olagligt att transportera flyktingar över Medelhavet, fanns det inga officiella resebyråer att vända sig till. Mohamad, som redan hade tillbringat några dagar i Istanbul, hade frågat runt och fått tips om en kontakt. Han skulle ringa och försöka boka överfarten åt oss snarast möjligt. Och så måste vi gå igenom våra packningar och komplettera med det vi saknade. Det bästa vore om vi kunde träffas och göra våra ärenden tillsammans. Till sist kom vi överens om att träffas vid tiotiden nästa dag.

Därmed skildes vi och min kusin tog mig med till sin favoritrestaurang, som låg i närheten av hans bostad. Han gick före mig in och servitören hälsade vänligt på honom på arabiska. Det var tydligt att de kände varandra. Sedan kom han fram till mig och sade med en lätt bugning:

– Good evening, sir. Would you like a table here or outside?

Jag såg förvåningen i hans ögon när jag svarade på arabiska. Som vanligt var det väl mitt röda hår som hade fått honom att tro att jag var en europeisk turist. Min kusin visade mig vägen till sitt stambord på terrassen, för fastän solen var på väg ner var det fortfarande ganska varmt. Vi beställde kycklingkebab. Den var både god och riklig men serverades lustigt nog i ett runt bröd som var uppskuret så att det bildade en ficka, inte inrullad i ett platt bröd som jag var van. Mätta och nöjda satt vi kvar och pratade. Med ögonen följde jag människorna som strömmade förbi i skymningen. Där kom till exempel två flickor. Wow! Den ena hade urringad T-shirt och shorts! Den andra hade niqab och svart kappa. De pratade ivrigt med varandra och såg ut att vara bästa vänner. Något sådant hade jag knappast sett förut. Det var tydligt att Turkiet var en plats där olika kulturer och traditioner möttes. Plötsligt ringde min kusins telefon. Det var en annan släkting, närmare bestämt mammas farbrors son, som också hade flyttat till Istanbul med sin familj. Nu hade han fått veta att jag var här och ville bjuda hem oss. Snart satt vi hemma hos honom med en kopp te i handen ... nej, en kopp var det egentligen inte utan

155

snarare ett glas i en metallhållare. Det var väl ännu en kulturskillnad. Snart drev samtalet in på varför så många syrier valde att fly till Europa. Var det inte bättre att stanna i Turkiet? Jag förklarade att jag ville läsa på universitet och att det skulle gå lättare i Europa. Det hade ingen av dem någon förståelse för.

– Det är väl bättre att arbeta och tjäna pengar? tyckte min kusin. Det är bra här. Visst får man arbeta hårt, men i övrigt är allt bekvämt och praktiskt.

– Inte ska du riskera livet för att resa till Europa. Du vet inte vad du ger dig in på, spädde min andra släkting på med eftertryck. Stanna här, där du har släktingar! Turkiet är ett bra land för syrier.

Deras argument bet inte på mig. Jag stod fast vid det jag hade bestämt mig för. Jag tänkte fortsätta min resa som planerat.

På vägen tillbaka insisterade min kusin på att vi skulle besöka restaurangen en gång till. Vi hade ju blivit avbrutna och inte hunnit med någon efterrätt! Klockan var över tio när vi vandrade den sista biten till hans bostad. Han förklarade med viss tvekan att jag inte skulle ha alltför höga förväntningar. Det var en billig stadsdel han bodde i. Jag tyckte ändå att husen såg fina ut med sina fasader av röd och svart sten, och jag blev mycket imponerad när vi steg in genom porten till hans hus och trappljuset tändes automatiskt. Det hade jag aldrig varit med om förut.

– Du ser! Det här är Turkiet, var min kusins stolta kommentar.

Vi fick traska fem eller sex trappor upp med ryggsäck och resväska – någon hiss fanns inte – men till sist steg vi över tröskeln till hans bostad. Det blev något av en chock för mig. Jag hade föreställt mig att han hade en egen lägenhet, kanske inte mer än ett rum och kök men ändå. Nu fick jag veta att han bara hyrde ett rum i en lägenhet. De övriga rummen var uthyrda till andra. Och inte nog med det. I rummet som han hyrde bodde ytterligare fyra killar, alla från Syrien. Fem madrasser täckte nästan hela golvet. Resten av ytan upptogs av skor och påsar med kläder. Från taket hängde en naken glödlampa. Hur många som delade på lägenhetens enda dusch och toalett vet jag inte. Var det här vad min kusin hade kallat "bekvämt och praktiskt"? Han pekade ut vilken madrass som var hans och tillade stolt:

– Du ska veta att vårt rum har en balkong. Det är det minsann inte alla som har!

Snart kom den ene efter den andre av hans rumskamrater hem från sina arbeten, och till min förvåning kände jag en av dem. Hans familj hade bott granne med en av mina mostrar i Damaskus, och vi hade lekt ibland när vi var små. Det var ett oväntat återseende. Vi blev sittande någon timme på madrasserna och pratade, men till sist tyckte min kusin att det var dags att sova.

– Du kan sträcka ut dig på madrassen du sitter på, förklarade han. Han som har den har åkt för att besöka en släkting.

Jag skruvade lite på mig. Inte för att jag ville verka bortskämd, men jag var van att ha en egen madrass. Nu var jag tvungen att sova på någon annans, men jag hade förstås inget att välja på. Snart hörde jag djupa andetag runt omkring mig. Själv hade jag svårt att somna. Allting var ju nytt och obekant. Jag låg där i mörkret och försökte tänka igenom allt jag behövde skaffa inför resan. Så drev tankarna vidare till färden över Medelhavet. Tänk om det blev storm! Eller om den turkiska gränspolisen tog mig! Jag hade hört att man blev tvingad att skriva på ett papper där man förband sig att bli kvar i Turkiet i flera månader. Det ville jag inte. Klockan hade nog passerat två innan jag somnade.

Måndag
28 september

Nästa morgon vaknade jag i gryningen. De andra sov fortfarande. Jag ville inte väcka dem, så jag låg kvar på madrassen och funderade. Mohamad, min ena vän från språkinstitutet, hade berättat hur han en av de första dagarna i Istanbul hade blivit av med en stor del av sin reskassa. Han hade åkt tunnelbana, och när han steg av var hans plånbok borta. Vem som tagit den hade han ingen aning om. Något sådant ville jag inte råka ut för. Hur skulle jag bäst kunna undvika det? Jag kom fram till att jag skulle stoppa plånboken i byxfickan och sedan dra ett andra par byxor utanpå det första. Det borde duga. Efter någon timme vaknade min kusin. Dagen innan hade syfabriken där han arbetade varit stängd eftersom det var den sista dagen på högtiden Eid al-Adha. Idag skulle han egentligen arbeta, men han hade tagit ledigt för att kunna vara tillsammans med mig en dag till. Vi gick till samma restaurang som vi hade besökt kvällen innan, och där bjöd han mig på en riklig turkisk frukost. Sedan var det dags för oss att ge oss av för att träffa mina reskamrater, men vi hann inte ta många steg innan Mohamad ringde. Han hade fått tag på researrangören och blivit hänvisad till en plats där vi skulle få träffa en representant för organisationen. Det var inget kontor utan ett kafé, och eftersom min kusin verkade hitta lika bra i Istanbul som i sin egen ficka, blev det han som fick visa oss vägen dit. Snart stod vi alla fyra vid en starkt trafikerad rondell omgiven av affärer och restauranger och – mycket riktigt – där låg också kaféet vi sökte. Runt en klunga bord på trottoaren satt människor med en kopp kaffe eller te. En del bläddrade i en tidning och rökte vattenpipa. Jag tittade mig omkring efter ett ledigt bord, men – nej – här skulle vi inte sitta. Mohamad hade fått order om att gå in. Bakom ett sirligt järnräcke ledde en smal trappa ner till själva kafélokalen som låg i källarplanet. Innanför den öppna dörren blev vi stående medan ögonen långsamt vande sig vid den mörka och rökiga miljön. Direkt till vänster om ingången satt två äldre herrar och spelade backgammon. Längre in i det inte alltför stora rummet satt andra och smuttade på te och läste tidning. Vi tvekade om var vi skulle sätta oss, men innan vi hann bestämma oss kom en man fram ur ett inre rum och visade oss vägen till en nisch i den bakre delen av lokalen. Där skulle vi slå oss ner och vänta. Det gjorde vi, och medan vi småpratade lågmält kikade vi nyfiket på var och en som kom in genom dörren. Där kom en gubbe i slitna kläder. Kunde han vara vår kontakt? Nej, han var det nog inte. Han såg alldeles för gammal ut. Men han där då? Det var en lång och smal man i trettioårsåldern, kortklippt och slätrakad. Han blev stående några sekunder och såg sig omkring. Så styrde han stegen rakt åt vårt håll. Det måste vara han. Vid vårt bord stannade han till och växlade några ord med Mohamad. Så slog han sig ner, tände en cigarett och presenterade sig med täcknamnet Abu Ali (= Alis far). Jag hörde genast på hans dialekt att han kom från Daraa i Syrien. Han berättade i dämpad ton att han representerade det bästa och säkraste företag som hjälpte flyktingar att ta sig från Turkiet till Grekland.

– Vi har arbetat i flera år med att ordna resor över havet, och jag kan garantera att ni kommer fram, försäkrade han och blåste ut ett moln av rök. Vi använder de säkraste vägarna och bevakar dem dygnet runt. Vi har många anställda som sköter transporterna. Ni behöver inte oroa er. Er sjöresa blir inte lång – redan från stranden i Turkiet kommer ni att se den grekiska ö som blir ert mål.

Vi skruvade nervöst på oss.

– Priset? Det kostar tolvhundra dollar. Nej, det är ingenting att diskutera. Visst, ni kan fråga runt. Kanske kan ni hitta någon som är billigare, men då ska ni veta att det kan bli farligt. Det finns de som vill lura er. Deras vägar är inte säkra. De tar era pengar och ser till att de aldrig behöver träffa er igen.

Han tände en ny cigarett, lutade sig fram över bordet och nästan viskade:

– Jag känner inte er. Ni känner inte mig. Hur skulle ni kunna lita på mig? Därför har vi ordnat så här. Jag tar er till en kille. Han är en partner till oss. Han har ett rum med säkerhetsfack. Där sätter ni in er betalning.

Han drog ett djupt bloss.

– Det kostar en del att hyra facket. Om ni litar på mig, kan ni förstås ge mig pengarna direkt. Då spar ni några dollar.

Det blev tyst.

– Får vi tänka en stund? undrade min ena kompis.

– Ja visst, nickade mannen med täcknamnet. Jag hämtar lite te under tiden.

Vi lutade oss fram och började rådgöra i viskningar.

– Ska vi sätta in pengarna så som han föreslog?

– Men det är ju ingen riktig bank. Och han sade att de jobbar tillsammans. De kanske bara lurar oss.

159

– Nej, invände Mohamad som hade hunnit samla en del information. Jag känner andra som har använt den där banken. Det funkade fullständigt. Jag tror det är säkrast att vi gör som han säger.

Just då kom mannen tillbaka. Han hade köpt te åt oss alla.

– Har ni bestämt er? undrade han.

– Men blir betalningen verkligen säkrare för att vi sätter in pengarna i facken? undrade jag. Ni arbetar ju tillsammans.

Han drog ännu ett bloss.

– Jag glömde att säga en sak. Ni får en kod av mannen med facken. Man måste ha den för att komma åt pengarna. Ni betalar för resan genom att skicka koden till mig, men inte förrän ni har kommit till Grekland. Först då får vi era pengar. Ni kan känna er helt säkra. Och ni ska veta, att vi är mycket ärliga!

Vi tittade tvekande på varandra. Så nickade vi långsamt en efter en. Vi hade ju inget bättre alternativ.

– Det är bra, fastslog Abu Ali. Jag måste bara fixa ett ärende. Det tar kanske en kvart. Vänta här så länge.

Han försvann in i det inre rummet. Vi satt kvar och diskuterade vad vi behövde göra mer inför resan. I Jordanien hade jag bara tänkt på att skaffa euro, men nu insåg jag att jag måste skaffa amerikanska dollar för att betala resan. Det visade sig vara lätt ordnat. En av de andra hade gott om dollar med sig, så vi kunde helt enkelt byta pengar med varandra utan att något växelkontor fick chansen att berika sig på vår bekostnad.

Redan efter några minuter var Abu Ali tillbaka. Han gick före och vi följde honom ut genom dörren och uppför trappan. Därifrån traskade vi vidare genom en labyrint av smågator och gränder till det hus där "banken" skulle finnas. Det såg ut som ett vanligt flerbostadshus, möjligen något prydligare än de övriga i kvarteret. Vi gick uppför en trappa, och innanför dörren till vad som utifrån såg ut att vara en lägenhet, visade det sig istället finnas ett elegant kontor. Bakom ett skrivbord satt en fetlagd herre i femtioårsåldern, utan hår men med imponerande stora, svarta mustascher. Abu Ali hälsade kamratligt på honom och förklarade att vi ville deponera pengar hos honom "som vanligt". Den tjocke vände sig mot oss:

– Ni ska veta att jag samarbetar med er researrangör, men det betyder inte att han har någon makt över mig. Ni kan känna er fullständigt trygga. Hos mig är era pengar i säkert förvar. Men som ni nog förstår måste jag ta betalt för mina tjänster.

Så vände han sig till Abu Ali och frågade:

– Vad kostar resan den här gången?

– Tolvhundra dollar per person, fick han till svar.

– Då blir min avgift femtio dollar för var och en av er. Ni kanske tycker att det är mycket, men då ska ni veta att hos mig är era pengar fullständigt säkra. Ni får en kod av mig, och bara den som visar upp just den koden kan ta ut pengarna.

Så vinkade han fram oss en efter en. Som vanligt fick jag gå först – det var väl mitt röda hår igen. Han tog emot mina pengar och gav mig en lapp med en fjortonsiffrig kod som han också noterade noga i en liggare. Han uppmanade mig att fotografera lappen, så att jag bevarade koden med dubbel säkerhet. Jag fick på inga villkor låta någon annan se den, för då riskerade jag att bli av med mina pengar. Medan han fortsatte att ta emot pengar och dela ut koder till mina kamrater, frågade jag efter toaletten. Skälet var inte så mycket ett trängande behov som att jag ville få tillfälle att se mig omkring i lokalen. Medan jag gick genom hallen tittade jag noga åt alla håll. Ingenstans kunde jag se några kameror. För mig var det konstigt. Mina arbetsplatser i Jordanien hade alltid varit kameraövervakade. Här var tydligen allting anonymt och hemligt. Det förusvävade mig att männen ju kunde samarbeta på ett mera ingående sätt än de gav sken av. Vad var det som hindrade dem från att helt enkelt köra ut oss i skogen och skjuta oss? Sedan skulle det bara vara att gå till "banken" och ta ut våra pengar. Koden var kanske bara ett sätt att invagga oss i säkerhet.

När vi hade återvänt ut på gatan förklarade Abu Ali att han skulle ringa och meddela oss när det blev dags för avfärd. Vi skulle hålla oss beredda. Det kunde bli redan i kväll eller kanske nästa

161

dag. Var vi skulle bli hämtade kunde han inte säga nu. Det skulle vi få veta senare. Han tänkte en sekund.

– Har ni flytvästar?

Vi skakade på huvudet.

– Då hjälper jag er att fixa det nu på en gång.

Han tog oss med till en liten affär som var full av tillbehör för båtar: rep, ankare, åror och en massa andra saker som jag aldrig hade sett förut. Vi köpte var sin flytväst. Abu Ali såg till att vi fick dem stoppade i ogenomskinliga bärkassar.

– Låt inte folk se vad ni bär på, uppmanade han oss med låg röst. Ni behöver inte precis skylta med vart ni är på väg.

Just då kom jag på en sak till:

– Vi behöver powerbanks att ladda våra mobiler med också.

– Jag ordnar det med, fick jag till svar. En vän till mig säljer elektronik billigt. Jag ska ändå dit i eftermiddag, och då kan ni hänga med. Men jag hinner inte just nu. Jag måste ordna några andra saker först. Jag ringer senare.

Därmed vände han på klacken och försvann med snabba steg. Det var tydligt att vi inte var hans enda kunder.

20

När vi hade gått för att äta frukost den morgonen, hade jag lämnat både ryggsäcken och resväskan hos min kusin. Nu måste jag göra mig klar för avfärd, så vi tog tunnelbanan tillbaka till hans del av staden för att hämta packningen. Vi hade knappt hunnit över tröskeln till hans rum när Mohamad ringde. Han hade fått besked av Abu Ali att avfärden skulle bli någon gång mellan fem och åtta samma kväll, men redan vid halv tre skulle vi träffas vid en viss tunnelbanestation för att köpa powerbanks. Jag rafsade snabbt ihop vad jag räknade med att behöva för resan. Det fick inte bli mer än vad som rymdes i ryggsäcken, för resväskan tänkte jag lämna hos min kusin. Jag valde ut en uppsättning extra kläder – jag måste ju ha något att byta med om jag blev blöt. En jacka kunde också vara bra att ha, så kallt som jag hade hört att det kunde bli i Europa. Och så måste jag förstås ha med en pyjamas. Hur skulle jag klara mig utan den? Så var det burken med piller jag fått av mamma och en stor påse dadlar som jag haft med från Jordanien. De innehöll mycket socker så de borde kunna hålla mig pigg även om jag inte lyckades komma över något annat att äta på resan. Så gav vi oss av igen. På det uppgjorda stället väntade mina två reskamrater, och snart dök även Abu Ali upp. Vi köpte de största powerbanks som hans vän kunde erbjuda, och sedan följde min kusin och jag med Mohamad och Ahmad till deras rum. Det låg mera centralt än min kusins, och i kvarteren omkring fanns många butiker. Just den dagen var gatan utanför deras hus dessutom full av marknadsstånd, där säljare ropade ut allt från grönsaker till billiga kläder. Till min lycka hittade jag en butik där jag kunde köpa ännu en viktig sak som jag hade planerat att skaffa inför resan: plastfolie.

– Vad ska du med den till? undrade Ahmad.

– Det ska ni få se, svarade jag kort.

Han skulle bara veta hur jag hade tänkt igenom allt inför resan. Plastfolien skulle jag ha att slå in mina kläder i innan jag packade dem i ryggsäcken. På så sätt kunde jag vara säker på att de höll sig torra, och dessutom skulle klädpaketen hålla ryggsäcken flytande om den ramlade i vattnet. När vi kom fram till mina reskamraters hus, såg jag med stora ögon hur de tryckte på en knappsats för att låsa upp dörren. Det var nytt för mig. Så traskade vi uppför trapporna till deras rum, och så snart vi kom in tömde jag ryggsäcken och började rulla in mina extrakläder i plastfolien. Både Mohamad och Ahmad tittade förvånat på. Vad skulle det vara bra för? Och varför ville jag släpa på så mycket kläder?

– Jag nöjer mig med det jag går och står i, tyckte Mohamad självsäkert. Det är bara dumt att släpa på en massa saker i onödan. Jag skaffar det jag behöver när vi kommer till Europa.

– Gör som du vill, så gör jag som jag vill, tyckte jag.

Ahmad tvekade, men när han såg att det blev folie över, började han för säkerhets skull linda in de få kläder han hade med sig också.

– Men vad är det du packar nu? undrade Mohamad. En tom plastsäck? Vad ska du med den till?

– Den ska jag bära mina våta kläder i efter båtresan, tills jag får tid att hänga dem på tork.

Han himlade med ögonen åt mina idéer.

Vi hade lagom packat färdigt när Mohamads mobil ringde. Det var Abu Ali. Om trettio minuter skulle vi infinna oss i en viss park. Mohamad upprepade namnet. Jo, min kusin visste var den låg. Nu var det alltså dags. Vi axlade våra ryggsäckar och kastade en sista blick runt rummet för att säkerställa att vi inte hade glömt något. Så skyndade vi nedför trapporna. Ute på gatan var det halvmörkt. Molnen hade hopat sig och det hade börjat duggregna. Vi halvsprang mot mötesplatsen. Den låg i en öppen park med välskötta gräsmattor omgivna av lummiga buskar och träd. Soliga helgdagar var det säkert ett populärt ställe för familjer att ha picknick. Kanske sprang barn barfota i gräset medan deras föräldrar halvlåg på utbredda filtar och njöt av en ledig eftermiddag. Nu var stämningen en helt annan. Människor med rädda ögon och spända ansikten kom strömmande från alla håll. Kvinnor bar små barn i famnen. En mycket gammal man hasade sig fram på kryckor. På mindre än en kvart hade sjuttio eller kanske åttio personer samlats. Med vitnande knogar höll de fast i väskor och ryggsäckar. Var och en bar en ogenomskinlig plastkasse i handen: flytvästen. Ingen sade ett ord. Män och kvinnor på väg hem från arbetet eller ute i något annat ärende tittade förvånade på oss när de gick förbi. Just då dök en bekant till Mohamad upp, också han med ryggsäck och plastkasse. De hade känt varandra i Syrien, och efter att ha bott ett drygt år i Turkiet hade han bestämt sig för att fortsätta till Europa. Nu trängde sig en gubbe in i mitten av hopen. Man kunde tydligt se att han hade färgat sitt gråa hår svart. På bruten arabiska förklarade han:

– Ni på den här sidan bildar tillsammans en grupp. Ni som står där borta bildar en annan. Om fem eller tio minuter kommer den första bussen. Den är vit och stannar där borta. Ni som tillhör grupp ett går genast ombord. Om inte alla får plats, byter de som blir över till den andra gruppen. Strax efteråt kommer en buss till och hämtar grupp två.

Medan mannen talade, såg jag mig omkring. Jag lade märke till några storvuxna män som stod i utkanten av gruppen. De bar varken på ryggsäckar eller plastkassar. Jag hörde dem växla några ord på turkiska eller kanske var det kurdiska. Av det drog jag slutsatsen att de hade till uppgift att övervaka transporten. Det var tydligt att allt var mycket välorganiserat.

Nu svängde den första bussen in och stannade på gatan framför parken. Vi skyndade dit, och jag och mina reskamrater var bland de första som steg ombord. När jag blir stressad skärps min iakttagelseförmåga, och även om jag bara ser något under bråkdelen av en sekund tenderar det att bli kvar i mitt minne. Jag minns till exempel att jag såg ett skjutvapen som låg till hälften dolt bakom förarsätet. Det var inget gott tecken. Måtte det inte komma till användning under vår resa! Mina reskamrater och jag fortsatte till bänken längst bak i bussen där vi kunde sitta tillsammans alla fyra. Jag minns tydligt att jag själv satt näst längst till vänster. Så snart bussen var full, steg gubben med det färgade håret ombord och meddelade på sin brutna arabiska:

– Bussresan kommer att ta lång tid, men ni behöver inte oroa er. Ni kommer fram när ni kommer fram.

Så steg han av igen. Vart vi var på väg var tydligen fortfarande hemligt. Genom bakrutan såg jag den andra bussen svänga in bakom oss. Trottoaren var överfull av människor som trängdes för att stiga på så fort som möjligt. Det gällde ju att komma iväg innan någon hann tipsa polisen om vad som pågick.

Klockan var mellan sju och halv åtta när vi rullade söderut genom Istanbuls ytterområden. För att spara batteri hade jag ställt mobilen på flygplansläge, men GPS:en fungerade ändå. Jag ville ju kunna följa vår position på kartan. Snart glesnade trafiken, och jag drog slutsatsen att chauffören undvek de större vägarna. Det hade slutat regna, molnen skingrades och stjärnor fyllde himlen. I mörkret anade jag fält och trädungar men ingenstans syntes ljus från några fönster. Efter en stund steg fullmånen över horisonten i öster och spred sitt silversken över landskapet. Mina

165

kamrater nickade till. Själv var jag klarvaken. Då och då tittade jag på mobilen och konstaterade att vi passerat en stor havsvik som hette Marmara och nu var på väg åt sydväst mot kusten.

Tisdag 29 september Vid tvåtiden på natten stannade bussen och chauffören meddelade på stapplig arabiska att vi fick trettio minuters rast och att det fanns toaletter på vänster sida om vägen. Från värmen i bussen vacklade vi ut i nattkylan. Jag gick på toaletten och sköljde ansiktet med kranvatten. Det var iskallt. Så gick jag ett varv runt bussen för att orientera mig. Vi stod på en liten väg utan någon som helst trafik. I det klara månljuset bredde gråskimrande vidder ut sig åt alla håll inramade av svarta skogar. Inte ett hus fanns inom synhåll. Den andra bussen måste ha sackat efter eller valt en annan väg.

Det var gryning när bussen stannade nästa gång. Vi stod på en smal grusväg. Till höger fanns en naken klippa, till vänster öppna kullar och enstaka träd. Föraren gjorde klart att vi skulle stiga av. Tydligen var det här slutstationen för bussresan. Väl ute i morgonljuset upptäckte jag att den andra bussen hade stannat strax bakom oss. Utposterade runt bussarna stod fem eller sex beväpnade män. Jag hade inte sett någon av dem under resan, så antingen måste de ha åkt med den andra bussen eller också hade de väntat på oss på platsen. De pratade med bussföraren på ett för oss obegripligt språk. Så pekade de ut åt vilket håll vi skulle gå, och när någon tvekade gjorde de gester med vapnen som inte gärna kunde misstolkas. De förde oss runt klippan och utför en brant sluttning. Det fanns ingen stig, och terrängen var svårframkomlig. Vi blev ledda än åt höger, än åt vänster för att undvika de brantaste stupen. Vi som var unga hade inga problem att ta oss fram. I vår iver skyndade vi i förväg, men efter en stund sprang en av vakterna förbi oss. Han ställde sig framför oss och pekade bestämt med vapnet. Det var ingen tvekan om vad han ville säga. Vi skulle invänta de andra. Det dröjde kanske en kvart innan de hann ifatt oss och vi fick fortsätta. Hela tiden kände jag lukten av havet, men träden skymde utsikten, så jag kunde inte se något vatten. Efter ungefär en timme gjorde vi halt vid en bäck som forsade utför bergssidan. Nu glittrade det mellan träden, och doften av salt och vatten blev allt mer påträngande. Det var tydligt att vi snart var nere vid stranden. Vakterna visade med gester att det var dags att ta på flytvästarna. Runt omkring oss låg redan trasiga plastpåsar utspridda på marken, så vi var uppenbarligen inte de första som hade packat upp sina flytvästar just här.

En man kom gående från stranden. Han såg ut att vara i trettioårsåldern, svarthårig och slätrakad. Han tilltalade oss på arabiska, och av hans dialekt drog jag slutsatsen att han var irakier eller möjligen kurd. Han uppmanade oss att följa med, och vi gick alla tillsammans ut på stranden. Havet var nästan lugnt, och på andra sidan syntes tydligt ön som var vårt mål. På kartan i mobilen läste jag namnet Mytilene, men senare fick jag veta att det inte var namnet på ön utan på dess huvudort. Själva ön hette Lesbos. Först nu lade jag märke till några storväxta män som måste ha gått sist i följet från bussen. Tillsammans bar de på två tunga lådor, av vilka den ena visade sig innehålla en gummibåt, den andra en utombordsmotor. De blåste upp båten – jag är inte säker på om det var för hand eller med en motordriven pump – men snart låg den färdig på sanden framför oss. Den var svart och kanske nio meter lång och två och en halv meter bred med kraftiga, runda kanter. Mannen som talade arabiska pekade på några av de största karlarna i gruppen och sade åt dem att bära ut båten i vattnet men vara noga med att inte slå motorn mot någon sten. Så vände han sig till oss andra.

– Har någon av er kört en båt förut? undrade han.

Ingen räckte upp handen.

– Det är så här, fortsatte han. En av er ska köra båten. Vi lär honom hur man gör. Den som ställer upp kommer att få sina pengar tillbaka.

Strax anmälde sig en av männen i gruppen. Jag hörde på hans språk att han var kurd. En av de beväpnade vakterna tog med honom till båten och visade med gester och handgrepp hur han skulle göra. Han pekade också ut vilken väg han skulle ta mellan stenarna i strandkanten. Då hördes plötsligt ett rop. Det kom från

167

en av de andra vakterna. Han tecknade frenetiskt åt oss att vi skulle huka oss ner. Först förstod vi inte varför, men så upptäckte vi vad han hade sett: en båt från den turkiska kustbevakningen passerade långsamt några hundra meter från stranden. Kuststräckan var alltså under bevakning. Det var tur att vår svarta gummibåt fortfarande doldes av stenarna. Själva vågade vi inte resa oss förrän mannen som pratade arabiska började tala igen:

– Nu kan ni slappna av. Kustbevakningen är utom synhåll. Det är dags att gå ombord. Hjälp först mannen med kryckorna! Sedan är det kvinnornas tur. Ta med er barnen och sätt er i mitten av båten! Männen går i sist och sätter sig på kanterna. Ni två där ser starka ut. Ni går sist och skjuter ut båten när alla de andra är ombord. Se upp så att ni inte skadar motorn på några stenar! Är det klart?

Vi nickade. Så började vi hjälpa kvinnorna ombord. Vi vadade fram och tillbaka i vattnet som nådde oss upp till låren. Själv kunde jag inte förstå hur vi alla skulle få plats, men ledaren förklarade att männen kunde sitta gränsle på kanterna med ena foten i vattnet om det blev för trångt. Jag räknade och kom fram till att vi var trettioåtta personer, alltså ungefär hälften så många som när vi steg på bussarna kvällen innan. Tydligen hade de som tillhörde den andra gruppen blivit förda till en annan strand, säkert för att vi inte alla skulle kunna bli gripna samtidigt om kustbevakningen slog till. Allt var verkligen väl planerat. Så snart de sista hade klättrat ombord började vår färd, men det var tydligt att den kurdiske mannen inte hade förstått hur han skulle styra båten. Den gjorde en sväng ut mot havet och for sedan rakt in bland stenarna igen. Det smattrade till när propellern slog mot en sten, och så stannade motorn. Vakterna skrek och gestikulerade åt honom, och till sist lade en av dem ifrån sig sitt vapen och steg resolut ut i vattnet. Han var stor som en tjur, och jag överdriver inte om jag säger att hans överarmar var lika grova som min midja. Med några kraftiga simtag tog han sig ut till vår båt och förklarade med upprörda gester för rorsmannen hur han skulle göra. Efter flera försök fick han igång motorn igen, stötte ut båten och vred den med fören mot havet, innan han simmade tillbaka mot stranden. Den här gången gick det bättre och vi kom äntligen ut på öppet vatten fast båten slingrade oroväckande, än åt höger, än åt vänster.

Även om sträckan från den turkiska till den grekiska kusten inte var längre än kanske tjugo kilometer var det inte precis någon nöjesresa vi hade gett oss ut på. Vi satt tätt packade mot varandra, och trots att det inte blåste mycket slog vågor då och då in över kanten på båten. Kvinnorna som satt på botten blev snart ordentligt blöta, och inte blev det bättre när några av barnen kräktes på dem. Själv hade jag vid det laget packat ner min mobil överst i ryggsäcken för att den inte skulle bli våt, men Ahmad behöll sin framme för att kunna se på GPS:en exakt var vi befann oss. När vi närmade oss mitten av sundet tog vinden i och vågorna gick högre. Snart skvalpade vattnet decimeterdjupt i botten på båten. Någon rotade fram ett engångsglas ur ryggsäcken och började ösa vatten överbord. Flera av oss följde hans exempel. Men som om hotet från havet inte skulle ha varit nog, skrek en av männen plötsligt till och pekade snett bakåt. Han hade fått syn på en kustbevakningsbåt. Den var fortfarande långt borta, men det var tydligt att besättningen hade fått syn på oss. Nu satte de upp farten och styrde rakt mot oss. Snart spred sig skräcken ombord. Några grät, andra ropade högt till gud. Det dröjde inte länge förrän förföljarna var så nära att vi kunde urskilja flera uniformerade män som stod beredda på fördäcket. Hur långt hade vi kvar till grekiskt vatten? Skulle vi hinna dit innan vi blev tagna? Några av oss orkade inte sitta stilla utan började röra sig i panik, vilket fick båten att gunga så att ännu mera vatten sköljde in över sidorna. Vår rorsman blev förstås också nervös och slingrade alltmera åt ena och andra hållet istället för att styra rakt mot den grekiska ön. Min kamrat med mobilen ropade upprört till honom:

– Styr höger! Styr vänster!

Men kanske var slingrandet inte bara till vår nackdel, för förföljarna tvingades förstås också styra än hit än dit i sina försök att borda oss. Till sist var de farligt nära, kanske inte mer än några tiotal meter bakom oss. Då ropade plötsligt min kamrat:

– Nu är vi i Grekland!

Betydde det att vi var räddade? Vi höll andan. Då hörde vi hur kustbevakningsbåten drog ner på motorvarvet. Så gjorde den en vid lov och styrde tillbaka mot sin egen kust. Tack och lov! De hade inte längre någon makt över oss. Med Ahmads telefon ringde jag ett kort samtal till min familj. De kunde vara lugna nu. Jag var i Europa, även om jag ännu inte hade stigit i land.

På långt håll hade vi sett en liten stad på den grekiska ön. Där fanns en hamn med fiskebåtar som vi tyckte skulle vara ett lämpligt mål, men det var att ställa alltför stora krav på vår rorsman. Istället drev vi mot ett öde skogsområde väsentligt längre norrut. Stranden vi närmade oss såg inte lättillgänglig ut. Till vänster reste sig en hög klippa och till höger ett lägre bergsparti. Här och där anade vi stenar som stack upp ur vattnet. Vi tvekade hur vi skulle göra. Då närmade sig plötsligt en gammal man i en öppen motorbåt. Han ropade något obegripligt och vinkade åt oss att följa honom. Nu hade vår rorsman äntligen börjat komma underfund med hur man styr en båt, och han följde gubben in mellan stenarna. Vägen han visade oss gick nära den höga klippan. Där flöt en massa skräp: flytvästar i olika färger, träbitar, plastflaskor, påsar. Medan jag tittade på röran upptäckte jag plötsligt något annat kanske tjugo meter ifrån oss. Visst var det en kropp? Jo, det syntes tydligt. Den var klädd i flytväst och gungade långsamt upp och ner i vågorna. Ansiktet var vänt neråt men av klädseln förstod jag att det var en pojke. Han kunde vara i tioårsåldern. Att han var död var det ingen tvekan om. Ahmad hade också fått syn på honom.

– Sch! Säg ingenting! viskade han. Det är onödigt att skrämma upp alla. Vi kan ändå ingenting göra.

Han hade naturligtvis rätt, men synen av den döde pojken förtog ändå all min glädje över att ha nått fram till Grekland. Som i dimma såg jag hur vi närmade oss stranden. Gubben pekade mot en kort pir av betong, och medan han själv drog upp sin båt på stranden styrde vi mot piren. Där mötte han oss, tog några stadiga steg ut i vattnet och drog vår båt de sista meterna fram till piren. Han höll fast båten, medan vi hjälpte kvinnorna och barnen att stiga ur. Snart stod vi alla på land glada och tacksamma mot gubben som hade hjälpt oss, men nu tycktes han ha tappat intresset för oss. Istället fortsatte han ut i vattnet till bakändan på båten. Där böjde han sig fram och skruvade loss motorn. Så släpade han den i land och lastade in den i bakluckan på en bil. Utan att ens vinka adjö körde han därifrån. Det var alltså motorn han var intresserad av, inte oss! Nåja, vad hade det för betydelse? Vi hade ju ändå ingen nytta av den längre. Detsamma gällde våra flytvästar. Runt omkring mig kastade människorna dem ifrån sig under skratt och glada rop. En av männen drog sin kniv och högg den flera gånger i gummibåten. Det gick rykten om att flyktingar kunde bli skickade tillbaka över havet i samma båt som det kommit med. Antagligen ville han försäkra sig om att det inte skulle hända oss. Jag tog min ryggsäck och började vandra längs stranden. Jag var i Europa.

21

Stranden där vi hade landat var ungefär hundra meter lång och bestod av småsten som slipats runda av vågorna. Inte långt från piren fanns två omklädningshytter av tegel med tak av korrugerad plåt. Jag styrde mina steg mot en av dem för att byta till torra kläder. Då kom Ahmad ikapp mig.

– Det är kallt och jag har alldeles för lite kläder med mig. Kan jag inte få låna några av dig? vädjade han.

Jag började packa upp paketen med torra kläder ur ryggsäcken. Då kom Mohamad fram till oss. Han ville också låna torra kläder av mig. Det slutade med att vi delade upp alla mina extra kläder. Själv tog jag på min pyjamas. Ahmad, som var mest frusen, fick låna min jacka. Där stod vi nu alla fyra, Ahmad, Mohamad, Mohamads vän och jag, färdiga att ge oss av. Då drog Ahmad fram sin mobil och ringde ett samtal. Det var till Röda Korset. Han hade varit förutseende nog att skaffa ett internationellt SIM-kort och dessutom ta reda på numret till Röda Korset som han hade hört tog hand om flyktingar här i Grekland. På sin mycket goda engelska beskrev han var vi fanns – han hade ju de exakta GPS-koordinaterna – och fick till svar att vi skulle gå söderut tills vi kom till en större väg. Där skulle vi bli hämtade. Vi orkade inte vänta på de andra i gruppen, som fortfarande höll på att ordna sitt bagage och byta kläder, utan började gå i förväg söderut längs stranden. Den övergick snart i klippor, och vi insåg att vi skulle bli tvungna att ta oss uppför den steniga branten in mot land för att komma vidare. Det fanns ingen väg uppför slänten, men ett stycke längre fram växte tätt med buskar och gräs. Vi styrde stegen däråt och hörde snart ljudet av en bäck som porlade ner mot havet. En stig ledde uppför branten och vi följde den ivriga att få veta vart den skulle föra oss. Snart stod vi på toppen av en ås med fri utsikt åt alla håll. En liten staty av gips prydde krönet. Långt nedanför oss på stranden skymtade våra reskamrater som myror. Just då kom jag på en sak.

– Vem har säcken med våta kläder? undrade jag.

– Den är ju din. Den får du väl ta hand om själv, tyckte Mohamad.

– Nej, jag lade ju i mina kläder först. Vem av er hade den sist?

– Strunt i det! fick jag till svar. Den står väl kvar på stenen utanför omklädningshytten, men vi har ju ändå ingen nytta av våta kläder.

– Det har vi visst, stod jag på mig. Vi hänger dem på tork, så vi har något att byta med längre fram. Kom nu, så går vi tillbaka och hämtar den!

De vägrade. Jag bet ihop och började gå tillbaka nedför sluttningen.

– Vi går i förväg lite långsamt, så hinner du snart ifatt oss, ropade Mohamads kompis.

Säcken stod mycket riktigt kvar utanför en av hytterna. Den var tung av våta kläder, och när jag försökte lyfta den gick överkanten sönder. Inte att undra på att mina lata kompisar hade "glömt" att ta med den. Jag blev tvungen att ta den i famnen och hålla under den med båda armarna. Nerlastad på det sättet återvände jag över stranden och uppför sluttningen. När jag hann ifatt mina kamrater på andra sidan åsen, var jag fullständigt slut. Jag satte ner påsen.

– Vill ni ha era kläder eller inte? frågade jag.
– Tja, nu när du har hämtat dem kan vi väl ta dem, tyckte någon.
– Då är det er tur att bära, hävdade jag.
Alla vägrade. Hur kunde de vara så illojala? Det gällde ju att hålla ihop och hjälpa varandra. Med en suck lyfte jag upp säcken igen.

Vid det laget hade vi kommit ut på en mindre väg. Landskapet var ganska öppet med fri utsikt över havet i öster och landet i väster. Här och där växte dungar av träd, men det fanns knappast några hus. En enda bil passerade. Vi gissade att mannen som körde måste vara en bonde från trakten. Efter någon timmes vandring kom vi fram till en by. Här var vägen asfalterad, och längs sidorna av den låg små, prydliga hus, totalt kanske tjugo eller trettio stycken. I några av dem fanns affärer, och det som lockade oss mest var ett bageri. Vi hade ju inte ätit sedan kvällen innan, och doften av bröd var oemotståndlig. Vi steg in och möttes av en gammal dam. Hon var säkert över sjuttio år. På hyllorna låg olika sorters bröd och kakor, men det var inga sorter som vi kände till. Vad skulle vi köpa? Tänk om det fanns griskött i något av bröden! Ahmad försökte fråga tanten på engelska, men det var tydligt att hon inte förstod ett ord. Vi tvekade länge och pekade till sist på något som liknade franska croissanter. Priset stod på en lapp på hyllan. De var inte dyra. Med fingrarna visade vi hur många vi ville ha. Tanten stoppade croissanterna i en påse, och vi betalade. När det var klart log hon mot oss, öppnade påsen igen och stoppade i några croissanter till. Hon räckte den till oss, vände sig om och tog ner en burk chokladpraliner från en hylla och gav oss den också. Sedan gapade hon, pekade med fingret mot munnen och log igen. Vi tolkade det som "smaklig måltid". Det var mitt första besök i en affär i Europa, och jag var överväldigad av tantens generositet. Hon måste ju ha förstått att vi var flyktingar som just hade kommit över havet, och det var tydligt att hon ville hälsa oss välkomna. Åh, vad det värmde!

På andra sidan byn blev vägen större. Både till höger och vänster fanns olivodlingar. Vi slog oss ner på dikesrenen i skuggan av ett träd och åt. Det var skönt att vila och mätta magen, men vi var också mycket törstiga. Var skulle vi få tag på vatten? Vi behövde inte undra länge för frågan besvarade snart sig själv. Ett litet stycke längre bort fick vi syn på en pump. Vattnet var kallt och mycket gott. Antagligen kom det från de höga kullarna längre inåt land. Vi drack och drack och kände krafterna återvända. Så vandrade vi vidare – jag släpade fortfarande på säcken med våta kläder – och efter en stund kom vi fram till en större by. Där fanns något som såg ut som ett poliskontor, och Mohamad föreslog att vi skulle gå in och fråga var Röda Korsets läger fanns. Vi tvekade. Tänk om de tog våra fingeravtryck! Då skulle vi enligt de regler som gällde i EU bli tvungna att söka asyl här i Grekland, och det ville vi inte. Jag hade ju tänkt fortsätta till Holland och de andra till Österrike eller kanske Tyskland. Till sist gick Mohamad in ensam – han var verkligen envis – och vi andra satte oss i skuggan för att vänta. Det dröjde bara några minuter innan han kom ut igen. De hade inte kunnat göra sig förstådda, varken på engelska eller med teckenspråk. Alltså var det enda vi kunde göra att vandra vidare söderut. Ahmad tog min ryggsäck, så att jag i alla fall bara hade säcken med kläder att släpa på. Efter någon halvtimme kom äntligen en minibuss med Röda Korsets märke. Den saktade in och stannade.

– Visst är ni flyktingar från Turkiet? frågade föraren. Kliv in så kör jag er till lägret!

Hans engelska var mycket bra och jag förstod honom utan svårighet, men jag hade ändå svårt att svara.

– Nej, vänta lite, tyckte Ahmad. Vi är inte de enda. Det kom ett antal kvinnor och barn också. Det är nog bättre att du hämtar dem först.

– Den förste du ska hämta är en gammal man med kryckor, fyllde Mohamads vän i.

– Då gör jag det, och så plockar jag upp er på vägen tillbaka om jag har någon plats över, instämde föraren.

Ahmad beskrev vägen vi kommit, och föraren förklarade hur vi skulle gå för att komma till närmaste läger. Så körde han vidare. Jag såg på Mohamads min att han inte var nöjd.

– Den här resan är avgörande för vår framtid, grymtade han. Vi kan inte kosta på oss att vara artiga. Vi måste prioritera oss själva.

Ingen av oss andra tre höll med honom. Ändå låg det kanske något i vad han sade, för vi såg inte skymten av någon mera bil från Röda Korset den dagen. När vi med värkande ben stapplade in i lägret som vi hade blivit hänvisade till, hade vi släpat på vår packning i fem eller sex timmar.

Lägret dominerades av ett mycket stort, vitt tält där flyktingar kunde söka skydd undan regn och blåst. Vid sidan om det fanns två mindre tält, också vita, av vilka det ena fungerade som kök och medicinförråd, det andra som personalens kontor. Framför ingången till det stora tältet fanns en öppen förgård med tak av tältduk. På marken var liggunderlag utlagda, och där satt grupper av människor och pratade. Runt omkring trängdes ännu flera. Vi tittade oss omkring. Där satt ju vårt ressällskap från gummibåten: mannen med kryckorna, en del av kvinnorna, barnen ... De berättade att minibussen hade kört flera turer för att hämta dem alla, men tydligen hade föraren inte kört samma väg som vi hade gått, för vi hade ju aldrig sett skymten av någon minibuss efter det första mötet. Vi fick mat, och en av lägerfunktionärerna gav oss var sitt kort med ett nummer. Han förklarade att det här bara var ett tillfälligt läger, där de flyktingar som kommit under dagen samlades upp. Snart skulle det komma bussar och köra oss vidare till öns huvudstad, Mytilene, där det fanns ett större läger. Vi skulle åka i nummerordning, och eftersom vi hade kommit sist och fått de högsta numren, skulle vi få åka sist. En stund senare kom den första bussen. Den tog ganska många passagerare, men det var nog ändå ett par hundra kvar när den hade åkt. Vi fick veta att bussarna bara körde så länge det var ljust, så även om det skulle komma några till, var risken uppenbar att vi skulle bli kvar här över natten. Det oroade mig. Hur skulle vi sova? Jag vet att jag är kinkig, men jag sover bäst i min egen säng. I tältet fanns ju bara liggunderlag, inte ens en filt att dra över sig. Dessutom hade jag gått på toaletten och hittat en plasttunna full med ... Nej, jag hade vänt i dörren. Senare råkade jag få se att en av funktionärerna var där och städade. Då passade jag på. Något som däremot var bra var att det fanns gott om vägguttag i lägret. Vi satte våra mobiler och powerbanks på laddning. Nu skulle vi nog klara oss i flera dagar utan att tappa kontakten med omvärlden. Jag passade också på att hänga våra våta kläder på tork på tältlinorna.

Att lämna sin familj och sitt land är en omtumlande upplevelse. Medan solen långsamt sjönk i väster, stod jag ensam på gatan utanför lägret och tittade ut över havet och tänkte på allt som hänt. Då kom en av funktionärerna fram och började prata med mig. Hon hette Valia och såg ut att vara i tjugofemårsåldern. Hon hade sett mitt röda hår och undrade var jag kom ifrån. Vi slog oss ner på trottoarkanten, och medan skymningen föll berättade hon att hon ursprungligen kom från Grekland, men att hon sedan ett antal år bodde i Holland. Över sommaren hade hon anmält sig som volontär till FN för att hjälpa till att ta hand om flyktingar. Hon pratade förstås engelska med mig, och min engelska, som hade hämmats så länge Ahmad fanns vid min sida, fick plötsligt fritt spelrum. Jag var själv förvånad över hur lätt det gick att utbyta tankar med varandra. Hon frågade mig om kriget och om levnadsförhållandena i Syrien. Vart i Europa tänkte jag resa? När jag berättade att mitt första alternativ var Holland – det var ju dit mina tre kamrater på språkinstitutet hade rest med sin familj – blev hon eld och lågor. Vi måste absolut bli vänner på Facebook. Så gav hon mig sin adress och uppmanade mig ivrigt att höra av mig så snart jag kom fram till Holland. Då skulle hon visa mig runt och erbjöd mig till och med att övernatta i hennes lägenhet. Det hade nästan blivit mörkt när hon förklarade att hon måste ta itu med en del pappersarbete innan hon kunde gå och lägga sig. Vi reste oss och hon sträckte fram handen till avsked. Utan ett ögonblicks tvekan tog jag den, och vi skakade hand hjärtligt. Så vände hon sig om och försvann mot personaltältet. Jag stod kvar alldeles omtumlad. Det var första gången jag hade tagit en främmande kvinna i handen! Jag tror inte att en västerländsk läsare kan föreställa sig hur märkligt detta kändes, underbart och samtidigt på något sätt förbjudet. Drömmande gick jag mot ingången till det stora tältet. Där stod

Ahmad och Mohamad. De hade sett hela slutscenen, och nu skrattade de åt mig.

– Ja, vi såg tydligt att du redan har blivit europé, log Ahmad.

Mot kvällen hade molnen tätnat och det hade börjat blåsa. Vi fick ännu en omgång mat, och vi bar den med oss och sökte skydd i tältet. Där satt eller låg redan ett trettiotal personer. Vi sjönk ner på några liggunderlag, och åt och pratade. Ahmad, som var den magraste av oss, frös igen. Jag gav honom det jag hade kvar av torra kläder. Min jacka hade han redan på sig. Han lade sig ner och somnade snart, medan vi andra satt kvar och diskuterade nästa etapp av vår resa. Vid elvatiden kom några av funktionärerna in med en välkommen gåva. Det hade just kommit en transport med sovsäckar. De var fina och nya, och vi blev tilldelade var sin alldeles gratis. Vi fick till och med behålla dem och ta dem med oss på resan. Mycket nöjda kröp vi ner i dem. Snart sov mina reskamrater, men själv hade jag som vanligt svårt att komma till ro i en ovan miljö.

Onsdag 30 september

Nästa morgon var jag uppe tidigt. Innan de andra vaknade hade jag redan rullat ihop sovsäcken och tagit ner kläderna från tältlinorna. Vi fick frukost, och vid niotiden kom bussen och körde oss till Mytilene. När vi hade passerat den sista åsen låg staden framför oss vid vattnet. Förmiddagssolen spred sitt sken över ett gytter av byggnader i gult och rosa. I hamnen syntes både fiskebåtar och lustjakter. Vi anade en staty på en hög pelare och inte långt därifrån en pampig byggnad med kupol på taket – det måste väl vara en kristen kyrka? På en höjd ovanför staden låg en gammal borg. Ett stycke ut från land rev vinden upp havet i vita vågkammar. Bussen lämnade av oss vid det större flyktinglägret ett stycke utanför staden. Där var lugnt och tyst. De flesta sov tydligen ännu. På kontoret fick vi visa våra pass och svara på frågor, innan vi blev tilldelade var sitt stämplat intyg från polismyndigheten. Därmed hade vi fått tillstånd att resa genom Grekland och vidare till annat land. När det var klart, tog vi taxi in till staden. Där var ett brokigt folkliv. Vi gick runt en stund och tittade, men vårt viktigaste ärende var förstås att skaffa färjebiljetter för att

177

kunna ta oss till det europeiska fastlandet. Efter en stunds letande hittade vi en resebyrå, och där blev det klart att det bästa alternativet inte var att åka till Aten utan till Kavala. Det låg mycket närmare Greklands nordgräns, biljetten var billigare och framför allt: båten skulle gå om två timmar. Om vi hade kommit bara ett par timmar senare skulle vi ha fått vänta i flera dagar. Resan från Mytilene till Kavala skulle ta nio timmar, och vi valde att boka en hytt med fyra kojplatser. Delat på fyra vill jag minnas att det kostade femtiotvå euro per person, vilket märkligt nog inte var mera än en vanlig biljett utan hyttplats.

Nu kunde vi koppla av och se oss omkring i Mytilene. Vi tittade närmare på statyn som vi hade anat på långt håll. Den föreställde en kvinna som höll upp en fackla i handen, ungefär som frihetsgudinnan i New York som vi hade sett på bilder. Ahmads internationella SIM-kort hade slutat fungera – pengarna som han hade satt in hade väl tagit slut – och nu bestämde Mohamad, Ahmad och jag oss för att köpa *ett* grekiskt SIM-kort tillsammans. Vi skulle ju åka genom ett antal länder, och vi kunde spara pengar genom att köpa lokala kort till *en* mobil i taget istället för till tre. Dessutom skulle våra powerbanks räcka längre om vi bara behövde hålla en telefon laddad. Mohamads vän valde att köpa ett eget kort. Han ville inte bli beroende av andra. I en livsmedelsaffär köpte vi yoghurt och bröd. Några andra varor vågade vi oss inte på. De kunde ju innehålla griskött. Sedan satte vi oss på en plats nära hamnen och åt lunch. Ryggsäckarna fick fungera som sittdynor. Till efterrätt delade vi chokladen som vi fått av den snälla tanten. Vi mumsade och skrattade. Det var verkligen en njutbar lunch. När det började dra mot tiden för färjans avgång, gick vi ner till hamnen. Utifrån sett var färjan stor och pampig, men jag som aldrig hade åkt färja förut, hade ändå inga större förhoppningar om hytten som vi hade bokat. Desto mera förvånad blev jag när vi steg in och jag fick se ett ganska rymligt rum med fyra sängar i två våningar, ett stort fönster ut mot havet och ett eget badrum med dusch och toalett. Dessutom fanns åt var och en av oss tofflor, rakhyvel, tvål och schampo. Det kändes verkligen som en lyxkryssning, när vi lade ut och började stäva norrut. De andra sträckte ut sig på sina sängar. Själv passade jag på att tvätta mina kläder som blivit dränkta i saltvatten och hänga dem på tork. De skulle nog bli torra lagom tills vi var framme.

När högtalarrösten meddelade att vi snart skulle angöra hamnen i Kavala – grekiskan förstod vi förstås inte, men rösten sade det på engelska också – var det mörkt ute. Vi packade hastigt ner våra kläder i ryggsäckarna och lämnade hytten. Snart stod vi på kajen. Klockan närmade sig elva på kvällen. Vad skulle vi göra nu? Då visade det sig att det fanns ett busskontor strax intill färjestationen. Det var öppet, och buss mot Makedonien skulle snart avgå. I biljettkassan måste vi visa upp våra intyg från den grekiska polismyndigheten. Sedan var det bara att köpa biljetter – de kostade 21 euro per person – och gå ombord. Jag hade aldrig kunnat föreställa mig att det skulle gå så lätt att resa i Europa.

22

Det är inte lätt att förstå information som ges på främmande språk. Därför visste vi inte säkert vart bussen mot Makedonien skulle ta oss, men vi antog att vi skulle bli avsläppta i Skopje, landets huvudstad, eller möjligen i någon annan större stad. Vi satte oss längst bak där det fanns plats för alla fyra, och jag åtog mig att hålla ett öga på vårt bagage – jag hade ju ändå svårt att sova i främmande miljöer. Trots att det var mörkt, drog mina reskamrater för gardinerna och somnade nästan genast. Där satt jag återigen ensam och funderade. De flesta som hade gått ombord på bussen hade sett ut att vara flyktingar. Det kunde man gissa sig till inte bara att döma av deras klädsel och bagage utan också när man iakttog deras ansikten. Om de såg osäkra och nervösa ut antog jag att de var flyktingar. De som kände sig hemma i landet uppträdde rimligtvis mera avslappnat.

Torsdag 1 oktober Jag har inget klart minne av bussresan – kanske nickade jag ändå till då och då. Någon gång runt midnatt gjorde vi ett stopp i Thessaloniki, där en del av passagerarna steg av. Nästa gång vi stannade var det fortfarande helt mörkt. Tydligen hade vi stoppats i en poliskontroll.

179

Framför oss såg jag ytterligare några bussar, men de körde snart vidare. En man i uniform steg ombord på vår buss, gick ett varv fram och tillbaka i mittgången och tittade på alla men utan att kontrollera våra ID-handlingar. Kanske räknade han oss bara. Jag såg poliserna tala med bussföraren. Han nickade, och så fick vi fortsätta. Efter ett tag svängde han av åt höger från huvudvägen och fortsatte på allt mindre vägar. Till sist stannade han och gjorde klart att vi skulle stiga av. Det var fortfarande kolmörkt ute, men vid sidan av vägen lyste enstaka lampor och vi urskilde flera vita tält. Det var tydligt att vi hade blivit körda till ett flyktingläger, vi som hade trott att vi skulle komma till en storstad och enkelt kunna resa vidare. Vid ingången till lägret togs vi emot av funktionärer som uppmanade oss att komma in och vänta tills det blev ljust. Där inne trängdes redan mängder av människor med påsar och ryggsäckar. Vi sjönk ner på marken. Var hade vi hamnat? Det visste vi inte, men långt senare har jag förstått att vi var i den grekiska byn Idomeni på gränsen till Makedonien, en av de punkter som hundratusentals flyktingar skulle passera på sin väg mot Nordeuropa.

Det var kallt. Tiden kröp fram. Till slut reste sig en grupp intill oss och började plocka ihop sitt bagage. Det var tydligt att de tänkte ge sig av till fots. Vi var inte sena att följa efter. Flera andra hakade också på. Vi följde en liten väg bort över fälten, och efter en halvtimmes vandring närmade vi oss en bondgård. Nu började himlen rodna, och längre bort anade vi ett järnvägsspår och strax intill det ännu ett läger med vita tält. Det var inhägnat med stängsel. Vi nådde snart fram och blev stående utanför grindarna, tills personal i FN-kläder kom och öppnade. De delade ut mat: en smörgås, två rullar kex och ett litet paket juice åt var och en av oss. Runt omkring kikade människor ut ur tälten eller gick till toaletterna.

Efter en stund kom en kvinna fram för att informera oss om läget. Hon talade engelska, och en person i vår grupp översatte till arabiska. Vi fick veta att vi befann oss i Gevgenija i Makedonien och skulle bli körda med tåg fram till gränsen mot Serbien. Vi skulle strax få var sitt intyg som gav oss rätt att passera landet.

Resan var gratis, men av rättviseskäl var det viktigt att vi stod kvar i samma ordning som vi kommit, så att de som hade väntat längst fick gå på tåget först. Det var inte bara FN-funktionärer som arbetade i lägret utan också soldater i gröna uniformer. Nu såg vi att de höll på att dela upp flyktingarna i två grupper: en med personer som väntat länge och en med nyanlända. Varje grupp bestod nog av minst femhundra personer. Antagligen skulle de som tillhörde den främre gruppen fylla ett helt tåg, och vi som hörde till den bakre skulle få vänta på nästa tåg. När det skulle komma var det ingen som visste.

Att låta alla resa vidare i tur och ordning var förstås en god och rättvis tanke, men det är inte lätt att kontrollera desperata människor. När det första tåget en stund senare bromsade in framför lägret, utbröt kaos. Alla rusade fram, och både armbågar och knytnävar kom till användning när det gällde att ta sig ombord. Innan soldaterna lyckades få stopp på upploppet, var tre vagnar redan fyllda till bristningsgränsen. Nu blev alla vi övriga drivna tillbaka från spåret och med tydliga gester beordrade att sitta på huk på planen, medan tåget långsamt rullade bort. En officer började gå runt i folkmassan och peka ut vilka som skulle få åka först. De han valde fick gå fram och ställa sig i en noga övervakad kö. En del visade på någon anhörig, som också fick ansluta sig. Så snart officeren fick syn på mig pekade han ut mig, och jag visade i min tur på mina tre reskamrater. Han nickade, och vi anslöt oss alla fyra till kön. Då avbröt han vad han höll på med och gick fram till oss. Han vände sig till mig och sade något på ett obegripligt språk. Om det var grekiska eller makedonska vet jag inte. När han insåg att jag inte förstod, bytte han till stapplig engelska.

– Vad gör du här? undrade han. Var kommer du ifrån?

Jag visste inte vad jag skulle svara, så istället tog jag fram mitt pass och räckte det till honom. Han tittade förvånat omväxlande i passet och på mig. Så höll han upp det för två soldater som stod strax intill och sade något som jag inte förstod. Båda nickade och skrattade inställsamt. Det hela var pinsamt, och jag märkte att mina reskamrater försökte se ut som om de inte kände mig.

Äntligen fick jag tillbaka passet, och officeren återgick till att peka ut prioriterade resenärer. Jag drog en suck av lättnad.

Vi hade trott att vi skulle få vänta länge på nästa tåg, men när kön uppgick till några hundra personer, visade soldaterna med gester att vi skulle följa med dem. Två gick före och visade vägen. En tredje kom efter och höll uppsikt över oss. Vi följde spåret, och efter en stund kom vi fram till en folktom by. Där stod tåget. Det hade alltså bara kört någon kilometer och sedan stannat för att invänta fler resande. Vi klättrade ombord men upptäckte snart att alla sittplatser var upptagna. De som hade trängt sig in i de första tre vagnarna hade ju haft gott om tid att fördela sig i resten av tåget och göra det bekvämt för sig. Vi andra fick stå eller sitta på golvet i korridorerna. Det var obekvämt, men Makedonien är inget stort land, så det dröjde inte mer än kanske två timmar innan vi närmade oss gränsen till Serbien. Där stannade tåget på ett öppet fält, och vi blev anmodade att stiga av. Det fanns varken hus eller vägar, men bort över fälten löpte en stig som nyligen trampats upp av tusentals fötter. Överallt låg plastpåsar, tomflaskor och annat skräp som minnen av dem som gått före oss. Det blev en lång vandring, mellan en och en halv och två timmar, men till sist närmade vi oss en stad. Innan vi kom dit, passerade vi en kontrollstation. Där kastade några funktionärer en hastig blick på våra ID-handlingar och förde äldre och handikappade åt sidan. De blev skjutsade i bilar fram till staden, medan vi andra fick fortsätta till fots. När vi efter ytterligare en knapp timmes vandring kom fram till stadsporten, upptäckte vi till vår förvåning att det inte heller här fanns några människor. Den enda invånare jag såg var en gammal kvinna. Däremot fanns det personal som mötte oss och visade oss till en plats där vi blev upphämtade av gråblå bussar. Efter någon halvtimmes resa kom vi fram till ännu en stad. Tyvärr minns jag inte namnet på den. Där blev vi hänvisade till ett kontor för att hämta ut tillstånd för genomresa i Serbien. Vi följde den väg vi blivit anvisade, vandrade nedför en gata, rundade ett hörn och fick närmast en chock. En kö ringlade framför oss så långt ögat nådde. Själva kontoret som utfärdade tillstånden låg tydligen någonstans i fjärran utom synhåll! Vad skulle vi ta oss till?

Mörkret föll när vi slog oss ner på våra ryggsäckar. Den sista biten hade vi haft sällskap med några ungdomar som vi lärt känna på färjan från Mytilene. En av dem gick nu ett långt stycke framåt längs kön och kom tillbaka med beskedet att några han talat med hade väntat i tre dagar. De hade sovit på marken för att ha kvar sina platser i kön. Skulle vi turas om att bevaka vår plats, medan de andra i vår grupp tog in på hotell? Vi blev avbrutna i våra funderingar av att en man i fyrtioårsåldern kom fram till oss. Han undrade om vi pratade engelska. Jo, det gjorde vi förstås. Då böjde han sig ner och sade med låg röst:

– Vet ni hur lång tid ni måste sitta i kö här? Det kan ta en vecka. Men jag kan ordna en genväg åt er nu strax. Ni blir hämtade med bil och körda till en busstation, där ni kan ta en buss direkt till Kroatien.

Vi lyssnade uppmärksamt.

– Det kostar inte mycket. Det blir dyrare för er att vara kvar här. Ni måste köpa mat, betala för hotellrum om ni inte vill sova på gatan ... Tänk på saken!

– Vad skulle det kosta? undrade vi.

– Bara arton euro per person. Det är inte mycket.

– Ge oss några minuter att tänka på saken, bad vi.

– Javisst, det får ni gärna. Jag går vidare framåt längs kön och frågar så länge. Kanske hittar jag några andra som är intresserade. Då har ni missat chansen.

Vi började diskutera i viskningar. Jag var mest tveksam. Det kunde väl inte vara rätt att smita före alla andra i den jättelånga kön!

– Och hur ska vi veta att det verkligen fungerar? fortsatte jag. Vad händer när vi kommer till gränsen och inte har några tillstånd? Tänk om vi blir skickade tillbaka.

– Äsch, vi tar chansen, tyckte de andra. Det finns nog andra ställen där man kan hämta tillstånd utan att behöva köa i flera dagar. Så fick det bli. Två av de andra gick för att hämta mannen och kom snart tillbaka i hans sällskap.

– Jag är glad att ni är så kloka, log han. En familj har också tackat ja. Tillsammans blir ni precis lagom många. Följ mig!

Vi var totalt elva personer som följde honom genom gatorna: vi fyra, två killar och en tjej som vi lärt känna på färjan och en man med fru och två barn. Strax intill järnvägen väntade tre ungdomar med bilar. Vi betalade och klämde in oss i bilarna. De var små, så det fanns inte mer än precis så mycket plats som behövdes för oss och vårt bagage.

– Håll i er nu, för det här kan bli farligt, varnade oss föraren.

Så drog han upp fönstren, vred på hög musik och satte igång med en rivstart. Det blev ingen lång resa men våldsam blev den. Han styrde med ena handen, och med den andra trummade han på ratten när han inte behövde den för att växla. I racerfart slingrade vi längs små grusvägar ungefär som i filmen "Need for speed" och var snart framme vid en annan stad. Där släppte han av oss.

– Nu är ni i Bujanovac. Fortsätt fram den här gatan. Några hundra meter längre bort till höger ligger busstationen. Där köper ni biljetter. Lycka till nu!

Så drog han iväg. Jag gissar att han gjorde samma resa flera gånger om dagen.

Det var nästan mörkt när vi vandrade mot busstationen. Det första flickan i biljettluckan bad att få se var våra tillstånd för genomresa. Vi skruvade på oss.

– Ni har inga? Det är inget problem. Ni betalar sju euro extra var, så lägger jag in er i systemet.

Vi köpte biljetter till Belgrad, landets huvudstad, och fick veta att bussen skulle gå klockan tio på kvällen. Därmed hade vi mer än två timmar på oss och gick ut för att titta på staden. Snart kände vi en lockande doft av mat. Den kom från en hamburgerrestaurang, och till vår stora glädje stod ordet "halal" på arabiska ovanför dörren. De sålde alltså mat som var lagad enligt muslimska krav på renlighet. För två euro fick jag en jättestor hamburgare. Den var det godaste jag någonsin hade ätit. På hörnet strax intill restaurangen låg en liten kiosk. Där köpte vi var sitt

SIM-kort för Serbien. I Grekland hade vi visserligen kommit överens om att bara hålla en telefon igång under resan, men korten var inte dyra. Det fanns också ett annat skäl till att jag ville köpa ett eget kort: jag litade inte längre på mina reskamrater. Vi hade olika värderingar, och det var tydligt att de inte ställde upp för mig i besvärliga situationer. Därmed var det säkrast att ha sin egen telefon. Så snart jag satte kortet i mobilen, poppade ett meddelande från Valia upp via Facebook. Hon undrade hur det gick för mig och hoppades att snart få se mig i Holland. Det värmde. Jag hade ett mål och reste inte bara rakt ut i det okända.

Strax före tio steg vi på bussen. Den blev i stort sett full, och jag fick ett intryck av att alla passagerarna var flyktingar. Enligt tidtabellen på busstationen skulle vi vara framme i Belgrad halv tre på natten, men så skulle det inte bli.

Fredag
2 oktober

Någon gång på småtimmarna gjorde vi ett stopp vid en nattöppen vägkrog, och medan vi köpte något att äta eller gick på toaletten, frågade föraren runt efter någon som talade engelska. Vi hänvisade honom till Ahmad, och vi såg hur de pratade en stund. Så snart vi var tillbaka ombord och bussen hade svängt ut på motorvägen igen förklarade Ahmad:

– Chauffören erbjuder sig att köra oss till Kroatien istället för till Belgrad, om vi är villiga att betala tio euro extra. Om någon saknar tillstånd för genomresa, så fixar han det också. Det kostar fem euro till.

Det utbröt en livlig diskussion. De flesta var positiva till förslaget. Det skulle säkert kosta minst lika mycket att byta buss i Belgrad och köpa en ny biljett för att åka vidare till Kroatien. Fortare skulle det också gå om vi slapp byta buss. Efter en stund gjorde föraren ännu ett kort stopp. Han ställde sig i gången och talade medan Ahmad tolkade.

– Jag har förstått att många av er vill åka direkt till Kroatien utan att byta buss i Belgrad. Jag kan ordna det åt er, men då måste alla vara med på det. Ni får bestämma er snabbt, för vi är snart framme i Belgrad.

185

Så körde han vidare, och under tiden gick Ahmad runt och stämde av med var och en av passagerarna. Sist kom han till oss som satt längst bak. Jag tvekade, för det kändes inte rätt att muta föraren för att han skulle ta oss över gränsen illegalt. Mina kamrater tittade uppfordrande på mig. Motvilligt gav jag mitt samtycke. Ahmad samlade ihop pengar från alla och bar fram dem till föraren. Därmed var det klart, och vi passerade Belgrad på avstånd. Jag såg på vägskyltarna att vi nu var på väg mot Zagreb, Kroatiens huvudstad, men så lätt skulle det inte gå. Efter en dryg timme svängde vi av från motorvägen och kom snart in på riktiga småvägar. Det var gryning när chauffören stannade och förklarade att det var dags att stiga av. Runt omkring oss fanns bara natur, varken hus eller människor. Han pekade ut en riktning och sade att vi bara behövde gå två- eller trehundra meter åt det hållet så skulle vi vara i Kroatien. Sedan lade han i backen och försvann – det fanns inte ens någon plats att vända på. Det var alltså inte till Zagreb han hade kört oss. Istället befann vi oss i ingenmansland på gränsen mellan Serbien och Kroatien. Några serbiska gränspoliser syntes inte till, men annat var det på den kroatiska sidan. Där väntade redan flera beväpnade soldater på oss. De var mycket bestämda, ungefär som soldater i Syrien, och pekade med vapnen att vi skulle ställa upp oss på led två och två. De ledde oss fram till en väg, och där fick vi stå och vänta.

Det var en stilla morgon. Ljuset silade mellan träden, och en lätt dimma fick allt omkring oss att se mjukt och lite overkligt ut. Jag andades in doften av skog. Så småningom kom en buss och hämtade oss, och efter ett par timmars resa kom vi fram till ett läger. Det var inhägnat med dubbla stängsel, och överallt stod soldater. På mig gav det snarare ett intryck av fångläger än av flyktingläger. Med hjälp av information på Internet har jag långt senare identifierat det som flyktinglägret Opatovac. Vi blev beordrade att vänta i bussen, men de som behövde fick i alla fall tillåtelse att gå på toaletten. Efter någon timme kom soldater och hämtade passagerarna i grupper om fem och fem. Mina reskamrater och jag var bland de sista som fördes in i lägret och vidare till det tält där vi sett våra medresenärer försvinna. Innanför öppningen fanns två bord, ett på vardera sidan. Vid det vänstra satt en kvinnlig soldat och vid det högra en manlig. Jag hamnade hos kvinnan, och hon granskade noga mitt pass och noterade uppgifterna i en pärm. Sedan erbjöd hon mig att lämna fingeravtryck och bli fotograferad, men eftersom jag ville vara säker på att kunna resa vidare, bad jag att få slippa. Hon accepterade, och jag fick fortsätta in i lägret. Där fanns ett antal stora, mörkgröna och bruna tält omgivna av höga jordvallar. Vi fick själva söka oss plats i något av tälten, men var vi än tittade in var det redan överfullt. Kanske samlades alla som tagit sig över gränsen från Serbien just här? Till sist lyckades vi hitta ett ledigt utrymme i det allra sista tältet.

Medan de andra ordnade sitt bagage, gick jag själv ett varv runt området. Det var stort, nästan som lägret i Makedonien. I mitten fanns kurer av plast med toaletter och en reservoar med dricksvatten. Där höll några på att tvätta kläder och hänga dem på tork. Hur länge hade de varit här? Jag frågade runt och fick veta att en del hade kommit för tre dagar sedan. Någon trodde sig ha hört att flyktingarna hölls kvar i lägret tills det var fullt. Sedan kördes de iväg i en gemensam transport. Om det var sant, borde det inte dröja länge förrän vi fick fortsätta resan. Vid tolvtiden började människor trängas runt ett mindre tält. Där delade soldater ut mat. De skötte uppgiften snabbt och effektivt utan att spilla någon tid på att se mottagarna i ögonen eller le mot dem. Inte heller ordnade de någon kö, utan accepterade att folk trängde sig fram från alla håll för att få sin ranson. Stämningen var spänd. Maten bestod av ett stycke bröd och en konservburk med svårbestämbart innehåll. Visionen av fångläger föresvävade mig igen och förstärktes ytterligare när jag lyfte blicken och såg att beväpnade vakter var utposterade på vallarna runt tälten.

Vid tretiden på eftermiddagen kom en grupp från FN till lägret. Då blev stämningen en annan. De började med att dela ut frukt, och sedan meddelade en av funktionärerna att vi snart skulle bli hämtade. Alla var ivriga att göra sig klara för avresa, och det dröjde inte länge förrän långa köer vindlade fram ur tälten och ut mot vägen. Totalt var vi säkert minst femhundra personer, och

187

det var ingen tvekan om att alla var glada att få lämna lägret. Snart kom flera bussar, och vi blev körda ett kort stycke fram till en plats där ett tåg stod och väntade. Det var inte någon järnvägsstation med perrong, så vi fick hjälpa varandra att klättra ombord. Vid femtiden började tåget rulla. Ahmad följde som vanligt vår position på GPS, och vi gissade att vi snart skulle passera gränsen till Ungern, men istället fortsatte tåget timme efter timme västerut genom Kroatien. När mörkret föll började vi undra om resan skulle gå genom Slovenien, men vi var fortfarande i Kroatien när tåget utan förvarning bromsade in och stannade. Klockan kan ha varit runt tio på kvällen, och frånsett några strålkastare alldeles intill tåget låg landet omkring oss i kompakt mörker. Ett obegripligt meddelande ur högtalarna kunde bara tolkas som en order åt oss att stiga av. Vi klättrade ner från tåget och stod snart i grupper vid banvallen huttrande i nattkylan. Längre fram såg vi flera militärfordon med tända strålkastare. Efter några minuter började en ström av människor röra sig bort från tåget. Tydligen hade de fått order att gå i en utpekad riktning, och vi hakade motvilligt på. I mörkret var det svårt att se var man satte fötterna, och inte blev det lättare av att det inte fanns någon väg. Jag fick snarare ett intryck av att vi gick över en stubbåker. Några hus syntes inte till. Vi hade fortfarande sällskap med familjen som vi lärt känna i Serbien, och nu hjälpte vi dem att bära en del av deras bagage. Snart hade skenet från tåget och militärbilarna dött bort bakom oss, och det enda ljus vi hade att lysa oss med kom från mobiler och powerbanks. Marken blev alltmer vattensjuk, och ibland sjönk vi ner till fotknölarna. Skorna kippade fulla av vatten och lera. I mörkret omkring mig hörde jag människor gråta. Plötsligt kom en kvinna halvspringande längs kön. Hon grät och ropade att hon hade tappat bort sin son. Han hette Ali och var åtta år. Hade någon sett honom? Snälla, kunde vi hjälpa henne att leta efter honom? Vi kom snabbt överens om att Mohamads vän och jag skulle hjälpa kvinnan att leta, medan Ahmad och Mohamad skulle fortsätta framåt och dela packningen med den andra familjen. Snart var vi flera som sprang i mörkret längs kön och ropade efter Ali. För den som inte har upplevt en sådan situation tror jag det är svårt att föreställa sig hur skrämmande det var. Fanns Ali över huvud taget i kön, eller hade han kommit bort och irrade omkring ensam i mörkret? Till vår lättnad var det till sist någon som hittade honom – han hade bara hamnat i en annan del av kön – och vi skyndade ikapp våra reskamrater.

*Lördag
3 oktober*

Efter ytterligare någon halvtimmes vandring såg vi flera ljuspunkter framför oss. Vi hörde också ljudet av en helikopter. När vi kom närmare förstod vi att ljusen kom från ett tåg och en rad militärfordon. Ahmad tittade på mobilen och konstaterade att vi var i Ungern. Ett stort antal beväpnade soldater var utposterade längs tåget och fördelade oss så att en vagn i taget fylldes. Plötsligt pekade en av soldaterna på mig och ropade något obegripligt. Han vinkade åt mig att komma. Mina kamrater fortsatte som om ingenting hade hänt. Med hjärtat i halsgropen gick jag fram till honom. Hans ansikte var hårt, och i bestämd ton sade han något på ett språk som jag inte förstod. När jag svarade på engelska, bytte han språk.

– What are you doing here? sade han med stark brytning. Det här är inget gratiståg!

– F-flykting, stammade jag och började treva efter mitt pass.

Nu var jag verkligen rädd. Med darrande hand räckte jag det till honom. Han höll upp det i ljuset från en strålkastare och tittade länge och noga i det. Först efter vad som kändes som flera minuter lämnade han tillbaka det och visade med en gest att jag kunde fortsätta. Jag halvsprang framåt mellan tåget och raden av flyktingar i ett försök att hålla mig dold för resten av soldaterna. Jag hann ifatt mina reskamrater just när de var på väg att klättra ombord.

Det var skönt att komma in i vagnen och lämna mörkret bakom sig. Ännu skönare var det förstås att komma bort från soldaterna. Tåget, som hade sett gammalt ut redan på utsidan, var ännu mera föråldrat på insidan. På båda sidor om en mittgång fanns nakna träbänkar och ovanför varje bänk en underligt utformad hylla för bagage. Fönstren var små och satt högre upp än i de andra tågen vi åkt med. Nakna glödlampor flimrade i taket. När vagnen var

189

full och vi hade kommit på plats, tog jag upp frågan som malt inom mig de senaste minuterna:

– Varför lämnade ni mig när jag blev stoppad av soldaten?

– Vad hade vi kunnat göra? var Ahmads spontana svar.

Mohamad tyckte till och med att jag var dum som frågade.

– Jag har ju redan sagt att var och en måste ta hand om sig själv, sade han irriterat. Du ansvarar för ditt liv, på samma sätt som vi ansvarar för våra.

Jag var svarslös. Var det inte bättre att ställa upp för varandra? Tillsammans kan man ju åstadkomma mycket mera än vad var och en kan göra ensam. Återigen plågades jag av att man inte kan lita på sina medmänniskor. Hade inte alla tre fått låna kläder av mig? Hade inte Ahmad ätit de flesta av näringspillren mamma hade skickat med? Lät jag honom inte bära burken, så att han skulle ha tillgång till pillren även om vi kom bort ifrån varandra? Jag satt tyst och tänkte medan tåget långsamt började rulla.

Exakt vilken väg vi åkte genom Ungern vet jag inte. Det var fortfarande kolmörkt ute, och enligt Ahmad färdades vi inte spikrakt mot något mål. Först efter flera timmar stannade tåget på vad som i lampskenet såg ut att vara en rangerbangård för godståg. När vi steg av möttes vi som vanligt av militär och blev beordrade att fortsätta till fots genom ett parkområde och ut på en väg. Redan efter någon kilometer passerade vi en byggnad som såg ut att vara en obemannad gränsstation, och ett litet stycke längre fram låg en mycket stor terminal för lastbilar. Av en skylt framgick att vi nu befann oss på en plats som hette Nickelsdorf i Österrike! Vi hade aldrig varit med om en smidigare gränsövergång.

23

Redan i Turkiet hade Mohamads vän bestämt sig för att Österrike skulle bli hans slutmål. Nu var vi där, och han var själaglad. I det första morgonljuset tog en grupp volontärer emot oss, gav oss var sin smörgås och en flaska vatten och visade oss vägen till en rad med bussar. En timme senare rullade vi in i Wien. Det var den första huvudstad vi sett på hela resan, och vi tittade storögt på alla breda gator och pampiga byggnader. Bussen stannade utanför centralstationen, och chauffören pekade vart vi skulle gå. Innanför portarna möttes vi av en grupp flickor med shoppingvagnar fulla med mat. Det var nog åtminstone tjugo vagnar med skivat bröd, små paket med smör, många sorters pålägg och olika frukter. Flickorna delade ut, medan de log och pratade med oss.

– Välkomna till Österrike! sade de på engelska och log igen.

Vi fick ta hur mycket vi ville, och om de tyckte att vi tog för lite räckte de flera paket åt oss. Det fanns till och med en vagn med babykläder för den som behövde. Jag var överväldigad och har fortfarande svårt att hålla tårarna tillbaka när jag tänker på det. Vi satt på bänkar runt omkring och åt och njöt. En kvinna i femtioårsåldern i vit tröja och beigefärgade byxor gick runt och pratade med flyktingarna.

– Mår ni bra? Har ni fått tillräckligt med mat? undrade hon.

När hon inte kunde göra sig förstådd på engelska använde hon gester. Vi fick ett intryck av att det var hon som var ledare för gruppen. På stationen fanns också polismän i blå uniformer, men precis som flickorna log de vänligt mot oss och svarade på frågor. Allt var helt olikt det vi upplevt hittills, möjligen med undantag för Grekland. Till sist vände sig kvinnan till hela gruppen och sade:

– Till er som vill stanna här i Wien och Österrike, vill vi säga: Välkomna! Ni kommer att få hjälp att hitta bostad och lära er språket, och vi hoppas att ni ska trivas och anpassa er.

Så fortsatte hon:

– Till er som inte vill stanna i Österrike, kan jag bara säga att ni naturligtvis får resa vidare. Om en halvtimme går ett tåg västerut till Salzburg, nära gränsen till Tyskland. Jag önskar er en lycklig framtid i det som ska bli ert nya land.

Ahmad, Mohamad och jag tog farväl av Mohamads vän och gick mot tåget. Det var reserverat för flyktingar, men det var inte gammalt och nergånget som det tåg vi åkt med i Ungern. Istället var det modernt och mycket bekvämt. Ombord fanns funktionärer som delade ut mera mat till oss. Det var smörgåsar med olika sorters pålägg men inget kött. Avsikten var säkert att vi inte skulle behöva fundera på om det kunde vara griskött. I Salzburg blev vi hänvisade till ett läger som var inrättat i källarplanet direkt under centralstationen. I vanliga fall var där en parkering men nu fungerade det alltså som sovplats åt flyktingar. På vägen dit passerade vi ännu en grupp volontärer som delade ut allt som flyktingar kunde tänkas behöva: smörgåsar, dricka, tvål, tandborstar, rakhyvlar, begagnade kläder och skor i gott skick ... Längre in stod ytterligare funktionärer och delade ut varm mat på papperstallrikar. Jag hade aldrig kunnat drömma om att vi skulle mötas av en sådan översvallande gästfrihet. En av funktionärerna visade vägen in i garaget där vi skulle sova. Lokalen var mycket stor. Taket bars upp av betongpelare. På golvet var parkeringsplatser markerade, men istället för bilar fanns här nu hundratals blå tältsängar. Många var redan upptagna, och vi blev visade till ett ledigt hörn. Det första vi gjorde var att sätta våra powerbanks på laddning. Sedan sjönk vi ner på våra tältsängar och började äta.

Vad skulle nu hända? Det var naturligtvis underbart att vi blev så varmt mottagna och att allting var så välordnat, men samtidigt oroade det mig. Varför satsade de så mycket på att ta hand om oss, om de inte räknade med att hålla oss kvar här, åtminstone en tid? Tanken skrämde mig. Jag ville ju resa vidare mot Holland så snart som möjligt. Alltså gick jag tillbaka ut och pratade med funktionärerna. De förklarade att Tyskland hade skärpt gränskontrollen mot Österrike och inte längre lät en okontrollerad ström av flyktingar passera. De tog bara emot ett begränsat antal, och vi skulle få vänta några dagar tills det blev vår tur att bli transporterade vidare i grupp. Tankfull återvände jag till garaget. Jag tog fram min mobil och upptäckte till min glädje att det fanns WiFi. Jag kunde alltså surfa på Internet utan SIM-kort. Jag studerade kartan och insåg att vi bara var några kilometer från gränsen till Tyskland. På andra sidan låg en stad som hette Freilassing. Man kunde nog nästan betrakta den som en förort till

Salzburg. Skulle inte vi tre helt enkelt kunna ta en lokalbuss dit och sedan fortsätta resan genom Tyskland med tåg? Mina kamrater var skeptiska. Det lät farligt. Det fanns nog vakter vid gränsen. Vi riskerade att bli gripna.

– Nej, hävdade jag. Har ni inte hört att människor i Europa slutar arbetet klockan fem? Om vi åker om en timme, kommer många att vara på väg hem från jobbet. Då är bussarna fulla, och vi kan gömma oss i mängden.

Att det var lördag och de flesta européer är lediga då hade jag inte en tanke på. Ahmad och Mohamad tvekade fortfarande, men jag stod på mig. Jag tvättade mig, tog på rena kläder och kammade mig noga för att se ut som en europé. Sovsäckarna måste vi lämna kvar för att inte bli avslöjade. Halvhjärtat följde de andra mitt exempel. Vi gick ut från garaget och frågade oss fram till biljettkontoret, men Ahmad, som pratade den bästa engelskan, vägrade att gå fram till luckan. Alltså fick jag göra det själv. Med min mest världsvana min beställde jag tre biljetter till Freilassing. Nu gällde det bara att smälta in bland de övriga resenärerna när vi steg på bussen. För säkerhets skull valde vi en hållplats ett stycke från centralstationen. Där ställde vi oss att vänta. Stämningen, som redan förut hade varit ansträngd, blev allt sämre. När bussen svängde in på hållplatsen, grälade Ahmad och Mohamad högt på arabiska. Jag försökte tysta ner dem, men de fortsatte medan vi trängde oss in i den överfulla bussen. Vi som hade kommit överens om att låtsas vara européer! Ahmad och jag banade oss väg bakåt i gången, medan Mohamad med stolt min stod kvar vid dörren. Jag tecknade åt honom att komma, men han vägrade. Han ville väl markera sin självständighet. Ahmad och jag gjorde vårt bästa för att spela turister. Vi pratade engelska med varandra, och snart drogs två flickor som satt intill oss in i vårt samtal. Just då stannade bussen och dörrarna öppnades. På trottoaren stod en polis. Jag gissar att han hade fått syn på Mohamad genom fönstret och stoppat bussen, för han vände sig genast till honom och tilltalade honom först på tyska och sedan på engelska. Utan ett ord drog Mohamad fram sitt pass och höll upp det framför polisen, som med en gest visade att han skulle stiga av. Medan bussen stod kvar på hållplatsen, steg polismannen ombord och såg sig forskande omkring. Han fick syn på Ahmad och vinkade honom till sig, men innan han ens hade hunnit be att få se hans pass, sade Ahmad med darrande röst "I will go out" och steg av. Nu föll polismannens blick på mig, och han gjorde en gest. För ett ögonblick kände jag paniken stiga inom mig, men så insåg jag att han inte kallade på mig. Istället ville han att jag skulle stiga åt sidan så att han kunde vinka till sig mannen som stod bakom mig. Han såg ut att vara från Indien, och polisen ville se hans ID-kort. Det var helt i sin ordning, och därmed var granskningen avslutad. Polismannen gjorde ett tecken åt chauffören och steg av. Bussen rullade vidare. Genom fönstret såg jag en sista skymt av mina två reskamrater där de stod på trottoaren. Skräcken lyste fortfarande ur Ahmads ögon. Mohamad, som hade vänt ryggen åt sin kamrat, dolde eventuella känslor bakom en min av likgiltighet.

De två flickorna fortsatte glatt att prata med mig, och när vi steg av i Freilassing och jag frågade efter vägen till järnvägsstationen, gjorde en av dem sällskap med mig. Vi gick tillsammans och pratade i skymningen. Hon frågade var jag kom ifrån och blev mycket förvånad när hon hörde att jag var syrier. Vart skulle jag åka? Holland, svarade jag, och tillade tvekande att jag hade familj där. Jag ville gärna att hon skulle tro att jag hade ett legitimt skäl att komma till Europa, och jag kände ju faktiskt en familj som hade åkt till Holland före mig, men att "jag hade familj där" var förstås ändå ett slags lögn. Att ljuga är det sista jag vill göra, och jag hade dåligt samvete länge efteråt. Vi skildes hundra meter från stationen, och hon pekade ut vart jag skulle gå. Väl där började jag leta efter biljettkontoret men kunde inte hitta det. Det fanns bara biljettautomater, och sedan jag hade växlat till mig några sedlar i lägre valörer på en bar – alla affärer var av någon anledning stängda – lyckades jag producera en biljett till en stad som hette München. Med en känsla av framgång gick jag mot perrongen. Jag rundade ett hörn och var nära att springa rakt i famnen på ... en hel grupp uniformerade polismän! De var sex stycken, och jag antog att de hade till uppgift att stoppa flyktingar som försökte ta sig in i landet illegalt. Det här var ju första stationen efter gränsen. Jag höll andan och försökte se oberörd ut medan jag med lugna steg gick förbi dem. Ingen av dem så mycket som tittade på mig. Tack och lov såg jag väl ut som en vanlig tysk kille med mitt röda hår, min ryggsäck och mina headphones. Med en suck av lättnad traskade jag vidare, bara för att upptäcka att jag var på fel plattform. Där borta på ett annat spår stod mitt tåg, och innan jag hann göra något åt saken började det långsamt rulla ut från stationen. Vad skulle jag nu göra? Förutom polismännen var jag ensam på plattformen. Jag drog ett djupt andetag, gick fram till en av dem och förklarade på engelska att jag just hade missat tåget till München. Han svarade vänligt:

– No problem. Nästa tåg ... om tjugo minuter. Gå bara dit bort till rätt ... Gleis.

Han pekade, och jag gjorde som han sagt. Tjugo minuter senare satt jag på tåget mot München. Jag stirrade ut i mörkret rädd att missa stationen där jag skulle stiga av, men det visade sig inte vara något problem. München är en bländande storstad, och redan centralstationen i sig var en överväldigande upplevelse. Överallt strömmade människor förbi. De hade helt andra kläder än jag hade sett i Wien och Salzburg. Kvinnorna hade urringade, vita blusar med korta ärmar och vida klänningar i grönt eller rött. Männen hade brokiga skjortor, byxor som såg ut att vara av läder och små, lustiga hattar. Alla verkade väldigt glada och pratade och skrattade högt. Det första jag gjorde var att ställa mig i kö framför automaterna för att köpa en ny biljett. Där var stämningen lika hög. Bakom mig stod en flicka med långt, vackert hår, och hon började genast prata med mig. Hon vaggade fram och tillbaka och pekade på mitt hår medan orden strömmade ur henne. Jag förstod ingenting av vad hon sade, men det verkade hon inte märka. Till sist lyckades jag få sagt att jag inte förstod tyska.

– It's okay! nästan skrek hon, och så fortsatte hon att prata lika ivrigt men nu på engelska.

När det blev min tur, lät jag henne gå före. På så sätt kom jag sist i kön och kunde få mera tid på mig att komma underfund med maskinen. Hon vacklade fram men lyckades inte trycka på rätt knappar. Då närmade sig en ung man – tydligen var de en hel grupp som reste tillsammans. Han hjälpte henne att köpa biljetten och stödde henne när de gick därifrån. Vad var det för fel på henne? Hade hon druckit alkohol? Var det så människor betedde sig som var berusade? Det hann jag inte fundera över, för nu var min chans att experimentera med automaten. Jag valde att få instruktionerna på engelska, och efter bara ett par minuter hade jag lyckats köpa en biljett hela vägen till Amsterdam. Jag vill minnas att den kostade 143 euro. Tåget skulle gå klockan 00.01, jag skulle byta sex gånger och vara framme i Amsterdam 13.23. Jag var törstig men vågade inte dricka kranvattnet på toaletten. Det fick man inte göra i Jordanien. Kanske var det likadant här? I en kiosk köpte jag två flaskor vatten. Det var mycket dyrt, och när jag öppnade den första flaskan bubblade vattnet. Dessutom smakade det bittert, inte som vatten jag var van vid. Jag kunde inte dricka det.

Söndag
4 oktober

Jag väntade på stationen tills tåget skulle gå och var en av de första som steg ombord. Det var tur att jag hade platsbiljett, för vagnen blev snart full. Människor bar flaskor och burkar i händerna. De som inte hade någon plats satte sig på golvet i mittgången. Alla var mycket högljudda och glada. Vad var det för ett konstigt land jag hade kommit till? In i det sista var platsen till vänster om mig tom, men just när tåget skulle gå, kom en flicka i en sådan klänning som verkade vara så populär här. Hon sade någonting som jag inte förstod, skrattade glatt och sjönk ner bredvid mig. Hon såg ut att vara tjugofem år, hade ljus hy och vackert blont hår. Efter bara några minuter hade hon somnat. Själv var jag också utmattad. Jag hade ju knappast sovit på en hel vecka. Mitt nästa tågbyte skulle inte bli förrän om fyra och en halv timme i en stad som hette Heidelberg. Medan tåget rullade vidare genom natten, nickade jag till igen och igen. Till sist försvann omvärlden helt och jag föll i djup sömn.

Jag vaknade med ett ryck. Någon tafsade på mina ben. Var det en tjuv som ville åt min plånbok? Jag grep tag om vad jag trodde var hans arm, men när jag öppnade ögonen upptäckte jag att det istället var ett ben i en elegant strumpa. Det var flickan bredvid mig som hade lagt upp sina fötter i mitt knä. Förskräckt försökte jag skjuta dem ifrån mig – så intim får man verkligen inte vara med kvinnor man inte känner – men då makade hon sig bara närmare mig. Utan att öppna ögonen lade hon armarna om min hals och började smeka mig. Jag greps av panik.

– Excuse me! sade jag igen och igen och försökte slingra mig ur hennes grepp.

Till sist ingrep en man på andra sidan gången. Han kom fram, lade försiktigt sin arm om flickan och ledde henne förbi de sovande i mittgången och bort till en annan vagn. Det var det sista jag såg av dem, men somna om, det vågade jag bara inte.

Jag bytte tåg i Heidelberg, Darmstadt, Mainz och Düsseldorf. På sträckan mot Utrecht steg en blind man på tåget. Han fick hjälp att hitta sin plats, och det visade sig att vi blev grannar. Snart började vi prata – hans engelska var verkligen bra – och jag fick veta att han hette Thomas och var pianist. Snart var vi inbegripna i ett engagerat samtal, och när konduktören, en kraftig, äldre man, kom för att kontrollera biljetterna gick han helt enkelt förbi oss. Kanske ville han inte störa. Först när jag steg av tåget i Utrecht slog det mig att vi hade kommit till Holland utan att så mycket som ha stannat vid gränsen. Västeuropa var verkligen gränslöst! Vi skildes, och jag steg på det sista tåget på min långa resa. Det var med oerhörd lättnad jag steg av på Amsterdams central. Äntligen var jag framme! Precis som i München fanns det WiFi, och jag kontaktade Valia. Hon var kvar i Grekland. Jag köpte ett holländskt SIM-kort och skickade ett meddelande till familjen som rest hit från Amman före mig. Jag fick till svar att de inte bodde i Amsterdam utan i en annan holländsk stad som hette Workum. Jag höll på att bryta ihop. Jag hade knappast sovit på en vecka, och nu var jag tvungen att gå och köpa ännu en tågbiljett.

197

24

Holland ligger vid havet, och mellan Amsterdam och Workum tränger en stor havsvik in i landet. I biljettluckan fick jag veta att det inte fanns någon direktförbindelse mellan orterna, utan jag skulle bli tvungen att byta tåg tre gånger för att ta mig runt viken och fram till mitt nya resmål. Från Tyskland var jag van vid att all information man behövde – ortnamn, tider och spår – var angivna på biljetten, men här fick jag bara ett inplastat kort utan några som helst uppgifter. Tydligen kunde man använda det för att resa vart som helst inom landet så långt pengarna man betalt för det räckte. Jag fick råd om vilka tåg jag skulle ta, och så var det bara att leta sig fram till rätt perrong. Den första sträckan gick bra, men efter första bytet – jag minns inte längre namnet på stationen – visade min GPS att jag var på väg söderut, inte norrut som borde vara den rimliga riktningen. Jag frågade två medresenärer, och mycket riktigt hade jag gått på fel tåg. Fullständigt utmattad steg jag av och inväntade ett tåg i andra riktningen. För att vara säker på att inte göra samma misstag en gång till vände jag mig till en kvinna i uniform som såg ut att arbeta på stationen. Hon beskrev utförligt på vilka ställen jag skulle byta men litade nog inte på att jag hade förstått. För säkerhets skull frågade hon en av de andra passagerarna, en flicka i artonårsåldern, om hon kunde hjälpa mig att komma på rätt tåg vid nästa byte. Ja visst! Det skulle hon göra. Tillsammans steg vi ombord och satte oss mitt emot varandra.

Flickan såg tuff ut med sina två ringar i underläppen och ännu fler i öronen. Intrycket förstärktes ytterligare av att hon bar en svart skateboard under armen. Min erfarenhet från Syrien är att människor som spelar tuffa aldrig är hjälpsamma, men här var det tydligen annorlunda. Flickan hade snälla ögon och började genast prata vänligt med mig. Hon lade upp fötterna i sätet bredvid och lutade avslappnat ryggen mot väggen. Jag, som först hade varit mycket spänd, började känna mig lugnare. Min engelska fungerade bättre och bättre, och när hon frågade var jag kom ifrån avslöjade jag utan att tveka att jag kom från Syrien. Förstummad tittade hon på mig.

– Va? Säg något på arabiska då! uppmanade hon mig.

Jag sade ett par fraser.

– Ja, du är arab, konstaterade hon. Det hade jag aldrig trott, men jag har vänner som pratar arabiska, och de låter precis så där.

Just då ringde min bror. Jag berättade kort om min situation. När jag lade på, utbrast flickan:

– Du är verkligen arab!

När vi kom fram till stationen där jag skulle byta, gick flickan med för att försäkra sig om att jag steg på rätt tåg. Medan vi väntade på plattformen, tog hon fram en liten, fyrkantig ask av trä ur ryggsäcken. Hon öppnade den, och den innehöll små grönbruna klumpar.

– Det är weed, förklarade hon. Här i Holland använder vi det för att må bättre. Man blir glad av det.

Hon började rulla en cigarett.

– Vill du inte ha lite? undrade hon. Du ser trött ut.

– Nej tack, sade jag förskräckt. Jag röker inte.

Just då rullade mitt tåg in. Jag böjde mig efter ryggsäcken, men innan jag hann gripa tag i den gav hon mig en "high five". Återigen hade jag berört en främmande kvinnas hand.

Det var inte mycket folk i vagnen, och jag sjönk ner på en fönsterplats. Ute höll mörkret på att falla, och snart låg stadens ljus bakom oss. Jag var dödstrött och stirrade ut i dunklet mot det förbiglidande landskapet utan att se något. Okontrollerbara känslor vällde upp inom mig. Var världen omkring mig dröm eller verklighet? Jag längtade intensivt hem till min familj, där jag kunde känna mig trygg. Tårar började rinna nedför mina kinder, och jag torkade hastigt bort dem. Då knackade någon mig på axeln. Jag vred motvilligt på huvudet och såg rakt in i ögonen på en kvinna. Hon var mörkhyad med kort, krulligt hår, var i ålder som min mamma och hade världens snällaste ögon.

– Hur är det? Mår du bra, min son? undrade hon.

– Jag har rest långt och har inte sovit på flera dagar, fick jag fram.

– Jag vet hur du känner, sade kvinnan med varm röst. Själv var jag sexton år när min man hämtade hit mig från Afrika. Men du ska få se att allt kommer att bli bra. Om några år kommer du att le när du tänker på din resa.

Hon fortsatte att tala tröstande till mig, och hela tiden klappade hon mig på axeln. När hon fick veta att jag kom från Syrien, började hon prata enkla meningar på arabiska:

– Gud ska hjälpa dig. Han tar hand om dig.

Jag fick tårar i ögonen av rörelse. Det kändes som om Gud hade skickat en ängel för att ta hand om mig.

Det visade sig att den afrikanska kvinnan precis som jag var på väg till Leeuwarden, där jag skulle byta sista gången för att komma till Workum. Men först måste vi byta i Groningen, så där steg vi av tillsammans. Hon undrade om jag var törstig, och när jag berättade att jag hade köpt vatten för dyra pengar i Tyskland men att det hade smakat så illa att jag inte kunde dricka det, tog hon mig med till en kiosk och köpte en annan sorts vatten åt mig. Det smakade underbart – som vanligt vatten! – och jag drack och drack. Sedan köpte hon bussbiljetter åt oss båda till Leeuwarden. På så sätt skulle vi komma fram tidigare än med tåget. När jag ville betala min biljett, klappade hon mig bara på armen och sade:

– Min son, ta det lugnt. Allt ska gå bra.

Vi reste tillsammans genom nattmörkret, och hon fortsatte att prata lugnande med mig. När vi steg av bussen sade hon:

– Jag bor här, men jag kommer med dig till ditt tåg. Inte förrän jag ser att du sitter på din plats kan jag lämna dig.

Hon gick med mig ombord, försäkrade sig om att jag fick en sittplats och visade mig på en skärm hur jag kunde se när vi var framme i Workum. Så steg hon av. Vid dörren räckte hon mig sin hand till avsked och jag tog den med värme. Det var andra gången jag skakade hand med en kvinna, och nu kändes det helt rätt. Hon betydde verkligen mycket för mig.

Klockan var nog runt halv elva på kvällen när jag steg av tåget i Workum. Där var det i stort sett folktomt. Från perrongen gick en gångväg över det ena spåret och vidare förbi en serie cykelställ med tak. Staden låg på ena sidan stationen. På den andra syntes inga ljus. Antagligen var det ett jordbruksområde. Jag började gå in mot staden, passerade en bensinstation och kom fram till en rondell. Där stannade jag och skickade ett meddelande till Mahmud, brodern i familjen jag kände från Amman. Han lovade möta mig, och det tog bara minuter innan han kom gående längs gatan. Vi hälsade glatt och gick tillsammans förbi en fotbollsplan, runt ett hörn och så var vi framme. Det visade sig att de var inkvarterade i en sporthall.

– Eftersom du inte är registrerad som flykting, kan du egentligen inte komma in, förklarade Mahmud och visade ett slags armband som han bar. Men jag tar din ryggsäck, och så fäller du upp huvan. Kom nu så går vi förbi vakten lite snabbt.

Vi gjorde så och passerade vakten utan att bli stoppade. Sporthallen var indelad i ett stort antal rum med väggar av ståltrådsnät och presenningar. Familjen tog emot mig vänligt, och sedan de hade pratat med några funktionärer och förklarat att jag var en systerson till mamman i familjen – observera att det inte var jag som påstod det – blev jag hänvisad till en ledig cell där jag fick sova.

Måndag
5 oktober

Märkligt nog vaknade jag redan klockan fem nästa morgon. Kanske var jag fortfarande så stressad att jag inte kunde slappna av. En del av sporthallen fungerade som matsal, och där höll ett antal volontärer på att duka fram frukost. De flesta såg ut att vara pensionärer. Jag som var van vid restaurangarbete och inte hade något annat att göra började hjälpa till. Det dröjde inte länge förrän jag blev insläppt i köket, och jag kände att mina insatser blev allt mer uppskattade.

Tisdag
6 oktober

Jag fortsatte så vid varje måltid, men redan nästa dag fick jag en obehaglig överraskning. Medan jag arbetade som bäst högg en äldre man plötsligt tag i min arm.

– Du har ju inget ID-armband! Vad gör du här? undrade han.

201

Kanske hade han upptäckt mig för att det inte fanns någon rödhårig på boendet förut. Jag var svarslös, men Mahmud svarade i mitt ställe:

– Han kom just. Han har bara inte hunnit anmäla sig ...

– Du kan inte bara flytta in här, avbröt mannen. Det första du måste göra är att registrera dig. Sedan blir du placerad på ett asylboende.

– Men snälla, försökte jag. Den här familjen betyder mycket för mig. Jag måste få bo här med dem.

– okej, avgjorde han efter att ha tänkt några sekunder. Följ med mig till chefen för boendet. Hon kanske kan hjälpa dig.

Chefen visade sig vara en lång kvinna i femtioårsåldern. Hon förklarade vänligt men bestämt att jag *måste* åka till flyktingcentret i Ter Apel och registrera mig som asylsökande. Annars skulle jag inte få stanna i landet. Vad hon kunde göra för mig var att skriva ett brev där hon bad att jag skulle bli placerad här på boendet i Workum och räknas till gruppen som bodde där.

*Onsdag
7 oktober*

Ter Apel ligger i Holland vid gränsen mot Tyskland. Jag köpte biljetter – de kostade totalt 67 euro – och reste dit tidigt nästa morgon. Jag åkte omväxlande tåg och buss och fick byta på tre ställen, men nu var jag utvilad och hade börjat lära mig hur man hittar på stationerna. I Ter Apel frågade jag mig fram till flyktingcentret, anmälde mig i receptionen och blev hänvisad till en expedition. Där väntade massor av människor, men jag blev nästan genast mottagen, fick visa pass, lämna olika uppgifter och blev fotograferad. Fingeravtryck ville jag inte lämna, och det var inte heller ett krav. Efter ungefär en timme fick jag mitt "loopbrief", det vill säga kvittot på att jag hade anmält mig som asylsökande. Därmed kan man tycka att allt var klart och att jag borde ha fått återvända till Workum, men så enkelt var det inte. Jag fick veta att jag måste bli kvar i Ter Apel tills jag hade blivit placerad på en flyktingförläggning. Sedan skulle jag bli transporterad dit tillsammans med andra flyktingar. Jag försökte visa mitt brev från chefen i Workum, men ingen brydde sig om det. Jag kände desperationen stiga. Skulle jag bli kvar här i veckor, kanske månader? Det ville jag absolut inte! Det gick en timme, det gick två. Jag orkade inte sitta stilla längre. Förtvivlad gick jag ut på gården. Då kom en ung man ut genom personalingången. Han var nästan lika rödhårig som jag, bara något blondare. Han tittade förvånat på mig.

– Vad gör du här? undrade han. Är du volontär?

– Snälla du, svarade jag. Har du tid att lyssna ett par minuter?

Jag berättade min historia och visade honom både mitt "loopbrief" och brevet från chefen på förläggningen.

– Vänta lite! var hans reaktion.

Han tog båda pappren och gick tillbaka mot personalingången. Efter några minuter kom han tillbaka, räckte mig asylkvittot, log vänligt och sade:

– Nu kan du åka tillbaka till Workum. Du har blivit placerad där.

Jag var färdig att gråta av glädje och kunde inte tacka honom nog. Med behärskade steg gick jag ut från området, men så snart jag var utom synhåll började jag springa mot busstationen. Där ringde jag mamma. Även om hon var långt borta, kändes det alltid som ett stöd att prata med henne. Det var kväll när jag klev in på förläggningen i Workum. Familjen gjorde stora ögon. Hur hade jag kunnat bli placerad på ett flyktingboende så fort? Själva hade de ju fått vänta i flera dagar.

Jag fortsatte att hjälpa till i köket och matsalen. Nu hade jag också ett armband och behövde inte vara rädd att bli utkörd. Snart var jag bekant med de flesta som arbetade på boendet, både anställda och volontärer. Det var lätt att prata med dem och jag lärde mig mer och mer om landet. Jag fick ett meddelande från Valia, som berättade att hon hade återvänt från Grekland och ville träffa mig. Redan nästa dag kom hon i bil tillsammans med sin syster. Efter ett ögonblicks tvekan sträckte jag fram handen mot dem – det kändes inte alls så konstigt längre. De körde mig till Leeuwarden och tog mig med till ett kafé. Där satt vi länge och pratade om allt som hänt. Sedan ville de visa mig runt och efter en stund hamnade vi i en klädaffär. Valia förklarade att jag måste ha varma kläder till vintern: mössa, vantar, tröja, jacka.

203

Jag tittade och provade men var lite tveksam. Så länge jag inte hade lämnat mina fingeravtryck fick jag inga bidrag från holländska staten, och själv hade jag visserligen en del pengar kvar men hur långt de måste räcka visste jag ännu inte. Valia var desto mera bestämd och plockade ihop allt som hon ansåg att jag behövde. När vi kom till kassan gjorde hon en gest åt sin syster att ta mig åt sidan, och jag förstod snart varför. Hon tänkte betala kläderna åt mig! Det rörde sig om nästan hundra euro och jag protesterade högt. Med stort allvar förklarade Valia:

– Det är viktigt för mig att du låter mig göra det här. När jag kom till Holland första gången, var det en omtänksam man som hjälpte mig. Jag fick inte betala, och jag har inte kunnat göra något för honom i efterhand. Han har redan allt som han behöver. Därför vill jag köpa vinterkläder åt dig nu. Goda gärningar ska man ge vidare.

Jag var djupt rörd och visste inte vad jag skulle säga, men jag förstod att det nu vilade på mig att någon gång i framtiden hjälpa någon annan som inte själv hade råd. Utanför dörren till affären stötte jag ihop med flickan med två ringar i underläppen som jag hade lärt känna på tåget. Hon sken upp och hejade på mig och kom till och med ihåg mitt arabiska förnamn. Vi pratade glatt, och jag såg förvåningen i Valias och hennes systers ögon. Hade jag redan vänner runt om i Holland? Till sist tog Valia mig med till en bokhandel och köpte en lärobok i holländska med förklaringar på arabiska åt mig.

– När jag kom hit från Grekland köpte jag samma bok men med förklaringar på grekiska, sade hon och log. Du ska se att holländska inte är så svårt, särskilt inte för den som redan talar engelska.

Tillbaka på förläggningen fortsatte jag att hjälpa till i köket. Hela tiden funderade jag på om jag skulle stanna i Holland eller söka mig till något annat land. Än så länge hade jag ju inte lämnat fingeravtryck och var alltså fortfarande fri att välja asylland. Jag frågade personalen på boendet vilka möjligheter flyktingar hade att studera och arbeta i Holland och fick veta att det kunde ta flera år innan man klarade det språktest som krävdes för att få läsa på universitet. Om jag förstod saken rätt hade det också nyligen införts krav på att man måste ha en fast bostad för att få studera. Det kunde nog också ta sin tid att ordna. Fanns det bättre alternativ? På Internet sökte jag information om flyktingars villkor i olika länder. Jag ringde släktingar och vänner som rest till Europa före mig och bad om råd. En kontakt i Tyskland varnade mig för att det fanns otroligt många flyktingar där. Det skulle säkert bli hård konkurrens om både studieplatser och jobb. På omvägar fick jag höra att de som flytt till Danmark inte heller ville rekommendera sitt nya land. Själv hade jag två kusiner som sökt asyl i Sverige. Jag ringde den äldre av dem, och han var mera positiv och tyckte att jag borde välja hans land. Mina kamrater från språkinstitutet och deras familj hade inte heller fattat något definitivt beslut om vilket land de skulle satsa på. De hade släktingar i både Holland, Danmark och Sverige, och nu ringde de också runt. Efter långa överläggningar kom vi till sist gemensamt fram till att satsa på Sverige. En av deras kusiner i Holland erbjöd sig att mot betalning köra oss med bil till släktingarna i Danmark. Därifrån kunde vi fortsätta till Sverige med tåg.

Fredag
16 oktober

Det var fredag förmiddag när vi blev hämtade i Workum. Vi hade inte vågat berätta för personalen att vi tänkte lämna boendet, och för säkerhets skull smugglade vi ut vår packning i omgångar och lastade den i bilen utom synhåll. Familjen bestod som jag tidigare nämnt av mor och fyra barn men också av en morbror till barnen, så tillsammans med föraren fyllde de sätena i bilen. Själv fick jag halvligga bland väskorna bakom baksätet. Det blev en lång resa från Holland, genom Tyskland och vidare mot Danmark, och eftersom vi hört att Danmark var på väg att införa gränskontroller för att stoppa flyktingströmmen, letade vi oss in i landet på småvägar. Inte förrän sent på kvällen var vi framme. Vid det laget hade jag hunnit stelna till ordentligt. Familjen som vi skulle besöka hyrde ett radhus – i vilken stad det var minns jag inte – och där fick vi bo över helgen. Flera släktingar kom på besök, och även om alla var vänliga mot mig, kände jag mig utanför. Tänk om jag hade fått uppleva en sådan träff med *min* familj!

Måndag
19 oktober
På måndagen åkte vi alla till Köpenhamn, Danmarks huvudstad. Tillsammans fyllde vi tre bilar. På centralstationen samlades släktingarna för att ta farväl. Själv stod jag vid sidan om och tittade på. Återigen saknade jag min familj. Vad gjorde jag egentligen här? Vi steg på tåget, och alla de andra vinkade när vi rullade ut från stationen. Jag tittade frånvarande på förstadsområdena som vi passerade. Efter några stopp i tät följd svängde tåget ner i en tunnel och fortsatte upp på en mycket lång bro. Nedanför oss bredde havet ut sig så långt ögat kunde nå. Långt borta stävade ett fartyg norrut. Jag tittade bakåt och kunde fortfarande urskilja höghus och kyrktorn i Köpenhamn. Framför oss, på andra sidan bron, hade molnen skingrats och solen lyste över en annan stad. Enligt kartan i mobilen hette den Malmo och låg i Sverige. Vi var på väg in i det som skulle bli mitt nya hemland.

Det nya landet
2015 - ...

25

Inför resan till Sverige hade vi diskuterat var i landet det skulle vara klokast att söka asyl. Vi gissade att de flesta flyktingar steg av tåget direkt efter bron, så i Malmo fick man nog köa länge för att lämna in sin asylansökan. Därför hade vi köpt biljetter till Gothenburg istället, en stad som låg ungefär trehundra kilometer längre norrut på landets västra kust. Vi kände oss stärkta i vår uppfattning när vi såg trängseln på perrongen i Malmo. Alla var förstås inte flyktingar, men tillräckligt många för att det skulle bli köer. Själva satt vi bekvämt kvar på tåget. Jag tittade ut genom vagnsfönstret och försökte läsa skyltar på stationen. Det fanns prickar och ringar över en del bokstäver. Hur ändrade det deras betydelse? Till min glädje upptäckte jag att det fanns WiFi på tåget. Jag började googla för att reda ut en del obegripligheter som det konstiga ordet "Göteborg" som stod på informationstavlan i vagnen. Jaha, det var alltså det svenska namnet på staden Gothenburg dit vi var på väg. Så rullade tåget igång igen, och jag tittade nyfiket på landskapet som gled förbi utanför fönstret. I början var det alldeles platt med öppna fält så långt ögat nådde. Till vänster syntes fortfarande havet. Mamman i familjen tog fram ett stort paket salta pinnar, ett slags chips som hon hade köpt i Danmark, och skickade runt. Jag åt förstrött medan jag fortsatte att titta ut. Naturen hade efter ett tag blivit mera kuperad med branta bergknallar som stack upp här och där. När vi närmade oss vårt mål, tätnade bebyggelsen. Det var tydligt att Göteborg var en storstad.

På stationen möttes vi av en grupp flickor.

– Är ni flyktingar? frågade de på engelska. Följ med oss då!

De förde oss till en stor byggnad strax intill stationen. Där hade man ställt fram mat, frukt, kaffe och te. Överallt i Västeuropa blev flyktingar tydligen lika varmt mottagna. Samtidigt lade jag märke till att allt var upplagt i individuella portioner på papperstallrikar, och att dricksvatten erbjöds i små flaskor så att var och en kunde ta sin egen. I Österrike och Holland hade man fått ta för sig av maten ur gemensamma kärl och servera sig vatten ur stora behållare. Så här i efterhand tror jag att detta var mitt första möte med den svenska betoningen av personlig integritet. Efter kanske två timmar blev vi hämtade med buss och körda till en flyktingmottagning. Det var också en stor byggnad, och bakom den stod de traditionella, vita tälten. Vi fick kölappar och formulär att fylla i. Ledtexterna var både på arabiska och engelska, men de stämde inte helt överens med varandra, så det uppstod viss förvirring. På formulären skulle vi lämna många fler uppgifter än vi hade fått göra i de andra länderna. Det räckte inte med namn och födelsedata på oss själva. Vi skulle också ange motsvarande data för våra föräldrar och syskon. Dessutom skulle vi fylla i uppgifter om eventuella släktingar som vi hade i Sverige. Själv fyllde jag i min officiella födelsedag – den som stod i passet – men när mina syskon var födda visste jag inte, för på landet i Syrien firar vi inte födelsedagar. Några av den andra familjens släktingar i Danmark hade förresten föreslagit att jag skulle gömma mitt pass och säga att jag bara var sjutton år. Då skulle jag få börja i gymnasiet på en gång. Om jag avslöjade min verkliga ålder, måste jag vänta tills jag hade fått uppehållstillstånd. Sedan skulle jag bli tvungen att gå på gymnasium för vuxna, och det tog mycket längre tid. Dessutom skulle min familj få komma till Sverige om de hade en son som var under arton år i landet. Jag hade förstås vägrat – ljuga är det sista jag vill göra. Som svar hade jag fått höra att jag var dum. Det retade mig men fick mig inte att ändra uppfattning.

Innan vi var färdiga och hade lämnat alla uppgifter, hade klockan nästan hunnit bli tolv på natten. Jag berättade för en av funktionärerna att familjen jag reste med var mina vänner, och jag såg hur hon fäste ihop mina ansökningshandlingar med deras. Det fanns ingen sovplats för oss i tälten, så istället blev vi körda gratis med taxi till ett hotell där vi skulle bo. Det hette Dalagärde Vandrarhem, och familjen och jag blev tilldelade två rum tillsammans. I receptionen fick vi var sin påse med kudde, lakan och täcke, som vi skulle behålla och ta med till nästa boende. Vi delade förstås upp oss så att kvinnor och barn sov i det ena rummet och Mahmud, hans morbror och jag i det andra. Modern i familjen påpekade att det hade varit bättre om jag hade anmält mig som ensamkommande. Då hade jag nog kunnat få ett eget rum, och så hade familjen kunnat dela på de två rummen.

Nästa morgon vaknade jag tidigt och gick ut för att se mig omkring. Vi hade fått SIM-kort till våra telefoner på flyktingmottagningen, och i närheten av hotellet hittade jag en affär där jag kunde ladda det. På gatan utanför mötte jag en förskoleklass som vandrade i rad under ledning av sina lärare. Jag tittade förbluffad på dem. De flesta var blonda. Några var brun- eller rödhåriga. I Syrien hade alla lagt märke till mitt röda hår. Här smalt jag in. Några av barnen vinkade glatt åt mig. Tydligen tyckte ingen att jag såg konstig ut. När jag kom tillbaka väntade en buss utanför hotellet. Den skulle köra oss tillbaka till flyktingmottagningen, men familjen som jag reste med syntes inte till, så jag sprang in för att hämta dem. Det dröjde en stund att få alla klara, och just när vi steg ut genom entrén svängde bussen ut och försvann längs gatan. Medan vi funderade på vad vi skulle göra, kom ytterligare några försenade flyktingar ut genom dörren. En av dem gick in och frågade om råd i receptionen. Vi blev hänvisade till en hållplats ett stycke från hotellet, och när den ordinarie bussen kom och föraren förstod att vi var nyanlända flyktingar, lät han oss helt enkelt åka med gratis. Jag minns inte längre om hans busslinje passerade flyktingmottagningen eller om han visade oss hur vi skulle byta, men resan slutade i alla fall med att vi kom fram dit vi skulle. Det blev en lång dag med mycket väntande, omväxlande i väntsalen och i de vita tälten. Mat serverades i flera omgångar, så vi behövde inte vara hungriga. Först på kvällen blev vi fotograferade. Det störde mig att flickorna måste dra tillbaka sina slöjor så att både halsen och öronen blev fullt synliga på korten. Det kändes påträngande. Vi lämnade fingeravtryck genom att trycka fingertopparna en efter en mot en glasskiva. Till sist skulle vi skriva våra namnteckningar på en annan glasskiva. Jag tror att nästan alla hade svårigheter med det, för vi var ju inte vana att skriva våra namn med västerländska bokstäver. Tänk dig själv, kära läsare, att du plötsligt måste skriva din namnteckning från höger till vänster med arabiska bokstäver! Vi fick var sitt betalkort, som man kunde använda i affärer. Varje månad skulle det svenska migrationsverket sätta in ett belopp som motsvarade 24 kronor per dag på kortet, det vill säga ungefär 720 kronor per månad. Till sist blev vi skjutsade tillbaka till hotellet. Jag kände allt tydligare att familjen jag reste med uppfattade mig som en börda. De hade varandra att ta hand om och stödja sig mot. Jag var ensam och utanför. Flickan som bidragit till att jag ville åka till Europa visade bara sporadiskt intresse för mig. Mitt humör, som hade varit dåligt de senaste dagarna, sjönk ytterligare. Vi blev sittande i ett dagrum på hotellet. Jag googlade planlöst på Internet med mobilen. Nu svek rösten mig. Jag orkade helt enkelt inte tala längre. Det hade aldrig hänt mig förut. Då kom Mahmud plötsligt fram till mig. Han drog mig i armen för att få mig att resa mig upp och gav mig sedan en kram.

– Grattis på födelsedagen! sade han glatt.

Jag tittade på mobilen. Klockan var 00.00 den 21 oktober 2015. Det var min verkliga födelsedag! Jag fyllde tjugoett år. Det hade jag fullständigt glömt. Mitt i min förtvivlan värmde det att han kom ihåg det.

Under vår tredje dag i Göteborg, hände till att börja med ingenting. Jag duschade, pratade med mamma på Facebook och väntade på att något skulle hända. Vid fyratiden på eftermiddagen knackade någon på dörren till vårt rum. Det var en av hotellets anställda som lämnade ett kort meddelande:

– Gör er klara och kom ner! Ni ska snart åka härifrån.

Han räckte mig en lapp med texten: "Karlstad 17.00". Jag förstod först ingenting, men när jag googlade på ordet upptäckte jag att det var namnet på en stad. Det var förstås dit vi skulle bli körda! Jag såg på kartan att den låg mycket längre norrut och vid havet – nej, vid en stor sjö var det visst. Jag packade snabbt ihop mina grejor och bar ner dem till foajén. Bussen var redan på plats. Totalt var vi nog ett fyrtiotal personer som steg ombord. Det blev en lång resa. Snart föll mörkret, och det var svårt att göra sig en bild av landskapet vi åkte igenom. Så småningom stannade vi i en stad som hette Mariestad. Där fick ett tiotal av passagerarna stiga av. Vi andra fortsatte norrut. Jag tyckte mig se hur skogen tätnade omkring oss. Här och där syntes enstaka ljus från någon lantgård. För oss som var vana att bo i storstäder kändes det som om vi var på väg ut i vildmarken. Känslan lättade när vi äntligen kom fram till Karlstad. Det såg ju ut att vara en ganska stor stad, och till vår glädje körde bussföraren oss in till centrum. Där stannade han framför en stor byggnad med fyra våningar och långa rader av fönster. Det stod "Stadshuset" på en skylt, men det sade mig ingenting. Vi blev visade in genom en flott entré. Till vänster fanns en reception med disk. Till höger låg vad som såg ut att vara en stor matsal. Där väntade en grupp funktionärer på oss. Modern i familjen jag reste med vände sig till mig och sade:

– Se nu till att du får ett eget rum! Säg att du har kommit till Sverige ensam! Säg inte att du är en del av vår familj!

Jag nickade. En äldre kvinna med kort, rött hår tog emot mig. På hennes namnskylt stod det "Eva". Hon lyssnade uppmärksamt när jag berättade att jag var ensam och helst ville ha ett eget rum.

– Inga problem, svarade hon vänligt. Kom med här!

Hon visade mig vägen till ett rum. Det hade nummer 121 och låg på bottenvåningen mitt emot personalrummet. Allt som fanns där inne var en madrass, men det kändes ändå som en lyx att få ett eget rum. Det hade två smala fönster och två element, så jag skulle nog inte behöva frysa. Sängkläder och handduk hade jag med från Göteborg. Eva försvann och återvände efter någon minut med en påse som hon räckte mig. Den innehöll hygienartiklar som tvål, tandkräm, tandborste och annat.

– Var så god! sade hon och log. Ni får frukost i matsalen klockan sju, lunch klockan tolv och kvällsmat klockan fem. Säg bara till om det är något mera du behöver, så ska jag försöka ordna det också.

Så gick hon och därmed var jag ensam. Jag lade madrassen under fönstren vid elementen, bäddade och lade mig. Där låg jag länge och stirrade i taket. Jag var alldeles ensam. Hemma i Syrien och Jordanien hade jag visserligen tyckt om att vara ensam, men det var en annan sak. Då hade jag ändå haft familjen i rummen omkring mig. Här kände jag inte en enda människa förutom familjen jag rest med, men det var tydligt att de ville hålla ett visst avstånd till mig. Vad hade jag gett mig in på?

Jag förstod att jag var på väg in i en ny depression. Jag orkade inte stiga upp utan låg för det mesta och stirrade i taket. Någon gång om dagen släpade jag mig till matsalen för att tillgodose kroppens behov av mat. Mina kläder behövde tvättas och det fanns en tvättmaskin, men den förstod jag mig inte på. Jag handtvättade det nödvändigaste och hängde det på tork på elementen i mitt rum. Jag gjorde tappra försök att delta i en del av de aktiviteter som volontärer på boendet ordnade. De kom från en organisation som hette Refugees Welcome. Genom dem fick jag veta att det vi bodde i var stadens nyss nedlagda stadshus. Rummen hade tills nyligen varit kontor. Boendet var tillfälligt, och om någon vecka eller kanske ett par skulle vi bli körda till ett permanent boende, var visste ingen. Där skulle vi bo kvar tills vi fick komma på intervju. Sedan skulle Migrationsverket besluta om vi fick stanna i landet eller inte. Vi levde alltså tills vidare i ett slags vakuum av osäkerhet. Jag gick ut i staden och hittade en second hand-butik, där jag köpte ett par böcker på engelska – de kostade bara tio kronor styck – men jag orkade inte läsa dem. När funktionärerna på boendet hade upptäckt att jag pratade någorlunda bra engelska, blev jag allt oftare anlitad som tolk. En dag kom en av volontärerna med ett särskilt uppdrag åt mig. Hon hette Maria, och hennes mor arbetade som lärare i en skola på en ort ett stycke utanför Karlstad. Hon ville bjuda in Mahmud och mig att berätta om Syrien och om att vara flykting. Det blev en rolig upplevelse. Jag träffade elever från både låg- och mellanstadiet, och även om de först var ganska tysta, blev de snart nyfikna och aktiva. Jag fick många frågor.

– Varför har arabiska kvinnor slöja? var den vanligaste.

– Öh ... det undrade jag också när jag var liten, svarade jag tvekande.

Så kom jag på vad som var ett fullständigt ärligt svar:

– Jag kan berätta för er vad mina föräldrar sade när jag frågade samma sak, fortsatte jag. De sade: "Vad skulle du göra om du hade en diamant? Skulle du inte vara rädd om den?" – "Jo, det skulle jag förstås", svarade jag. "Precis så är det med flickor också", sade mina föräldrar. "De är så värdefulla att man måste slå in dem i en slöja för att skydda dem för allt ont." Ni kanske har svårt att förstå att man gör så, men när man bor i ett land där alla gör det, så vänjer man sig och det blir naturligt.

Jag fick lunch i skolmatsalen och tre flickor från den sista klassen jag besökt kom och satte sig runt mig och överöste mig med frågor. Jag kände att jag gjorde nytta, och jag glömde åtminstone för tillfället bort att jag var deprimerad. Maria körde oss tillbaka, och när vi bromsade in framför Stadshuset suckade jag:

– Home, sweet home!

Hon tittade på mig och sade att hon verkligen var glad att jag kände mig som hemma.

Den närmaste tiden fortsatte Maria att ordna uppdrag åt mig, mest som tolk, och vi blev alltmer bekanta. En dag frågade hon mig varför jag alltid var ledsen. Hon sade att hon kunde se det i mina ögon även om jag försökte dölja det. Jag berättade att jag saknade min familj, och hon försökte trösta mig med att säga att jag i alla fall hade en vän i henne. En eftermiddag bjöd hon hem mig tillsammans med några andra från flyktingboendet, och vi satt och pratade och drack te. När vi skulle gå, kramade hon var och en av oss, mig också. Jag blev alldeles förskräckt och visste inte vad jag skulle göra. En av de andra förklarade för Maria att jag nog aldrig hade blivit kramad av en kvinna förut. Då bad hon om ursäkt och hänvisade till att vänner kramas både som hälsning och som avsked i Sverige. För mig lät det alldeles otroligt, men nästa morgon fick jag bekräftat att hon talade sanning. Två systrar som också arbetade som volontärer på Stadshuset och som jag vid det laget hade lärt känna ganska väl mötte mig i korridoren. Båda ropade mitt namn och kramade mig. Det var tydligen ett normalt beteende. Man får vänja sig vid mycket i ett nytt land.

213

Det hade hunnit bli december. Dagarna var korta, och en svensk högtid som kallas "Jul" närmade sig. Maria, som jag numera betraktade som en nära vän, bjöd hem flera av flyktingarna från Stadshuset till sig för att baka. Vi skulle göra ett slags platta, bruna kakor, som kallades "pepparkakor". Man kavlade ut degen tunt och stansade ut kakorna med olika formar som såg ut som hjärtan, stjärnor, gubbar eller gummor. Maria berättade att man kan göra hus av degen också. Det tyckte Mahmud och jag skulle vara en rolig utmaning. Vi höll på i flera timmar, och med Marias råd och hjälp kunde vi till sist presentera var sitt hus med dekorationer av socker och karameller. Jag var mycket stolt och fick hjälp att ta med mitt hus till boendet på en stor tallrik.

Som jag redan har berättat fungerade det gamla Stadshuset i Karlstad bara som ett tillfälligt asylboende. Då och då hämtades en grupp flyktingar med buss och kördes till ett permanent boende någon annan stans. Beskedet om flyttning kom alltid på kort varsel, och vart de berörda skulle flyttas fick de inte veta. Många var oroliga och grät – här hade de ju hunnit få vänner och känna sig som hemma. När de sedan hade vinkat adjö, dröjde det inte länge förrän det kom en buss med nyanlända som fyllde de bortflyttades plats. Både jag och familjen jag rest med blev kvar på Stadshuset längre än de flesta. Först efter 48 dagar fick vi veta att vi skulle bli flyttade. Vi fick beskedet av funktionärerna på boendet, som i sin tur fått informationen från Migrationsverket. Jag frågade förstås vart vi skulle bli körda, men det visste inte ens funktionärerna. Vi skulle bli hämtade redan nästa morgon, så det var bäst att börja packa genast. Själv ägde jag inte mycket mer än vad som rymdes i ryggsäcken och en blå sportväska som jag fått av Maria. Det var för övrigt inte bara vi flyktingar som var oroliga inför flytten. Snart kom Maria förbi, och hon var också ledsen för att vi skulle åka. Hon frågade Mahmud och mig om vi hade pengar kvar i våra mobiler, och när vi tvingades erkänna att vi inte hade det, fyllde hon på korten åt oss för sina egna pengar. Hon ville vara säker på att vi kunde ringa henne och berätta vart vi hade blivit körda. Då skulle hon komma och hälsa på oss så snart hon fick tillfälle.

Vid elvatiden nästa förmiddag var det dags. Vi packade in oss i bussen, och den blev nästan full, för det var många fler än den andra familjen och jag som skulle flytta. Många var upprörda över att vi inte fick veta vart vi skulle bli körda, och de flesta hoppades förstås få bo i närheten av Karlstad så att de kunde åka hit och hälsa på när de ville, men så blev det inte. Bussen lämnade motorvägen och styrde norrut. Då och då passerade vi något samhälle, men för det mesta såg vi inget annat än skog och sjöar. Tiden gick. Kanske var vi på väg till någon helt annan del av Sverige? Efter ett par timmar svängde bussen in på småvägar och till sist befann vi oss på en grusväg som var så smal att två bilar knappast kunde mötas. Där stannade bussen framför en lång enplansbyggnad. Utanför väntade några funktionärer, och en av dem steg ombord och ropade upp namnen på dem som skulle stiga av för att bo här. Alla vägrade.

– Jag har inte kommit till Sverige för att bo mitt i skogen! ropade någon.

– Det ser hemskt ut, tyckte någon annan. Vart ska man gå för att handla? Det är väl minst en timme sen vi såg en affär.

Stämningen i bussen blev alltmera spänd. Vi som inte hade fått våra namn uppropade ville åka vidare. Till sist erbjöd sig en av de otåliga att gå med in och titta. Efter en stund kom han tillbaka och meddelade de tveksamma att det inte alls var så dåligt som de trodde. Personalen hade två minibussar och lovade skjutsa dem som ville handla till närmaste affär två gånger i veckan. TV och Internet fanns det också, så inte behövde man ha mera långtråkigt här än på andra boenden. Suckande steg de som fått sina namn uppropade ur bussen. Vi andra åkte vidare. Jag såg på GPS:en att vi hade vänt och var på väg söderut. Efter en stund kom vi ut på större vägar, och det visade sig att nästa asylboende där vi skulle släppa av passagerare var ett hotell med flera våningar. Det låg dessutom i utkanten av en stad.

– Det här ser mycket bättre ut. Jag hoppas det är vi som ska bo här, hörde jag någon säga.

De som blev uppropade, tog genast sitt bagage och steg av, men både familjen jag rest till Sverige med och jag satt kvar i bussen.

215

– Är det du som har ordnat så att du ska få bo på samma ställe som vi, undrade mamman i lätt irriterad ton.

Jag svarade inte. Kanske hade hon rätt? Det var ju jag som hade anmält att jag var vän till familjen när vi sökte asyl i Göteborg.

26

Efter ännu någon halvtimmes resa stannade bussen framför en rad stora tvåvåningshus vid en sjö. Det var resans slutstation, så här skulle resten av oss stiga av. Byggnaderna såg bastanta och välbyggda ut. De var gula med vita knutar och höga, svarta tak. Jag stavade mig till "Uddeholms hotell och restaurang" på den första av dem. Till min förvåning pratade alla som tog emot oss arabiska. Det visade sig att de var syrier som hade kommit till Sverige för några år sedan. Några svenskar syntes inte till. Jag hörde hur morbrodern i familjen vände sig till en av funktionärerna och sade, medan han pekade på mig:

– Vi känner honom där. Han är ensamkommande, så ni får ordna ett eget rum åt honom.

– Ja då, självklart, svarade funktionären. Jag tar hand om honom genast.

Han förde mig genom en korridor och fram till en dörr. Innan han öppnade sade han:

– Här kommer du att trivas, för här bor de som är snällast på hela boendet.

Så öppnade han och vi steg in. En våg av varm och fuktig luft slog emot mig. Jag fick en kvävande känsla. I rummet fanns tre våningssängar med totalt sex britsar. På fem av dem låg män, som alla såg ut att vara äldre än mig. Vi hälsade och jag fick veta att en av dem var palestinier, en var från Iran, en från Aleppo i Syrien och två var kurder. Alla utom kurderna kunde tala arabiska. För mig, som alltid har haft ett behov av integritet, kändes det svårt att behöva dela rum med så många.

– Vilken tur du har som får bo med oss, tyckte mannen från Aleppo. Vi kommer alla att vara som föräldrar åt dig.

Han sade det i vänlig ton, men det skulle snart visa sig att hans uppfattning om föräldraskap snarare präglades av dominans än av omsorg. Förutom sängarna fanns det bara en byrå och en TV i rummet. I taket hängde en naken glödlampa. En sidodörr ledde till ett badrum med dusch och toalett. Den enda lediga sängen – den som skulle bli min – var överslafen längst in i rummet. De andras grejor upptog all ledig plats, så jag blev tvungen att förvara mitt bagage på min säng. Så skulle det bli även på nätterna, så jag vande mig snart vid att sova med benen uppdragna mot kroppen. Precis som i Karlstad var måltiderna klockan sju, tolv och fem, men jag fick inte själv ta initiativ till att gå och äta.

– Yalla! Kom nu! Det är dags för mat! beordrade en av rumskamraterna, och så gick alla vi fyra som talade arabiska i samlad tropp till matsalen.

Boendet bestod av fyra huskroppar, och i en femte inrymdes matsalen och expeditionen. Det var alltid långa köer till maten. Närmaste affär låg ett antal kilometer bort, så den som ville köpa något eget var tvungen att ta bussen dit. I vårt rum låg eller satt alla på sina sängar med mobilen i handen. Något annat fanns inte att göra, eftersom TV:n bara visade två svenska kanaler. Då och då gick någon ut för att röka. För mig blev situationen alltmer outhärdlig. Ibland ringde mamma, och i samtal med henne kunde jag för en stund fly från vad jag snart kom att uppleva som ett fängelse. För att de andra inte skulle höra vad vi pratade om, grep jag telefonen och sprang ut på gården. Där kunde jag stå ostörd och prata.

Nyårsafton var värre än vanligt. De flesta ur personalen var lediga. Familjen jag kände hade fixat ett boende åt sig i Karlstad över helgen och åkt dit för att få ett avbrott i enformigheten. Själv låg jag på sängen med mobilen i handen precis som de fem andra i rummet. På kvällen fick jag ett telefonsamtal. Det var en av mina kusiner som ringde. Som vanligt rusade jag ut och lunkade runt i mörkret på gården medan vi pratade. I fantasin var jag tillbaka i Jordanien och glömde för stunden allt omkring mig. Jag märkte inte ens att tiden gick. Till sist kunde jag inte undgå att känna att mina fötter värkte. Jag tittade ner och upptäckte

217

först då att jag bara hade T-shirt, shorts och tofflor på mig. Det var minusgrader. Trots att det bar mig emot blev jag tvungen att avbryta samtalet och återvända till värmen och meningslösheten.

Förutom de få telefonsamtalen var mitt enda sätt att fly att ströva omkring i området runt boendet. Även om det var kallt och dagarna var korta, var det en lättnad att vara ensam. Dessutom var naturen mycket vacker. Jag kunde stå i timmar och titta ut över sjön, iaktta varje gulnat blad som drev förbi, varje torrt strå som vajade för vinden. I januari föll temperaturen ytterligare och sjön började frysa. Jag hade aldrig sett en vattenyta förvandlas till is förut. Det började med att en tunn, hård hinna bildades på vattnet alldeles invid stränderna. Den var inte helt slät utan hade ett mönster av ränder. Så småningom spred sig isen ut över vattnet tills hela sjön hade fått en hård yta. Så kom en dag med plusgrader och regn, och isen täcktes av ett tunt skikt av vatten. På natten frös det igen, och nästa dag var isen absolut blank. Jag provade att gå på den. Det var fullständigt fascinerande, som att gå på vattnet. När jag böjde mig fram såg jag min egen bild reflekteras i isen lika tydligt som den hade gjort i mina föräldrars väggspegel. Veckan efter kom en period av snöfall, och sedan blev det ordentligt kallt. När solen sken kunde man se små iskristaller skimra i luften fastän det inte föll någon snö. Sjön var nu helt täckt av snö, men i den vita ytan syntes här och där mörkare fläckar. Jag gissade att de var områden där vatten hade trängt upp genom sprickor i isen och färgat snön med rester av multnande växtmaterial.

En dag stod jag på bryggan vid boendet och tittade ut över sjön när mamma ringde. Jag såg mig om och upptäckte att några av de boende stod och rökte inte långt ifrån mig. För att de inte skulle höra vårt samtal, gick jag försiktigt ut på isen. Samtalet gled in på förhållandena på boendet, och jag kunde inte hålla tårarna tillbaka. Dimmigt såg jag marken framför mig, vitt, vitt, vitt, medan jag långsamt fortsatte att gå omedveten om var jag befann mig. Det lättade att få berätta om alla problem, och till sist kände jag mig lugnare. Jag vände mig om och tittade tillbaka mot boendet. Långt där borta på stranden stod minst tjugo personer och ropade och vinkade att jag skulle komma tillbaka. Eftersom jag hade hörlurar på mig, hade jag inte uppfattat deras rop. Jag öppnade kameran på mobilen och visade mamma utsikten från platsen där jag stod. När jag förklarade att det släta området jag stod på egentligen var en sjö, greps hon av panik. Man kan inte gå på vatten! Medan jag långsamt följde mina egna spår tillbaka, lugnade jag henne med att sjöar får en hård yta av is när temperaturen faller under noll grader. Det hade hon aldrig kunnat föreställa sig.

Några dagar senare kom jag hem från en av mina vandringar i skogen. I entrén stod några ur familjen jag rest med, och jag förstod av samtalet att de höll på att ta farväl av sina vänner på boendet. Jag stannade till. Skulle de resa bort? Jo, de hade ordnat en bostad åt sig i Forshaga, inte långt från Karlstad. Det var där som Mahmud och jag hade besökt en skola när vi fortfarande bodde kvar på Stadshuset i Karlstad. Mindre än en timme senare kom Maria och en annan volontär med två bilar för att köra dem dit. Jag hjälpte till att bära ut deras bagage. Så var de borta. Även om vi inte hade haft mycket kontakt den senaste tiden, fyllde deras avresa mig ändå med en känsla av tomhet. Nu fanns det inte en enda människa kvar på boendet som jag räknade som min vän.

Men det var inte bara mitt behov av integritet som fick mig att tillbringa det mesta av min tid utomhus. Jag hade också fått ett annat problem. I hörnet där min säng stod hade både väggarna och taket stora fläckar av grönaktigt mögel. Först hade jag inte brytt mig om det, men efter en tid började jag bli irriterad i halsen och få anfall av hosta när jag låg i sängen. Det störde de andra i rummet, och när jag skyllde på möglet, vände sig mannen från Aleppo slutligen till personalen. Han kom tillbaka med en flaska koncentrerad klorlösning och beskedet att det var vårt rum, så det var vårt ansvar att hålla det rent. Var och en skulle städa vid sin säng, klargjorde han, men eftersom i stort sett allt mögel fanns i hörnet ovanför min säng, var det tydligt vem han menade skulle göra jobbet. Dessbättre hade han fått med ett par gummihandskar för klorlösningen var verkligen stark. Jag

219

skrubbade och torkade, och lukten i rummet blev snart outhärdlig. Ändå syntes mögelfläckarna lika tydligt. Efter ytterligare klagomål blev vi erbjudna att flytta till ett annat rum, men vi fick samtidigt order om att städa det gamla rummet ordentligt efter oss. Det uppstod en diskussion om vem som skulle åta sig uppgiften, men mannen från Aleppo lugnade strax de andra genom att peka på mig och säga:

– Nu ska vi inte bråka om såna småsaker. Det här tar killen här och jag hand om.

Återigen tvingades jag tvätta både väggar och tak med klorlösning. Själv stod han lutad mot en av våningssängarna och pekade ut de fläckar han ansåg behöva en extra omgång med svampen.

Vårt nya rum delade ingångshall med ett annat rum. I vart och ett av dem fanns det tre våningssängar, och sedan vi flyttat in var vi totalt tolv personer som delade på två badrum med dusch och toalett. Problemet var bara att dörren till ett av badrummen inte gick att stänga. Därför pågick en ständig träta om vems tur det var att använda det enda fungerande badrummet. Så småningom hade tydligen tillräckligt många klagat för att vi skulle bli flyttade en gång till. Den här gången blev mannen från Aleppo, mannen från Iran, palestiniern och jag erbjudna att dela ett mindre rum i en av de andra byggnaderna. Det var ganska långt att bära vårt bagage dit, men mannen från Aleppo visste på råd.

– Jag åtar mig att ansvara för att allt kommer med, var hans generösa erbjudande. Ni andra bär. Jag stannar här och ser till att inget blir kvar.

I flera omgångar bar vi andra tre över allt bagaget. Först när vi hade fått allting på plats, och det nya rummet började se riktigt välordnat ut, dök mannen från Aleppo upp. Vi hade bäddat var sin säng, och till hans förargelse fanns det bara en överslaf kvar. Först försökte han få palestiniern att flytta på sig, men han vägrade. Då vände han sig till mig.

– Jag är äldre än dig och har rätt att ha en underslaf, bestämde han.

Det var ingen idé att bråka. Jag tog med mina lakan och klättrade upp i överslafen.

Min depression djupnade alltmera. Jag hade ingen matlust och sov knappast på nätterna. Liksom förut tillbringade jag den mesta tiden utomhus. Det var kallt, men det var bättre att frysa än att trängas med de andra männen jag delade rum med. Timme efter timme stod jag och stirrade ut över sjön medan tankarna malde i huvudet på mig. Jag hade själv valt att söka asyl i Sverige, eftersom jag ville bo i ett land där jag snabbt kunde lära mig språket, komplettera vad som fattades för att komma in på universitet, läsa en läkarutbildning och få ett jobb där jag kunde bli till nytta. Men hur hade det blivit? Jag förvarades här i Uddeholm på obestämd tid, isolerad från resten av världen. Sedan den andra familjen flyttat, hade jag inte en enda vän på stället. Männen jag delade rum med var opålitliga och respektlösa. Eftersom de var äldre än mig, ansåg de att jag hade skyldigheter mot dem, medan de hade rätt att behandla mig hur som helst. Jag hade inte lärt mig någon svenska alls, och skulle väl knappast göra det heller, eftersom inte en enda av dem som arbetade på boendet var svensk. Här fanns ingen möjlighet att gå i skolan eller hitta ett jobb. Min familj fanns mer än fyratusen kilometer härifrån, och även om jag ville, kunde jag inte återvända till dem eftersom jag inte hade något inresevisum till Jordanien. Jag fick 720 kronor i månaden av Migrationsverket och använde 200 av dem för att ladda mitt SIM-kort. Utan det kunde jag inte hålla kontakt med mina släktingar. Om jag ville åka till Karlstad, måste jag betala 110 kronor i varje riktning för bussen. Någon möjlighet att hyra ett eget rum där fanns bara inte. Vad hade jag kvar att leva för? Tänk om jag bara fick somna och slapp att vakna igen, om jag inte behövde leva längre. I bakhuvudet växte tanken fram att jag skulle kunna skynda på processen. Det behövde inte alls vara svårt ... Nej, nej, nej! Med all min kraft sköt jag tanken ifrån mig. Visste jag inte att det är en dödssynd att ta sitt liv? Inte ville jag väl byta bort det här tillfälliga helvetet mot ett evigt helvete på andra sidan graven?

Men när allting ser som mörkast ut, inträffar det ibland något som öppnar nya möjligheter. Den här gången var det ett telefonsamtal från min kompis Mahmud. Hans morbror skulle lämna Sverige, eftersom hans fru hade varit på väg till honom men blivit tvungen att lämna fingeravtryck i Tyskland. Nu ville han förstås åka dit för att återförenas med henne, men först skulle familjen hålla en avskedsfest för honom hos sig i Forshaga. Ville jag vara med? Naturligtvis tackade jag ja. Jag fick skjuts med bil, och det var med oerhörd lättnad som jag lämnade Uddeholm för att få träffa mina gamla vänner. Jag fick stanna hos dem över natten, och nästa dag tog Mahmud och jag bussen till Karlstad för att besöka Maria, vår vän från Stadshuset. Det var roligt att se henne igen, och vi hade mycket att prata om. Hade vi hört vad hon skulle göra? Hon hade anmält sig för att åka som volontär till Namibia i en månad. Då dök en tanke upp i mitt huvud, en tanke som skulle komma att förändra hela min tillvaro:

– Förlåt, började jag. Jag vill fråga en sak, och du får naturligtvis säga nej om du inte tycker att det är en bra idé. Skulle jag möjligen kunna få bo i din lägenhet medan du är borta? Jag lovar att ta hand om allting så att det är i perfekt skick när du kommer tillbaka. På en månad kanske jag kan hitta ett jobb här i Karlstad. Jag orkar bara inte vara kvar i Uddeholm längre.

Maria tvekade.

– Ge mig tid att tänka, bad hon.

På eftermiddagen skjutsade hon oss tillbaka till Forshaga med bil. Innan vi skildes gav hon mig besked. Jo, jag skulle få bo i hennes lägenhet. Det var en vecka kvar tills hon skulle resa, och hon lovade att höra av sig när det var dags för mig att komma så att hon hann visa mig hur allt fungerade och ge mig nyckeln. Jag var överlycklig när jag steg på bussen till Uddeholm den kvällen.

De närmaste dagarna ägnade jag åt att fundera igenom vad jag skulle göra under min månad i Karlstad. Först och främst måste jag skaffa ett arbete. På Stadshuset hade någon berättat att vi som hade sökt asyl i Sverige och kunde styrka vår identitet hade rätt att ansöka om undantag från arbetstillstånd. På så sätt fick vi genast laglig rätt att arbeta och behövde inte vänta tills vi hade fått uppehållstillstånd. Jag hade sökt och fått ett sådant undantag. Men tänk om det tog några veckor innan jag hittade ett jobb. På asylboendet fick man gratis mat tre gånger om dagen, men i Marias lägenhet måste jag ordna allt själv. Hur skulle jag ha råd med det? Jag ringde mamma och bad henne skicka fyrahundra dinarer av de pengar hon hade lagt undan åt mig. Utan svenskt ID-kort kunde jag inte hämta ut pengarna på Forex. Jag bad henne därför att adressera dem till Maria istället, så kunde hon ta ut dem åt mig. Några dagar senare ringde Maria och bad mig komma. Hon behövde hjälp att ordna en del saker inför resan. Jag tog kvällsbussen och var framme i Karlstad vid halv elvatiden. I lägenheten var det rörigt, och Maria var stressad. Vid sidan av sitt arbete och sitt engagemang för Refugees Welcome, hade hon inte hunnit med att förbereda allt inför resan. Nu hjälpte jag henne att packa och städa, och hon visade mig hur jag skulle hantera spisen, kylskåpet, dammsugaren, dörrlåset, brevlådan, soprummet, tvättstugan … Kunde jag köra en omgång tvätt åt henne? Självklart. Jag ville förstås göra allt jag kunde som tack för att jag fick låna lägenheten. Redan nästa dag var tiden för hennes avresa inne. Hon skulle ta tåget till Stockholm och därifrån flyga till Namibia. Jag vinkade av henne på stationen. När jag återvände till lägenheten och steg över tröskeln fylldes jag av en underbar känsla. Tänk att få byta den påtvingade trängseln på asylboendet i Uddeholm mot ett eget sovrum, eget badrum och eget kök – nåja, i alla fall nästan eget – i en stad med tusen möjligheter.

Som jag redan har sagt var nummer ett på min lista att hitta ett arbete i Karlstad. Jag satte genast igång och gjorde förstås som jag var van från Jordanien: gick från ställe till ställe och frågade. Jag började med hamburgerrestauranger, för där visste jag säkert att jag kunde göra ett bra jobb, men varken på McDonald's eller Burger King möttes jag av något intresse. Var det för att jag bara talade halvdålig engelska och ingen svenska alls? Eller var det för att jag inte hade någon som kunde rekommendera mig? Jag tänkte efter. På de sju veckor jag hade bott i Karlstad innan jag blev flyttad till Uddeholm, hade jag egentligen bara lärt känna personalen på Stadshuset. Kanske kunde de hjälpa mig? Jag gick

223

dit och blev mycket vänligt mottagen. Jag vände mig till en av volontärerna som hette Leah och kom från USA. När jag förklarade mitt dilemma, var hennes spontana reaktion:

– Men har du inget CV? Då kommer du inte att få något jobb.

– Ett CV? Vad är det? undrade jag.

Hon förklarade att det var ett papper med mina personuppgifter och en lista på vilka utbildningar jag hade gått och vilka jobb jag hade haft förut. Utan den skulle ingen anställa mig.

– Duger det om jag skriver ett CV på engelska? undrade jag.

– Nej, det är nog bättre på svenska, trodde hon. Vänta lite, jag tror jag vet vem som kan hjälpa dig. Kommer du ihåg den gamla damen som hade svensklektioner här några gånger? Hon med brunt hår och flätor. Carol heter hon.

Jo, jag mindes henne. Jag hade varit på en eller två av hennes lektioner, men vi hade inte hunnit mycket längre än till alfabetet. Leah ringde och gjorde upp med Carol att vi skulle träffas på Stadshuset nästa dag klockan fyra.

Eftermiddagen ägnade jag åt att köpa det jag behövde för att laga mat. Det var verkligen svårt i ett land där jag inte kunde språket. Burkar och påsar såg inte ut som jag var van, och inte kunde jag läsa mig till vad de innehöll heller. Jag fick gå efter bilderna, om det fanns några, men hur skulle jag veta om det fanns griskött i varorna eller inte? Det slutade med att jag köpte sardiner i burk, svarta och gröna oliver, ris och turkisk yoghurt. Något annat vågade jag mig tills vidare inte på. Nästa dag gick jag runt i stan och tittade efter möjliga ställen att söka jobb. Klockan fyra stod jag utanför Stadshuset och väntade på Carol. Hon kom på cykel i en lång, ljuslila kappa. Hade jag någon cykel, undrade hon. Nej, det hade jag förstås inte.

– Då kan vi gå hem till oss. Det är inte särskilt långt.

Vi gick förbi torget och vidare norrut. Hon pekade ut stadsbiblioteket. Där borde jag skaffa ett lånekort – det var gratis – så kunde jag låna vilka böcker jag ville. Vi gick över en bro och fortsatte på en gångväg längs den stora flod som rinner genom Karlstad. Carol berättade att floden heter "Klarälven" – jag försökte säga efter ordet men det gick nog inte så bra – och att staden ligger på deltat där den rinner ut i "Vänern" – nästa svåra ord att säga efter. Vänern är en stor sjö som en gång var en vik av havet, förklarade hon. Så fortsatte hon att prata vänligt med mig, och det fick mig att känna mig väl till mods. Så småningom tog vi av från älven och in på ett område med många mindre hus. Det verkade lugnt, nästan helt utan biltrafik. Framför ett hus för två familjer stannade vi. Hon ställde in sin cykel i garaget och öppnade entrédörren för mig. I hallen slog en doft av nybakat bröd emot mig. Carols man kom ut från köket. Han hade grått hår och skägg, runda glasögon och ett förkläde utanpå kläderna. För mig såg det ovant och lustigt ut. Vi hälsade och han presenterade sig med ett namn som jag uppfattade som Ben. Han var vänlig, men jag fick samtidigt ett intryck av att han var lite avvaktande. Både han och Carol pratade mycket bra engelska, och jag fick veta att det hade en naturlig förklaring: de hade träffats som utbytesstudenter och blivit förälskade i varandra. Carol hade flyttat från sitt hemland USA till Bens hemland Sverige, och blivit hans fru. Nu var båda pensionärer och hade varit gifta i mer än fyrtio år, så de hade haft gott om tid att lära sig varandras språk. Jag förklarade mitt ärende – att jag behövde få hjälp att skriva ett CV för att kunna söka jobb i Karlstad – och Ben nickade. Han tog mig med upp på sitt kontor och började:

– Nu får du ursäkta att jag ställer en massa frågor.

Han undrade var jag kom ifrån, var jag hade gått i skolan, om jag hade haft några arbeten och så vidare. Jag var lite spänd men svarade så gott jag kunde. Han frågade om fler och fler detaljer, och medan jag berättade, skrev han steg för steg mitt CV i datorn. Vi hjälptes åt att stava de arabiska namnen på svenska, och så var allt klart. Han skrev ut flera exemplar och lade dem i en plastmapp. Klockan tio nästa dag skulle han hämta mig med bil och köra mig till några ställen där han trodde att jag kunde ha en chans att få jobb.

Sedan tog han mig med till köket, där brödet var färdigt och det var dags att duka fram kvällsmat. Han och Carol hjälptes åt att koka te och sätta fram. För mig blev det en underlig upplevelse.

Det var inte alls som att äta middag hos mina föräldrar i Jordanien. Där brukade mamma laga någon köttgryta med grönsaker och ris och till det åt vi bröd och flera olika sorters frukt. Här var allt som kom fram på bordet: te, bröd, smör, en stor ost, några skivor gurka och tomat på ett fat och en burk honung. Brödet, som fortfarande var varmt, var skuret i tjocka skivor. För mig var det konstigt, jag som var van vid tunt bröd som man rullade ihop. Ovanpå osten låg ett verktyg som såg ut som en stor, platt sked med en potatisskalare i ena kanten. Jag hade aldrig sett något sådant förut. När Carol ville hälla upp te åt mig tackade jag först nej. Te hade jag verkligen aldrig lärt mig att tycka om.

– Du kan väl smaka i alla fall, stod hon på sig. Det här är inte svart te. Det är grönt, kinesiskt te med smak av jasmin.

Ben tog honung i sitt te och erbjöd mig också att göra det. Det ville jag inte, men jag kunde inte med att säga nej. Jag läppjade på teet. Det smakade faktiskt inte fullt så illa som jag hade väntat mig. Jag iakttog hur de andra strök smör på var sitt bröd och karvade skivor av osten med det märkvärdiga verktyget och lade dem på brödet. Jag gjorde likadant. Brödet var riktigt gott. Osten smakade konstigt. Efter en stund fick jag påfyllnad av teet, och sedan jag tagit mod till mig och tackat nej till honungen, blev det riktigt drickbart. Det var förresten inte bara maten som var konstig. Både Ben och Carol pratade medan vi åt. Hemma hade pappa skällt på oss om vi inte var tysta vid matbordet. – Titta! Att jag just sade "matbordet" visar att jag redan hade börjat anpassa mig. Hemma satt vi ju på golvet och åt, utan något bord! – Hur som helst pågick här ett engagerat samtal under hela måltiden, och det tyckte jag om! Jag frågade om olika saker och fick ordentliga och klargörande svar.

Plötsligt svängde en bil in framför huset. Ben och Carol förklarade hastigt att det var deras son som kom, och att jag inte skulle ta illa upp om han bara pratade svenska. Sonen var något äldre än mig, högrest och bredaxlad med stora muskler. Jag blev nästan rädd. Han hälsade på mig, men sedan ägnade han mig ingen uppmärksamhet utan pratade bara med sina föräldrar på svenska. Jag förstod ingenting men lyssnade med intresse på den sjungande språkmelodin. När han skulle ge sig av igen, föreslog Ben att jag skulle åka med sonen hem. Vi bodde tydligen strax intill varandra. Det stämde. Jag fick skjuts hem, och sonen bytte till och med några ord med mig på engelska innan vi skildes.

27

Nästa dag blev jag som uppgjort hämtad klockan tio. Nu vågade jag fråga Ben om hans namn. Hade jag uppfattat det rätt? Nej, han hette egentligen Bengt. Han sade det mycket tydligt och lät mig säga efter honom. Vi åkte först till en restaurang i ett parkområde vid Vänern. Restaurangen hette Terrassen. Vi träffade en av ägarna, som bad oss att komma tillbaka nästa dag, när chefen för köket skulle vara på plats. Sedan åkte vi till två hamburgerrestauranger och lämnade mitt CV. Till sist kom Bengt på att köra mig till universitetet, där vi gick in på en stor restaurang. Föreståndarinnan, en stilig kvinna i eleganta, svarta kläder, var mycket vänlig men förklarade att de för närvarande hade all personal de behövde. Vi lämnade ändå mitt CV, så att hon skulle kunna ta kontakt med mig om det uppstod behov längre fram. En sak som jag tyckte var konstig på universitetet var att man måste betala för att parkera bilen. Vad skulle det vara bra för? Där fanns ju gott om tomma platser. Jag fick veta att det var så nästan överallt i svenska städer. Det var väl ett sätt för kommunerna att tjäna lite extra pengar. Medan vi satte oss i bilen tog Bengt upp en annan fråga med mig:

– Du sa att du får bo gratis i Marias lägenhet en månad. Har du funderat på vad du ska göra sen?

– Jag hoppas att jag hittar ett jobb. Då kan jag hyra ett rum. Annars vet jag inte vad jag ska göra. Till Uddeholm vill jag absolut inte flytta tillbaka.

– Nej, vi har förstått det, så Carol ringde till Migrationsverket för att ta reda på vad som gäller. Om du ordnar eget boende får du 71 kronor per dag i bidrag. Det blir drygt 2 100 kronor i månaden. Du kan knappast hyra ett rum för de pengarna, och så behöver du ju mat också. Vi ska fundera på om vi inte kan hjälpa dig.

Återigen blev jag bjuden på mat hos Bengt och Carol. Nu var det lunch, och den var mera som min mammas kvällsmat: stuvad kyckling med spenat och makaroner, men kycklingen var egentligen inte riktig kyckling utan ett slags ersättningsprodukt av svamp – varken Bengt eller Carol åt kött, fick jag veta. Med en suck av lättnad konstaterade jag att det inte fanns någon risk att jag blev serverad gris. Efter maten satt vi i deras vardagsrum och pratade. Bengt fortsatte att ställa frågor, men det hade jag ingenting emot. Jag hade ju själv alltid velat ta reda på hur saker och ting förhöll sig. Han undrade vad jag hade för intressen, vad jag läste för böcker, om jag var ute sent på kvällarna, om jag rökte, hur ofta jag duschade etc. Till sist sade han något som jag inte riktigt förstod. Det handlade om ett ledigt rum. De hade berättat att de hade haft olika utbytesstudenter boende hos sig tidigare. Kanske var det dem han pratade om? Carol tog med mig upp på övervåningen och visade mig var en av deras döttrar hade bott innan hon flyttade hemifrån. Väggarna var röda. Där fanns en våningssäng av trä, ett skrivbord, två stolar och flera bokhyllor.

– Vi tänkte att det här kunde bli ditt rum. Du kan få bo här om du vill, förklarade hon.

Långsamt gick det upp för mig. De erbjöd mig att bo hos sig! Det svindlade för mig. Då skulle jag slippa att flytta tillbaka till Uddeholm om en månad, och jag skulle ha någonstans att bo när jag hade hittat ett arbete i Karlstad. Tillbaka i vardagsrummet pratade vi igenom olika detaljer.

– Nu har jag också pratat med Migrationsverket, sade Bengt. Jag ville veta om vi skulle få någon ersättning om vi lät dig bo hos oss, men det får vi inte. Om vi själva väljer vem vi vill ta emot, så utgår ingen ersättning, sa de. Men alla utbytesstudenter har bott gratis hos oss, så det är väl lika bra att du får göra det också.

– Men så fort jag får ett arbete, vill jag betala hyra, invände jag.

– Nej, det behöver du inte. Rummet kostar ju inte mer för oss om du bor i det än om det står tomt. Men det vore bra om du kunde betala för din del av maten.

Vi resonerade om vad som vore en skälig ersättning och kom fram till att åttahundra kronor i månaden borde räcka.

– Hur länge får jag bo kvar? frågade jag och höll andan.

– Tills någon av oss tröttnar, fick jag till svar. Vi får väl se om det blir du eller vi.

Till sist tog Bengt upp en annan fråga.

– Jag vill att vi kommer överens om en sak från början. Vi ska alltid vara ärliga och öppna mot varandra. Vi ska inte bry oss om vad som är artigt eller oartigt att säga. Det ställer bara till problem när man kommer från olika kulturer. Vi ska säga precis vad vi tycker på ett lugnt och sakligt sätt och vi ska lyssna på varandra och diskutera alla frågor öppet. Är du med på det?

Det passade mig precis. Just så hade jag alltid velat ha det. Men så kom jag på något.

– Jag vill gärna flytta hit, men jag kan nog inte göra det på en gång. Jag har ju lovat att ta hand om Marias lägenhet i en månad.

Det var inget problem, fick jag till svar. Jag kunde komma när det passade mig.

Efter kvällsteet skulle jag återvända till lägenheten. Bengt tog mig med ut i garaget.

– Du kan låna den här cykeln tills vidare. Det var vår sons, men sen han köpte bil, använder han den inte längre.

Han gav mig nyckeln och öppnade garagedörren åt mig.

I mörkret cyklade jag längs älven, medan tankarna tumlade runt i huvudet på mig. Ända sedan jag var liten hade jag ställt en massa frågor. Jag var van vid att inte få några svar eller till och med bli bestraffad för min frågvishet. Här hade vi pratat öppet som jämlikar runt matbordet. Jag hade blivit erbjuden att bo hos dem. Var det säkert att jag inte hade missförstått det? Så snart jag kom tillbaka till lägenheten ringde jag mamma, men jag var så upprymd och oklar att hon föreslog att jag skulle ringa igen dagen därpå när jag hade sovit på saken. Det gjorde jag, och hon gav mig sitt stöd för att flytta till den svenska familjen. Jag ringde till Marias mamma, och hon åtog sig att se efter lägenheten medan hennes dotter var borta. Därmed var jag fri att flytta när jag ville. På eftermiddagen cyklade Bengt och jag tillsammans till Terrassen för att lämna mitt CV och träffa kökschefen. Han var mycket

229

positiv och trodde säkert att restaurangen kunde behöva extra personal men inte förrän till sommaren. Då skulle han höra av sig. Ett par timmar senare hämtade Bengt mitt bagage med bilen. Därmed hade jag flyttat hem till honom och Carol.

Precis som kvällen innan drack vi te och åt smörgåsar tillsammans. Jag ville hjälpa till, så jag serverade teet och fyllde naturligtvis först min egen kopp. Ögonblicket efteråt fick jag en känsla av att jag hade gjort något fel, så jag förklarade att artigheten i Syrien kräver att man häller upp åt sig själv först. Bengt skrattade och berättade att det är tvärt om i Sverige. Här är det artigt att servera sig själv sist. Det var nog mitt första exempel på hur bra det var att prata öppet om sina kulturskillnader. Efter kvällsmaten diskade vi tillsammans, och sedan gick jag upp och bäddade min säng. Den här gången kunde jag välja underslafen utan att någon bråkade. Bengt och Carol lade sig tidigt. Det var alldeles tyst i huset. Ingen TV störde när jag skulle sova. Jag låg på rygg och tittade på sängens olika detaljer: sidornas svängda linjer, de svarvade sängstolparna. Jag somnade fylld av glädjen över att ha fått ett eget rum.

Nästa morgon vaknade jag tidigt. I alla fall tyckte jag att jag gjorde det, men ändå hörde jag klirr av porslin och röster från undervåningen. Det var Bengt och Carol som åt frukost. Jag steg upp och klädde mig, och under tiden försökte jag ställa mig in på att undvika att vara besvärlig. När jag satt med de andra två vid frukostbordet, sade Bengt:

– Det viktigaste för att kunna känna sig hemma i ett nytt land är att man lär sig språket. Därför tänkte vi plugga svenska med dig. Är du med på det?

Det var jag mycket positiv till.

– Vi har provat olika metoder med våra utbytesstudenter, och vi har kommit fram till att det här är den bästa. Vi börjar läsa svenska nu på en gång. Du får en lektion om dagen, och efter en vecka slutar vi helt att prata engelska. Då får du klara dig på bara svenska.

Menade han verkligen allvar? Skulle det vara möjligt?

– Du tycker kanske att det låter hårt, men vår erfarenhet är att om man inte bestämmer sig för att konsekvent gå över till det nya språket, så halkar man bara tillbaka i engelska igen och igen. Den av våra utbytare som lyckades bäst var en amerikansk flicka. Efter två veckor bestämde hon sig för att inte prata annat än svenska med någon, inte ens med sina klasskamrater, och i slutet av skolåret fick man anstränga sig för att höra att hon inte var svensk.

Det lät fantastiskt. Jag såg plötsligt nya möjligheter. Kunde hon, så kunde jag!

Bengt gav mig en bok som hette *From English to Swedish 1*. Det var en lärobok i svenska med ordlistor och förklaringar på engelska. I varje kapitel fick man lära sig ungefär trettiofem nya ord, och sedan följde en text där orden användes praktiskt. Det dröjde en stund innan det gick upp för mig att det var Bengt och Carol som hade skrivit boken. Vi började genast gå igenom det inledande kapitlet om uttal. Vi satt mitt emot varandra vid köksbordet, och Bengt sade varje ord långsamt och tydligt. Jag tittade noga på hans mun och sade efter igen och igen.

– Känn efter vad det är för skillnad på "o" och "u", uppmanade han mig. Säg "o – u – o – u – o – u". Det enda du gör är att flytta tungan framåt och bakåt. Rör ingenting annat i munnen! När du säger "u" ska tungspetsen röra vid baksidan av de nedre framtänderna.

Han ville inte ge upp förrän jag kunde säga de olika orden fullständigt korrekt, men det dröjde ändå en tid innan jag kunde säga alla ljud så att han blev nöjd. Det var framför allt "i" som jag inte kunde få spetsigt nog. Och så var det "p" och "b" som jag hade svårt att göra skillnad på. De följande dagarna turades Bengt och Carol om att gå igenom var sitt kapitel med mig, och efteråt satt jag på mitt rum och pluggade först in orden från ordlistan. Det var lätt, för jag har alltid varit bra på att lära mig utantill. Sedan läste jag texterna högt för mig själv flera gånger och förstod dem genast. Jag hade ju redan lärt mig alla orden. Att göra övningsuppgifterna tog längre tid. När veckan hade gått och vi skulle gå över till att bara prata svenska, kunde jag redan un-

231

gefär 250 ord. Ibland fick jag bita mig i tungan för att inte prata engelska, men jag vande mig snart. Både Carol och Bengt talade långsam och tydlig svenska med mig, och själv gjorde jag gester eller pekade på det jag menade när jag saknade ord. Det var också tillåtet att använda enstaka engelska ord för att fråga efter motsvarande ord på svenska. Carol hade förklarat för mig att man blir mycket trött av att exponeras för ett nytt språk så intensivt, och hon hade verkligen rätt. Jag sov nog tolv timmar per dygn och det dröjde inte länge förrän jag vaknade första gången och märkte att jag hade drömt på svenska.

Jag hade inte bott mer än tre dagar hos Bengt och Carol när en kvinna ringde från universitetet. Jag hade lärt känna henne under min tid på Stadshuset, där hon hade ställt upp som volontär och haft svensklektioner. Nu undrade hon om jag ville hjälpa till en vecka med något som kallades Hotspot. Det var en utställning som universitetet ordnade varje år, där företag fick visa upp sig för att rekrytera arbetskraft. Jag tackade förstås ja, för det gav ju mig en unik chans att lära känna människor både från företagen och från universitetet. Det blev en intensiv vecka där jag och ett tjugotal studenter ordnade allt det praktiska kring utställningen. Studenterna var en blandning av killar och tjejer, och alla var mycket positiva och öppna. Jag var för övrigt inte den enda syriern i gruppen. Samma kvinna hade också bjudit in en annan flykting från Stadshuset. Han kunde ingen svenska, och därför var det självklart att vi pratade engelska med de svenska studenterna och arabiska med varandra. Som avslutning på Hotspotveckan blev vi bjudna till en bankett på Karlstads konferenscenter. Jag fick veta att jag skulle klä mig snyggt, och jag valde den bästa skjortan och de finaste byxorna jag hade haft med från Jordanien. Ändå skämdes jag när jag kom till festen och fick se alla killarna jag jobbat med på Hotspot komma i kostym och slips, för att inte tala om flickorna i sina korta, urringade klänningar och sin rikliga makeup. Vi blev serverade exklusiv och prydligt upplagd mat, men portionerna var små och det gick så lång tid mellan rätterna att jag nästan var hungrigare efter middagen än före. Jag tackade förstås nej till vinet som serverades – jag är ju muslim – och strax kom servitören med alkoholfritt vin istället. Det hade en vacker röd färg men smakade mycket bittert. Om jag hade fått välja fritt, hade jag hellre druckit juice eller mjölk. Mellan rätterna hölls långa tal, men jag förstod nästan ingenting. Kvinnan som ansvarade för Hotspot ropade upp studenterna och jag gissar att hon tackade för deras medverkan. Till sist läste hon upp namnen på mig och den andre syriern. Vi reste oss förvirrade, och alla applåderade. Det var förstås roligt men också lite pinsamt, eftersom jag inte visste vad hon hade sagt.

Redan den första dagen av min vecka på universitetet fick jag också ett annat erbjudande. Samma kvinna som hade kontaktat mig om Hotspot hade tagit initiativ till att universitetet skulle erbjuda tio flyktingar från Syrien tre månaders praktik. Jag var en av de utvalda och tackade naturligtvis ja. Vi fick börja direkt efter Hotspot-veckan och blev placerade på olika avdelningar. Själv hamnade jag på en avdelning som hette Centrum för tjänsteforskning. Min arbetstid var från tio på förmiddagen till fyra eller fem på eftermiddagen, och mina arbetsuppgifter var praktiska som att kopiera och häfta ihop kompendier, göra ärenden och liknande. Det var säkert inte så lätt att hitta på meningsfulla arbetsuppgifter åt praktikanterna, så en ganska stor del av tiden hade jag inget att göra. Jag satt granne med en annan kille från Syrien, och det ledde oundvikligen till att vi pratade arabiska med varandra en stor del av dagen. Vi satt förstås också med på avdelningens lunchraster och kafferaster, och då talade alla engelska. Det var inte för vår skull utan på grund av att några av de anställda inte kunde prata svenska. Universitetet var helt enkelt en mycket internationell arbetsplats. Hemma pratade Bengt och Carol uteslutande svenska med mig, men även om min svenska hade utvecklats fort de första veckorna gick den nu närmast bakåt. Jag pratade ju arabiska och engelska hela dagarna och orkade inte längre ställa upp på några svensklektioner. På morgnarna hade jag inte tid och när jag kom hem från universitetet var jag för trött. Mina "svenska föräldrar", som jag hade börjat kalla Bengt och Carol, var bekymrade. Bengt, som hade arbetat på universitetet de sista femton åren innan han gick i pension och hade många kontakter där, skrev och klagade. Om jag inte fick

233

öva svenska under praktiken, vore det bättre att jag stannade hemma och koncentrerade mig på att bara plugga svenska!

Resultatet blev att jag fick tid avsatt för att läsa svenska som en del av min praktik varje dag. En av mina handledare tog med både mig och min syriske kamrat till universitetsbiblioteket och visade oss var vi kunde hitta enkla barnböcker. Där skulle vi sitta och läsa för att komma igång med svenskan. Jag fick också tillåtelse att stanna hemma de dagar jag var för trött. Det ledde till att det gick bättre med svenskan igen, och jag hade snart läst ut Bengts och Carols lärobok. Under tiden arbetade de med att skriva en fortsättning till den första boken, och de gick igenom de nya kapitlen med mig ett efter ett. Jag bidrog med synpunkter, särskilt när det gällde grammatik, där jag hade lärt mig begrepp och termer under mina studier i Jordanien. Ändå tog det emot alltmer för mig att läsa svenska. När vi satte oss ner för att gå igenom ett nytt kapitel, fick jag ofta akut huvudvärk och var tvungen att gå och lägga mig. Kanske behövde jag glasögon, trodde Bengt. Han tog mig med till en optiker, som undersökte min syn och konstaterade att jag borde kunna läsa bättre med glasögon. Eftersom jag var ny kund ville optikern ha betalt för glasögonen innan han lät tillverka dem, så Bengt lade ut de 2 885 kronor som de kostade så länge. Jag lämnade kvittot till Migrationsverket och fick efter någon månad ersättning för dem så att jag kunde betala Bengt tillbaka. Migrationsverket gav ju asylsökande ersättning för läkarvård, och dit räknades alltså även kostnader för glasögon. Tyvärr gjorde glasögonen ingen större skillnad när det gällde att läsa in glosor och göra övningsuppgifter. Det tog fortfarande emot.

En dag började jag gråta vid kvällsmaten. Bengt och Carol blev bekymrade och undrade hur det var fatt med mig. Hade det hänt något tråkigt på jobbet? Hade jag ont någonstans? När jag inte orkade svara och tårarna fortsatte att rinna, kom båda två fram och lade armarna om mig. Långsamt spred sig ett lugn inom mig, och jag kunde förklara att det var svåra minnen från kriget i Syrien som spökade inom mig. Jag kunde inte glömma dem, och när jag försökte låta bli att tänka på dem var det bara som att stänga in dem i lådor. Då och då gläntade en låda på locket utan att jag ville det. Plötsligt vällde ett minne fram och fyllde mig med fasa. Det kunde vara på natten när jag skulle sova men lika gärna på dagen när jag satt på cykeln. Plötsligt visste jag inte längre var jag var, och ibland körde jag nästan av vägen eftersom jag inte såg den längre. Mellan gråtattackerna berättade jag hur jag hade sett människor bli skjutna och sprängda. Det lättade lite att få berätta om det, och när jag gick och lade mig den kvällen kände jag mig lugnare.

Den våren gjorde Bengt och Carol två resor, en till Malmö och en till Uppsala. Båda gångerna var de borta i flera dagar, och de bad mig att ta hand om katten och mata fiskarna i akvariet. Egen nyckel till huset hade jag fått redan första dagen, och nu lämnade Bengt dessutom en del pengar i ett skåp i köket. Dem skulle jag använda om jag måste köpa något som fattades. På byrån i sovrummet låg ett par smycken som Carol ärvt efter sin mamma. Inte ens dem hade de gömt innan de åkte. Jag var förvånad över att de litade så fullständigt på mig. Jag hade ju bara bott hos dem ett par veckor.

Jag har också ett annat mycket positivt minne från den våren. Carol och Bengt hade varit volontärer i en internationell utbytesorganisation som hette AFS, och därför erbjöds Carol och jag att delta i ett möte som AFS ordnade på landshövdingens residens i Karlstad. Vi var ungefär femton personer, några utbytesstudenter, några ensamkommande ungdomar från Afghanistan plus Carol och mig. Redan i dörren till residenset var det landshövdingen själv som tog emot. Han log vänligt och skakade hand med var och en av oss. Sedan visade han oss runt i byggnaden, pekade ut tavlor och förklarade vem som hade målat dem. Han berättade att det fanns en särskild våning för kungafamiljen när de kom på besök. Med mig pratade han självklart svenska, och inte förrän jag bad honom att prata långsamt insåg han att jag var en av flyktingarna i gruppen. När han sedan fick veta att jag bara hade läst svenska i två månader, blev han mycket imponerad. Han bjöd på saft och kakor och pratade kamratligt med oss. Det var inte alls som i Syrien, där jag föreställer mig att man måste

235

sitta helt tyst och inte så mycket som lyfta blicken vid ett möte med en man i en sådan position. Någon tog kort på mig tillsammans med honom, och på bilden har han lagt armen om mina axlar. På vägen hem stod jag upp och cyklade, för jag var så glad att jag inte kunde sitta ner. Landshövdingen hade ändrat hela min syn på politiker.

När jag började praktikperioden på universitetet i februari hade det snöat. När jag den slutade i maj hade träden fått löv och överallt hade blommor slagit ut. Jag talade flytande svenska men med begränsat ordförråd. Bengt klagade på att jag pratade för fort och att jag "svalde" en del stavelser. Det var säkert ett inflytande från arabiskan. Han ringde Terrassen, restaurangen som hade sagt att de behövde extra personal över sommaren. Nej, det var inte aktuellt än – inte förrän i juni. När månadsskiftet närmade sig ringde Bengt igen. Nej, inte nu, kanske i juli. Då behövde de någon som sålde glass. Tänk att det skulle vara så svårt att få ett jobb, jag som hade arbetat på restauranger både i Syrien och Jordanien! Men det dröjde bara några dagar innan kökschefen ringde tillbaka. Deras diskare var sjuk. Kunde jag rycka in genast? Jag satte mig på cykeln och åkte dit. Kökschefen, som hette Robban, tog emot mig och visade mig hastigt runt. Restaurangen var bara öppen för gäster på sommaren, men de drev redan nu catering och lagade mat på beställning. Robban var mycket vänlig, men jag hade svårt att förstå vad han sade. Det visade sig att han var från Skåne, som ligger längst söderut i Sverige. Där pratar människor en annan dialekt. När han förstod mitt problem, började han tala långsamt och tydligt med mig, och det hjälpte. När jag kom hem den kvällen, berättade Bengt att restaurangens ägare hade ringt till honom och sagt att jag var den bäste nybörjare de någonsin hade haft – nåja, jag var ju inte heller någon nybörjare – och att de ville att jag skulle börja arbeta hos dem genast. Därmed hade jag fått arbete min första sommar i Sverige.

28

Det var stor skillnad på arbetsvillkoren i Sverige jämfört med vad jag hade upplevt i Jordanien. För det första var jag lagligt anställd i Sverige trots att jag ännu inte hade fått något uppehållstillstånd. Som jag har berättat tidigare arbetade jag hela tiden "svart" i Jordanien, men här måste jag redan när jag sökte arbete visa upp mitt LMA-kort,[2] där det stod angivet att jag hade undantag från krav på arbetstillstånd. För det andra fick jag genast lära mig att logga in när jag kom till arbetet och logga ut när jag gick hem. Det betydde att jag fick betalt för varje minut på jobbet. Läsaren minns nog sedan tidigare hur det var med arbetstid och lön i Jordanien. Min spontana reaktion var att arbeta intensivt hela tiden. Fick jag betalt för varje minut, så kunde jag inte med gott samvete ta en enda minuts paus. Man måste ju vara ärlig med det man gör! Det var väl det som hade fått ägaren att berömma mig som en bra nybörjare. En tredje skillnad mellan Sverige och Jordanien var att ägaren genast frågade efter numret på mitt bankkonto. Utan det kunde han inte betala ut min lön, för några pengar i handen som i Jordanien förekom inte här. Han skulle dessutom dra av en del av mina 122 kronor i timmen som skatt och betala in den till Skatteverket, och för att han skulle kunna göra det måste jag skaffa något som kallades samordningsnummer. För mig var allt detta nytt, men Bengt engagerade sig för att hjälpa mig. Han berättade att finansmarknadsminister Per Bolund den 15 juni hade meddelat att asylsökande som fått undantag från arbetstillstånd hade rätt att öppna bankkonto mot att de visade upp sitt LMA-kort. Bengt tog därför med mig till Handelsbanken för att öppna ett konto, men där hade ingen hört talas om de nya reglerna. Inte ens sedan de läst ministerns uttalande, kunde de lösa problemet. Deras interna rutiner gjorde det helt enkelt omöjligt för dem att öppna ett konto åt mig. Det slutade med att Bengt fick öppna ett konto åt mig i sitt namn. Samtidigt skojade han med mig om att bara jag hade arbetat tillräck-

---

[2] Tillfälligt identitetskort för asylsökande utfärdat av Migrationsverket.
LMA = lagen om mottagande av asylsökande.

ligt länge, så skulle pengarna räcka till en resa till Hawaii för Carol och honom. Det skrämde mig inte det minsta för jag litade fullständigt på honom. Från banken gick vi tillsammans till Skatteverket för att skaffa samordningsnumret. Redan i dörren blev vi mötta av en artig och vänlig värd, som frågade efter vårt ärende och tog oss med till ett bord. Hon lade fram rätt blankett åt oss att fylla i och svarade genast på allt vi frågade. Några veckor senare, i god tid före utbetalningen av min första månadslön, fick jag ett brev från Skatteverket med samordningsnumret. En sådan service från en statlig myndighet var jag minsann inte bortskämd med.

Jag var mycket glad över att ha fått ett jobb, och huvudvärken som den senaste tiden hade blommat upp så snart jag såg en lärobok i svenska, var nu som bortblåst. Samtidigt får jag väl erkänna att diska inte är den roligaste av arbetsuppgifter. Diskmaskinen fanns i ett separat rum, och där stod jag ensam hela dagarna. På avstånd hörde jag de andra prata i köket, och när jag frågade om det var tillåtet att använda hörlurar och lyssna på musik medan jag arbetade, fick jag nej. De måste ju kunna ropa på mig, om de behövde min hjälp med något. Efter kanske två veckor tog jag själv initiativ till att göra mitt arbete mer omväxlande. Om jag diskade riktigt snabbt, fick jag då och då en stund över. Den använde jag till att smita ut i köket och hjälpa till med sysslor som att hacka grönsaker. Det var jag van att göra förut, och kökspersonalen upptäckte snart att jag var mycket snabb. Sedan restaurangen hade öppnat för sommaren var det mera att göra. Som mest arbetade fem kockar i köket samtidigt. Det kom många gäster på kvällarna, och vid stängningsdags fanns det berg av disk att ta hand om. Då kom kockarna och hjälpte mig. På så sätt utvecklade vi ett fint samarbete, och mina uppgifter blev mindre monotona. Alla pratade svenska med mig, och jag började allt mera tänka på svenska istället för på arabiska.

Hela sommaren cyklade jag till och från arbetet. För det mesta arbetade jag från förmiddagen till kvällen, men schemat varierade och det hände att jag fick sluta redan mitt på eftermiddagen. I juli var vädret varmt, och när jag cyklade hem längs älven, låg flickor och solade klädda i minimala baddräkter. Något sådant hade jag aldrig sett förut, och om jag ska beskriva mina reaktioner så ärligt jag kan, så var de blandade. En del av flickorna var mycket vackra, och det var svårt att inte titta på dem. Samtidigt är jag själv ganska blyg, och det kändes fel att jag skulle få se dem nästan nakna. Ja, jag var obekväm med hela situationen.

Bengt och Carol ville att jag skulle få se mera av Sverige, så de bad mig att ta ledigt några dagar från arbetet och till min förvåning gick Robban med på det. Vi åkte bil till Stockholm och fick bo över i tre nätter hos goda vänner till dem. De hade kommit som flyktingar från Iran 1989 och efter flera år av svårigheter att lära sig språket och få jobb, hade nu båda bra arbeten. De bodde i en mycket fin lägenhet högst upp i ett hus i stadsdelen Årsta, och från deras fönster hade man en milsvid utsikt över hela Stockholm. Tänk om jag också kunde få råd att köpa mig en egen bostad en dag! Eftersom deras barn hade flyttat ut fanns det dessutom gott om plats, så jag fick till och med ett eget rum att sova i. På dagarna visade Bengt och Carol mig runt. Vi gick i Gamla stan, tog färjan till Djurgården, besökte Vasamuseet och vandrade runt på Skansen. På kvällarna satt vi på familjens inglasade balkong och åt och tittade på utsikten. Vi pratade om allt möjligt, och min svenska flöt helt naturligt. Ibland fick jag peka på något som jag inte hade ord för, men att gå över till engelska var inte längre något naturligt alternativ. Familjen vi bodde hos var mycket vänliga, och när de fick höra att jag hade en kusin i Stockholm, bjöd de hem honom på fika. Det var han som hade rekommenderat mig att flytta till Sverige, och nu sågs vi för första gången sedan kriget hade brutit ut i Syrien. Jag minns hela besöket i Stockholm som en mycket positiv upplevelse.

Mitt arbete på Terrassen fortsatte, och när restaurangen skulle stänga för säsongen bjöd ägaren alla anställda på avslutningsfest. Den var en söndag, den 21 augusti, och först skulle hela personalen åka till en upplevelseanläggning som hette Boda Borg i Karlskoga, där vi skulle tävla i lag mot varandra. För mig blev det inte så lyckat, för jag kom sist till Terrassen den morgonen, och när vi steg i bilarna för att åka till Karlskoga, hade de andra ung-

239

domarna redan delat upp sig i lag. Ägarna, som var en generation äldre än mig, tog generöst emot mig i sitt lag, men det var inte lika roligt. Boda Borg var ju en anläggning där man kunde anta utmaningar som att krypa genom tunnlar och klättra på väggar, men ägarna ville hellre sitta bekvämt och prata. Därför kände jag mig utanför och var inte på mitt bästa humör när vi åkte tillbaka mot Karlstad. Nu fick vi två timmar ledigt och sedan skulle det bli middag på restaurangen. Jag cyklade hem för att byta kläder, men på vägen hände något som skulle styra mitt liv i en ny riktning.

När jag cyklade genom centrum bland alla människor som rörde sig där, föll min blick på en familj med en liten flicka. Hon var precis lik min minsta syster! Plötsligt var världen omkring mig borta. Jag var tillbaka hos min familj i Amman. Jag såg mamma och pappa och mina syskon omkring mig. Sekunden efteråt small det. Jag kanade längs cykelbanan och blev liggande några sekunder. När jag kravlade mig upp igen kände jag en intensiv smärta i höger hand, som hade kommit i kläm mellan styret och asfalten. Jag hade också fått styret i bröstet och skrapat sönder mitt ena knä. Min första tanke var att fly hem, men en kvinna i min mammas ålder som sett hela olyckan sade mycket bestämt åt mig att jag skulle gå in på vårdcentralen som låg tvärs över gatan och få skadorna omplåstrade. Där blev jag hastigt undersökt av två sjuksköterskor som kom fram till att jag måste åka till akutmottagningen på sjukhuset. Jag ringde hem, och ganska motvilligt kom Bengt och hämtade mig. Medan han körde mig till sjukhuset, pratade vi om hur sjukvården fungerar. För mig var det självklart att mamma tog mig och mina syskon med till sjukhuset så fort vi hade gjort oss illa, och i Syrien var jag van att bli behandlad gratis och utan långa väntetider. Bengt hade tydligen en helt annan uppfattning. Han tyckte att det var bäst att låta skador läka av sig själva, så länge man inte hade brutit ett ben eller en arm förstås, men så illa var det väl inte med mig? Hans erfarenhet var att väntetiderna var långa, man fick träffa en ny läkare varje gång och det var näst intill omöjligt att få en remiss från vårdcentralen till sjukhuset. Han avslutade med att slå vad med mig om tjugo kronor att jag inte hade brutit någonting.

Det var också en annan sak som störde mig, men den vågade jag inte ta upp med Bengt förrän långt senare. Hur kunde han lämna mig ensam på sjukhuset? I Syrien var det alltid minst en släkting, ofta flera stycken, som gjorde den skadade sällskap. Bengt förklarade att för honom var det självklart att en 22-åring tog ansvar för sig själv. Man var ju definitionsmässigt vuxen när man hade fyllt 18 år, och därmed hade föräldrarna i princip inte längre någon rätt att få veta vad läkaren kom fram till när han undersökte deras barn. Det var en fråga om integritet. Jag tyckte att det var jättekonstigt.

Jag haltade in på akutmottagningen strax efter fem den eftermiddagen. Där fick jag först vänta i ungefär tre timmar innan det blev min tur att förklara varför jag sökte vård. Det resulterade i att jag blev flyttad till ett annat väntrum. Vi var fem personer i rummet. Ingen av de andra såg ut att vara lika illa skadad som jag. Tiden kröp fram, och ju längre jag väntade desto mera ont gjorde det både i handen, bröstet och knät. Vid niotiden kom en sjuksköterska och tog med mig till ett undersökningsrum. Jag fick sätta mig på en brits, och hon frågade vad som hade hänt. Jag blev tvungen att upprepa samma historia en gång till. Hon tog några blodprover och sade sedan att läkaren snart skulle komma och undersöka mig. Så lämnade hon mig ensam. På väggen hängde en klocka. Jag såg den ticka fram sekund för sekund. Mamma ringde, men jag hade mycket ont och kunde knappt behärska mig när jag skulle prata med henne. Visst ville jag ha hennes tröst, men samtidigt ville jag inte berätta hur illa det var ställt med mig. Det skulle bara oroa henne. Efter trettio långa minuter öppnades dörren. Jag väntade mig förstås att det var läkaren, men istället var det sjuksköterskan som meddelade att de behövde rummet. Jag fick flytta ut på en brits i korridoren. Där satt jag medan minuterna fortsatte att krypa fram. Då och då gick någon sjuksköterska eller läkare förbi utan att så mycket som titta på mig. Jag fick mer och mer ont, men när jag bad en sjuksköterska om värktabletter fick jag nej. Till sist såg jag flera ur personalen komma med kaffekoppar och gå in i ett rum. Jag tog mod till mig och knackade på. En sjuksköterska öppnade och undrade vad jag ville.

241

– Jag har så ont. Jag orkar inte vänta längre. Jag blir nog tvungen att åka hem.

– Nej, det får du inte göra, var hennes mycket bestämda svar. Vi har ju inte hunnit undersöka dig ännu.

– Jag kom hit kvart över fem. Nu är klockan nästan elva. Ingen har kommit för att undersöka mig än.

– Nej, du får vänta lite till. Läkaren är upptagen, men det blir strax din tur.

När jag återvände till britsen upptäckte jag att jag hade fått flera SMS från mamma som undrade hur det var med mig. Jag ringde till min bror Ali och bad honom förklara för mamma att jag var upptagen och skulle ringa henne i morgon. Förresten var batteriet i min mobil nästan slut. Äntligen kom sköterskan och tog mig med tillbaka till undersökningsrummet. Läkaren gjorde en mycket snabb undersökning och bestämde att min hand behövde röntgas. Sjuksköterskan gick med mig till röntgenavdelningen, och på vägen passade jag på att fråga varför läkaren inte hade tittat på min hand och skickat mig till röntgen på en gång. Varför hade jag fått vänta i sju timmar? Hon förklarade att det bara var en läkare i tjänst och därför fick alla vänta så länge. Nu fick jag äntligen handen röntgad ur olika vinklar, och när jag återvände till avdelningen klockan ett på natten, lade läkaren och sköterskorna ett gipsbandage om min hand och arm. Jag fick veta att jag hade brutit båtbenet, ett av benen i handen, och att det skulle ta många veckor innan det läkte. Dessutom tvättade de mitt sönderskrapade knä och satte ett bandage på det. Äntligen var jag klar! Jag vågade inte ringa till Bengt eftersom jag förstod att han och Carol sov. Sköterskorna hjälpte mig istället att ringa efter en taxi. Jag väntade i rummet innanför ingången. Där var det mycket kallt, och det dröjde över en timme innan taxin kom. Klockan var halv fyra på morgonen när jag lämnade sjukhuset. Hela besöket hade alltså tagit ungefär tio timmar. Något sådant hade jag aldrig varit med om, vare sig i Syrien eller Jordanien. Det var en lättnad att få återvända hem. I trappan snubblade jag till och råkade väcka Bengt och Carol. Båda kom för att se hur det var med mig, och de blev mycket förvånade när de såg min gipsade arm. Däremot verkade de inte alls oroliga utan sade helt enkelt god natt. Nästa morgon åt vi som vanligt frukost tillsammans. Det var besvärligt att äta med vänster hand – höger var ju gipsad. När jag kom upp på rummet igen, såg jag att mamma hade försökt få tag på mig. Jag ringde upp henne på Skype och försökte ställa in kameran på datorn så att hon bara skulle se mitt ansikte. Hon frågade förstås vad som hade hänt, och när jag svarade undvikande krävde hon att få veta sanningen. Jag vred kameran så att min gipsade arm kom med i bilden, och mamma började genast gråta ohejdat. Jag förklarade att jag hade brutit båtbenet men att det skulle läka och allt skulle bli bra igen. Hon bara fortsatte att gråta. Tänk så stor skillnad det var på hennes reaktion och på Bengts och Carols. Berodde det på att de var olika som individer eller var det en kulturskillnad?

De första nätterna efter olyckan hade jag svårt att sova. Det gjorde ont i handen, och gipset störde mig. På dagarna blev jag sittande hemma. Även om Terrassen fortfarande bedrev catering, kunde jag förstås inte arbeta hos dem längre. Man kan inte gärna diska eller hacka grönsaker med en gipsad arm. Märkvärdigt fort vande jag mig vid att både äta och skriva med vänster hand. När jag pratade med mamma om det, fick jag veta att jag från början hade varit vänsterhänt. I skolan hade jag blivit tvingad att skriva med höger hand, och hon hade själv fått mig att äta med höger. Jag hade till att börja med ingenting att göra, men efter kanske två dagar kom Bengt hem med en bok som han hade lånat åt mig på biblioteket. Den hette *Röde Orm*, och han förklarade att den handlade om en viking som hette Orm och var lika rödhårig som jag. Han levde för mer än tusen år sedan innan svenskarna blev kristna, och han seglade till Spanien och blev tillfångatagen av muslimer. Boken var "lättläst", och det betydde att man hade arbetat om originalet så att berättelsen blev kortare och svåra ord hade bytts ut mot lättare. Jag hade egentligen aldrig läst en roman förut, bara facklitteratur, men vid kvällsmaten började Bengt läsa högt för mig. Han läste långsamt och tydligt och stannade upp och förklarade ord som jag inte förstod. Nästa dag fortsatte han likadant vid frukosten och lunchen. Då hade boken börjat bli riktigt spännande, och eftersom han var upptagen med

243

annat på eftermiddagen, föreslog han att jag skulle fortsätta att läsa själv. Han rekommenderade mig att inte slå upp ord som jag inte förstod utan gissa vad de betydde utifrån sammanhanget. Då gick det fortare att läsa och var mindre risk att jag tröttnade. Jag tog med boken upp på rummet, och satte igång. Det gick lättare än jag hade trott, och märkligt nog förstod jag nästan allt, även ord som jag aldrig hade sett förut. När jag kom ner till kvällsmaten hade jag läst femtio sidor och var helt fascinerad av boken. Bengt läste några bitar till högt för mig, och i övrigt fortsatte jag att läsa tyst för mig själv. Två dagar senare hade jag läst ut den. Då föreslog Bengt att vi skulle cykla till stadsbiblioteket och låna någon mera bok. Det var väl inga problem att cykla med en gipsad arm?

– Du brukar ju ändå inte hålla i styret, lade han till med en min som låg någonstans mellan skämt och allvar.

Jag drog på en skjorta med tillräckligt vida ärmar för att passa utanpå gipset, och så gav vi oss av. På biblioteket visade en av bibliotekarierna oss hyllorna med lättlästa böcker. Det fanns flera hyllmeter. Bengt hittade *Greven av Monte Cristo* av Alexandre Dumas. Jag hade aldrig hört talas om varken boken eller författaren och såg nog helt oförstående ut.

– Den här boken kommer du att älska, sade Bengt entusiastiskt.

Den bestod av två delar, och vi lånade båda böckerna. Vid kvällsmaten började han precis som förut att läsa högt för mig, och efteråt satt vi tillsammans och läste ända till kvällen. Då fick jag ta över boken, och – ja, läsaren kanske har svårt att tro det – nästa morgon hade jag läst ut den första delen. Den var så spännande att jag inte hade kunnat lägga den ifrån mig på hela natten! Vid frukosten pratade vi om boken, och Bengt och Carol insåg att jag verkligen hade förstått allt. Kanske sov jag en liten stund den förmiddagen, men klockan elva samma kväll hade jag läst ut den andra delen också.

Nu var det dags att låna nya böcker. Jag läste *Jane Eyre*, som vi strax innan hade sett på film tillsammans, och sedan rekommenderade Bengt en serie böcker av en författare som hette Per Anders Fogelström. De var fem stycken och handlade om en svensk släkt under perioden 1860-1968. Den första delen hette *Mina drömmars stad*. Jag läste den och för mig var det en överraskning att upptäcka hur fattiga svenskarna hade varit för bara lite över hundra år sedan. De bodde många i samma rum med torrdass på gården. De ägde bara de kläder de hade på sig. De arbetade lika många timmar om dagen som jag hade gjort i Jordanien, och som lön fick de inte pengar utan mat, men så lite att en del dog av svält. Sedan fortsatte jag med de andra böckerna i serien och fick lära mig hur Sverige steg för steg hade förvandlats, tills människor hade det nästan lika bra som idag. Det gav mig en helt annan förståelse för mitt nya land. Jag insåg varför många äldre är så sparsamma, medan de unga som inte har upplevt någon brist inte alls håller lika hårt i sina pengar. Jag förstod varför män och kvinnor började flytta ihop utan att gifta sig som en protest mot kyrkan som hade styrt de föregående generationernas liv med järnhand. När jag till sist hade läst ut hela serien, bestämde jag mig för att gå över till att läsa "riktiga" romaner på svenska, inte längre några lättlästa versioner. På Bengts rekommendation blev det Alexandre Dumas' *De tre musketörerna* i fyra, tjocka band som bibliotekarien fick hämta upp från källaren. Det var tydligen inte många som lånade dem längre. Jag upptäckte snart att jag hade sett berättelsen om musketörerna som en serie barnfilmer i Syrien, och det gjorde det lättare att förstå språket.

Den hösten ökade mitt ordförråd lavinartat utan att jag behövde lägga någon medveten möda på att plugga svenska. Det kom liksom av sig själv. Jag förstod i stort sett allt som människor sade, och jag hade inte längre några svårigheter att uttrycka det jag ville ha sagt. På bara några månader hade min svenska blivit mycket bättre än min engelska. Det hände till och med att jag fick leta efter något arabiskt ord när jag pratade med mamma, eftersom det svenska ordet dök upp först i huvudet på mig. Men det var faktiskt inte bara böckerna som hjälpte mig. Under min praktik på universitetet hade jag lärt känna personer från en rad olika ämnen, och en av lärarna från matematik hade erbjudit mig att under hösten sitta med på en av deras kurser. Eftersom jag saknade slutbetyg från gymnasiet, kunde jag inte bli formellt antagen, men tanken var att jag ändå skulle få en inblick i hur det var att läsa på ett svenskt universitet. Sedan mitten på september hade jag alltså tre gånger i veckan suttit med på lektionerna i en kurs som hette "Grundläggande matematik för ingenjörer". Det var bra på flera sätt. För de första fick jag se att mina kunskaper från Syrien och Jordanien mycket väl motsvarade de krav som ställdes på svenska studenter. För det andra fick jag träna på att skriva matematiska uttryck på svenska och dessutom med vänster hand. I början kändes det avigt att vända rotmärkena tvärt emot vad jag var van vid och att sätta ut exponenten snett uppe till höger (X^2) istället för till vänster (^2X). För det tredje fick jag kompisar som pratade svenska med mig på rasterna, inte engelska som de anställda hade gjort terminen innan.

I slutet av september hände något som jag hade väntat på länge. Medan vi åt lunch stannade den gula postbilen vid vår brevlåda. Jag sprang ut och hämtade posten, och – tänk – där låg ett brev till mig från Migrationsverket. Jag öppnade det, och trots att jag förstod varje ord i texten, vågade jag knappast tro att det var sant. Jag visade brevet för Bengt och – jodå, jag var kallad till intervju. Äntligen skulle verket besluta om jag skulle få uppehållstillstånd eller inte. Passande nog skulle intervjun hållas den 21 oktober, det vill säga på min verkliga 22-årsdag, och säkert skulle min ansökan bli beviljad – det blev den ju för alla syrier så länge kriget pågick. Sedan kunde jag äntligen börja studera på riktigt. Samtidigt var jag nervös för hur det skulle gå. Tidigare hade flyktingar genast fått permanent uppehållstillstånd i Sverige, men den 20 juli 2016 – alltså ett knappt år *efter* det att jag hade kommit hit – hade en ny lag börjat gälla. Den fastslog att ensamkommande som var äldre än 18 år bara kunde få ett tillfälligt uppehållstillstånd. Det gällde i tre år för den som bedömdes vara "flykting" men bara i tretton månader för den som bedömdes vara "alternativt skyddsbehövande". Om det fortfarande fanns skyddsskäl när uppehållstillståndet gick ut, kunde man få det förlängt. Hur skulle det gå för mig? Skulle jag få tre år eller tretton månader?

29

Min intervju skulle hållas i Gävle, tvåhundra kilometer norr om Stockholm. Migrationsverket skickade tågbiljetter och skrev att jag skulle ta med kläder och lakan, för jag måste räkna med att bli kvar i Gävle i flera dagar. Nervös och osäker packade jag min väska. Bengt och Carol skjutsade mig till stationen och försökte hela tiden muntra upp mig så gott de kunde. Vi kramade varandra till avsked, och så steg jag på tåget. Jag hade tagit med ett slags pussel som kallas "Rubiks kub" och satt och vred frenetiskt på den medan jag försökte låta bli att tänka på vad som skulle hända i Gävle. Centralstationen i Stockholm är stor med många spår, men jag lyckades byta tåg utan problem. Efter ytterligare två timmar hade jag nått min slutstation. Där frågade jag en äldre kvinna på cykel efter vägen till Migrationsverket. Mitt språk var nog fortfarande påverkat av *De tre musketörerna*, för utan att tänka mig för tilltalade jag henne "min dam". Av hennes min att döma uppskattade hon min otidsenliga artighet, och hon tog sig tid att beskriva vägen utförligt för mig. Solen sjönk just ner bakom horisonten, när jag kom fram till verkets kontor. Där måste jag ringa på en porttelefon och uppge mitt namn innan jag blev insläppt – de var tydligen noga med säkerheten – och jag fick veta att min intervju skulle bli klockan halv ett dagen därpå. Kontoret låg i samma byggnad som ett asylboende, där de som kallats till intervju var välkomna att övernatta. Rummen såg ut som i Uddeholm med fyra våningssängar i varje, och det gick kalla kårar längs ryggen på mig bara jag såg dem. Bengt och Carol hade berättat att de hade en bekant, en före detta student från Karlstad, som nu läste en masterutbildning på Högskolan i Gävle. Jag ringde hem, fick hans nummer, ringde honom, och han kom och hämtade mig. Den natten sov jag på soffan i hans studentrum, och det kändes mycket bättre.

Nästa morgon, som var en fredag, skjutsade studenten mig till Migrationsverkets kontor redan klockan åtta, eftersom han själv hade lektion då. Där satt jag hela förmiddagen och väntade. Jag hade en obehaglig känsla av att de andra flyktingarna tittade med viss misstänksamhet på mig. Mitt röda hår fick dem förstås att undra vad jag gjorde där. Samtidigt hjälpte jag vid några tillfällen handläggarna att ropa ut svåruttalade, arabiska namn, vilket väl gjorde det ännu svårare för de andra i väntrummet att gissa vem jag var. Vid tolv erbjöds vi lunch, men jag var för nervös för att kunna äta. Så kom till sist den utredare som skulle intervjua mig. Han var en lång och smal man i tjugofemårsåldern som såg vänlig ut. Mycket långsamt och tydligt förklarade han på svenska att min tolk var försenad. Vi kunde inte börja intervjun ännu. Jag svarade att jag inte behövde någon tolk. För mig gick det lika bra att göra intervjun på svenska. Nej, det gick absolut inte. Reglerna sade att jag bara fick tala mitt modersmål under intervjun och att det måste finnas en tolk som översatte i båda riktningarna. Jag fick vackert vänta tills tolken kom. Det dröjde nog tjugo minuter innan han dök upp, och till min besvikelse visade han sig vara utredarens raka motsats: en kort och tjock, gammal man med utpräglat sur uppsyn. Jag hörde genast på hans arabiska att han kom från Irak. På utredarens kontor började jag med att lägga fram mina rekommendationsbrev. Jag hade fått mycket positiva omdömen både från universitetet, Terrassen och Bengt och Carol. Jag hade till och med ett intyg från Skatteverket som bekräftade att jag hade betalat skatt. Utredaren tog emot pappren men förklarade samtidigt att han inte kunde ta någon som helst hänsyn till dem. Hans uppgift var uteslutande att bedöma mig utifrån den intervju han skulle göra. Så betonade han återigen att jag måste hålla mig strikt till att tala arabiska. För mig var det inte alls lätt. Han sade till exempel:

– Stämmer det att du är tjugoett år gammal?

– Ja, svarade jag spontant, för det var ju min officiella ålder.

– Nej, du får inte svara direkt och inte på svenska, suckade utredaren.

Jag måste alltså först vänta på att tolken översatte frågan, som jag ju redan hade förstått. Sedan måste jag säga "na'am", det vill säga "ja" på arabiska, och vänta på att tolken skulle översätta mitt svar, innan utredaren kunde ställa nästa fråga. För mig var det fullständigt löjligt. Dessutom förkortade tolken vad jag sade, och vid några tillfällen översatte han direkt fel. Jag fick till exempel frågan om några av mina släktingar i Syrien hade blivit dödade, och jag berättade att min mosters dotter hade blivit skjuten och att en kusin och en morbror till mig hade blivit gripna för mer än två år sedan och att vi inte hade hört något från dem sedan dess. Tolken översatte ordet för "morbror" med "farbror", och när jag försiktigt påpekade på arabiska att han hade sagt fel, sade han irriterat på svenska:

– Han ändrade sig just och säger att det var hans morbror istället.

Det gav ju ett intryck av att jag satt och hittade på, när det egentligen var han som inte översatte korrekt. När jag fick frågan vilka ställen jag flytt till i Syrien, räknade jag noggrant upp alla, bland annat Sahnaya. Sedan mitt svar blivit översatt, sade utredaren:

– Sahnaya? Det finns inget ställe på min karta som heter så.

– Var snäll och öppna Google Maps på din dator, så ska jag visa dig var det ligger, sade jag.

Det tog åtminstone tio minuter att peka ut var Sahnaya låg, eftersom det var han som skötte tangentbordet och vartenda ord som vi sade måste översättas fram och tillbaka. Det var jättejobbigt!

Klockan två förklarade utredaren att vi skulle ta en paus. Han bjöd mig på en kopp varm choklad, och tolken gick ut för att röka. Där satt utredaren och jag tillsammans och pratade svenska. Det fungerade utmärkt, och han bad om ursäkt för att han under intervjun måste följa reglerna som krävde att vi bara fick prata via tolk. Jag berättade hur nervös jag var och hur svårt det var att inte svara spontant.

Intervjun fortsatte i flera timmar till, och när utredaren till sist förklarade att han behövde göra ytterligare en intervju med mig på måndag för att kunna åstadkomma en säker bedömning blev jag alldeles förtvivlad.

– Ni kan bara inte skicka mig tillbaka till Syrien, utbrast jag på svenska. Jag har ju smitit från värnplikten där. Jag kommer att bli gripen redan vid gränsen och sedan kommer ingen att höra talas om mig mera.

249

– Nu bryter jag mot reglerna och svarar dig på svenska, sade utredaren i bestämd ton. Utifrån det du har berättat hittills kan jag inte se några skäl att räkna dig som "flykting". Att du inte har gjort värnplikt är inget skäl. Om du återvänder till ditt hemland kommer du förstås att bli tvingad att göra värnplikt, men sedan har du i princip rätt att leva ett fritt liv precis som dina landsmän. Men så länge det är krig i Syrien, räknas du som "alternativt skyddsbehövande" och därför kommer du att få tretton månaders uppehållstillstånd, precis som alla andra ensamkommande, vuxna flyktingar från Syrien. Om du är nöjd med det beslutet, behöver vi inte göra någon mera intervju.

Jag var inte glad, men samtidigt ville jag absolut inte bli kvar i Gävle över helgen, så jag accepterade. En timme senare satt jag på tåget mot Stockholm.

Hemma i Karlstad fortsatte livet som förut. Jag läste böcker och satt med på matematiklektioner på universitetet. Samtidigt väntade jag ivrigt på att få mitt uppehållstillstånd. De närmaste fjorton dagarna cyklade jag flera gånger till Migrationsverkets lokalkontor och frågade om beslutet hade kommit. Till sist fick jag napp. Jag slet upp kuvertet och läste att jag hade blivit beviljad "alternativ skyddsstatus" och fått uppehålls- och arbetstillstånd för tiden från och med 2016-11-07 till och med 2017-12-07, alltså tretton månader.

Så långt var allt gott och väl, men snart skulle en allvarlig komplikation tillstöta. För att få studera i Sverige måste man ha ett svenskt personnummer. Det ansöker man om hos Skatteverket, men för att få göra det räckte det inte med att visa upp sitt beslut om uppehållstillstånd. Man måste också visa upp sitt UT-kort,[3] ett plastkort med passfoto där tiden för det beviljade uppehållstillståndet är angiven. Jag ville förstås ansöka om personnummer så snart som möjligt, men mitt UT-kort hade inte kommit ännu. Varje dag gick jag till Migrationsverkets kontor och frågade, men inte förrän den 15 november hade det kommit. Handläggaren räckte mig kuvertet. Jag rev upp det, och det första jag upp-

---

[3] UT-kort = uppehållstillståndskort.

täckte var ett fel. Där stod att jag hade beviljats uppehållstillstånd till *2016*-12-07, inte *2017*-12-07 som gällde enligt beslutet. Jag visade kortet för handläggaren. Han beklagade att det hade blivit ett feltryck och förklarade att jag måste lämna nya fingeravtryck och ta ett nytt foto för att kunna få ett rättat kort.

– Det är väl inte möjligt, utbrast jag. Ni har ju redan alla mina uppgifter. Och det är ju inte jag som har gjort fel utan ni.

Handläggaren ryckte på axlarna och förklarade att både fingeravtryck och foto raderas ur datasystemet när kortet skrivs ut. Därför måste jag lämna nya uppgifter innan de kunde göra ett nytt kort åt mig. Jag skulle bli tvungen att åka till Göteborg, och det fanns tyvärr ingen ledig tid förrän om flera veckor. Jag tog mitt felaktiga UT-kort och åkte hem till Bengt och Carol.

Bengt blev ganska förargad när jag berättade vad som hänt. Naturligtvis måste alla myndigheter ha en backup till sin databas. Därifrån måste de ju kunna hämta tillbaka uppgifter som de själva av misstag hade raderat. Hur som helst gick vi genast till Skatteverket för att ansöka om personnummer. Som vanligt blev vi vänligt mottagna, men när vi visade upp beslutet och UT-kortet, suckade handläggaren och sade att det inte var första gången hon sett ett felaktigt kort. Men vi hade ju beslutshandlingen. Räckte inte den som underlag? Nej, de fick bara gå efter UT-kortet när de utfärdade personnummer, så jag måste vända mig till Migrationsverket och be att få kortet rättat. Och det var bäst att jag skyndade mig, för det måste vara giltigt i minst tolv månader när jag ansökte om personnummer. Då insåg vi plötsligt vad som skulle kunna hända. Mitt uppehållstillstånd gick ju ut om precis ett år och tre veckor. Om Migrationsverket behövde mer än tre veckor att rätta kortet, skulle det alltså vara mindre än ett år kvar när jag fick det, och då skulle jag enligt Skatteverkets regler över huvud taget inte kunna ansöka om personnummer! Jag hade ju redan väntat i över ett år på att få börja i svensk skola, och nu skulle jag kanske få vänta ett helt år till. Handläggaren gick för att rådgöra med sin chef, och när hon kom tillbaka sade hon att vi kunde få lämna in en ansökan om personnummer re-

251

dan nu, men de kunde tyvärr inte behandla mitt ärende förrän jag visade upp ett UT-kort med minst ett års giltighetstid kvar.

Nu gällde det alltså att handla snabbt. Så fort vi kom hem skrev Bengt ett mejl till utredaren som intervjuat mig i Gävle och påpekade att han hade utfärdat ett felaktigt UT-kort. Det tog två dagar innan han fick ett svar, där utredaren tog på sig ansvaret för felet och förklarade att jag måste lämna min biometri en gång till för att de skulle kunna utfärda ett nytt kort. Bengt skrev genast tillbaka och protesterade. Det kunde väl inte vara möjligt att de skulle behöva samma uppgifter en gång till när de redan hade mitt foto, fingeravtryck och pass! Den här gången dröjde det fyra dagar innan han fick svar. Nu skrev samma handläggare att det var hans sista arbetsdag på Migrationsverket, så han kunde inte göra något mera åt saken än att hänvisa till två kollegor, en i Gävle och en i Örebro. Därmed hade de första sex dagarna av de tre veckorna gått utan att vi hade kommit någonstans. Bengt skrev genast till de två beslutsfattare han blivit hänvisad till, men – nej – utan nya biometriska data kunde de inte utfärda något rättat UT-kort. Till sist gick en av dem med på att låta mig gå före i kön. Jag kunde få lämna mina data i Örebro redan nästa dag. Tidigt på morgonen körde Bengt mig dit, och före lunch var vi klara och på väg hem igen. Nu var det fjorton dagar kvar till min sista chans att ansöka om personnummer. Det blev en nervös väntan. Varje vardag cyklade jag till Migrationsverkets kontor i Karlstad för att fråga efter kortet, och varje dag blev jag lika besviken. När kortet äntligen kom hade jag tre dagar på mig att ansöka om personnummer. Jag hann alltså i tid, men jag kan inte låta bli att fundera över hur enkelt det skulle vara att justera reglerna så att Migrationsverket och Skatteverket inte behövde hamna i samma situation en gång till. Migrationsverket skulle till exempel kunna ge femton månaders uppehållstillstånd istället för tretton. Då skulle de få tre månader på sig istället för en enda för att rätta eventuella fel. Alternativt kunde Skatteverket få rätt att utfärda personnummer åt skyddsbehövande som bara hade tio månader kvar på sitt uppehållstillstånd istället för tolv. Det skulle också ge Migrationsverket mera tid att rätta sina misstag. För att nu inte tala om hur enkelt det skulle vara att låta Skatteverket gå efter beslutshandlingen istället för UT-kortet när det var uppenbart att det var felaktigt!

Nu hade jag alltså fått rätt att stanna i Sverige i ett år, och efter bara några dagar blev jag kallad till en informationsträff på Arbetsförmedlingen. Bengt följde med mig dit, men handläggarna ville först inte låta honom följa med in i föreläsningssalen. Jag stod på mig, och till sist fick han gå med på villkor att han satt längst bak i salen och lovade att vara tyst. Vi var totalt ungefär fyrtio personer, och placerades i grupper efter språk med en tolk för varje grupp. Presentationen som varade ungefär en timme handlade i stort sett bara om något som kallades etableringsersättning. Vi skulle alla få 308 kronor per dag fem dagar i veckan i två års tid under förutsättning att vi deltog på heltid i Arbetsförmedlingens etableringsprogram. Det kunde anpassas individuellt men innehöll framför allt svenskundervisning och praktik på olika arbetsplatser. För att få ut ersättningen måste man varje månad lämna en rapport där man angav hur många timmar man hade ägnat åt programmets aktiviteter dag för dag. Om man fick ett avlönat arbete under perioden, utgick ingen ersättning för den tid man tillbringade på jobbet. Som anställd måste man tjäna mer än 38.50 kronor i timmen efter skatt för att det över huvud taget skulle löna sig att arbeta. Till sist bokades en tid för var och en av oss. Då skulle vi få träffa en handläggare som skulle utforma vårt etableringsprogram.

Som jag redan har berättat var mitt mål att läsa till läkare, men under min praktik på universitetet våren innan hade jag fått veta att jag inte kunde söka till högre utbildning förrän jag kunde visa upp ett komplett gymnasiebetyg. Något sådant hade jag inte, så jag måste börja med att läsa in och göra prov i alla gymnasieämnena på den kommunala vuxenutbildningen, Komvux. Det accepterades som etableringsprogram för mig. Problemet var bara att ansökningstiden till vårterminens kurser hade gått ut redan den 15 november, så formellt skulle jag inte kunna börja förrän nästa höst. Att vänta ett halvår vore att kasta bort dyrbar tid, så Bengt hjälpte mig att kontakta Komvux och fråga om de kunde göra ett undantag och låta mig ansöka i efterhand. Han fick genast till svar att jag över huvud taget inte kunde söka förrän jag hade fått ett personnummer. Jag befann mig alltså i en ny återvändsgränd, för Skatteverket behövde minst tre veckor på sig att ta fram mitt nummer. För att jag ändå skulle bli bekant med den nya skolmiljön, gick Bengt och jag tillsammans till Komvux. Vi blev mycket vänligt mottagna och pratade med en studie- och yrkesvägledare som trodde att rektorn möjligen kunde låta mig börja på prov redan nu i avvaktan på att jag skulle få mitt personnummer. Vi gick till rektorsexpeditionen, och det visade sig till Bengts förvåning att jag redan kände rektorn. Ärligt talat minns jag inte var jag hade träffat honom – kanske var det på universitetet – men han kände genast igen mig. Efter någon minuts småprat framställde jag min fråga. Jodå, jag kunde få börja på prov genast och ansöka formellt när jag hade fått personnumret. Tack och lov att inte alla är lika byråkratiska!

Här måste jag förresten lägga till en lustig detalj. När jag äntligen fick mitt svenska personnummer, visade det sig att jag angavs vara född den 5 januari. Bengt och jag cyklade till Skatteverket för att påpeka att det tydligen hade blivit ett nytt tryckfel. Min officiella födelsedag var ju den 2 januari. Nej, det var inget fel, fick vi veta. Svenska personnummer består av födelsedata (år, månad, dag) plus ett tresiffrigt tal med tillägg av en beräknad kontrollsiffra. Man kan alltså inte utfärda personnummer till fler än tusen personer som är födda samma dag. Märkligt nog hade det nu kommit så många flyktingar som var födda just de första dagarna i januari, att siffrorna hade tagit slut. Därför var den första dag som fortfarande hade lediga nummer den 5 januari, så jag fick nöja mig med att ha det som officiell, svensk födelsedag. Bengt och jag log mot varandra. I Syrien var det ju vanligt att anmäla en födelsedag i början på nästa år för barn som var födda på hösten för att de skulle slippa att vara bland de yngsta i sin klass. Nu hade jag alltså tre födelsedagar. En verklig, en officiell i Syrien och en officiell i Sverige!

När jag började som provelev på Komvux var det första jag fick göra ett diagnostiskt prov i svenska. Resultatet blev att jag fick hoppa över hela Svenska för invandrare (SFI), men jag fick ändå inte börja på en svenskkurs som ingick i gymnasieexamen. Först måste jag läsa en förberedande kurs som hette Svenska som andra språk grund (SAS grund). Kursen omfattade en termins heltidsstudier och riktade sig till invandrare som sedan skulle fortsätta på svenskt gymnasium. Den skulle avslutas med ett nationellt prov, alltså ett prov som gavs samtidigt i hela landet. Lagom i tid tills kursen skulle börja blev jag av med gipset på min högra arm och upptäckte lustigt nog att jag nu kunde skriva lika bra med båda händerna. Från början var jag entusiastisk inför kursen, men jag blev ganska snart besviken. Det allra mesta som vi gick igenom ansåg jag att jag redan kunde. Jag ville att läraren skulle ta upp mer avancerade språkproblem, men hon viftade bort mina frågor. När jag berättade om min irritation för Bengt och Carol, förklarade de att en lärares uppgift är att hålla ihop klassen. Ingen ska släpa efter, och därför måste läraren koncentrera sig på att hjälpa de svagaste. De elever som vill fördjupa sig ytterligare i olika frågor, får helt enkelt göra det på egen hand. För mig var det svårt att förstå. Vore det inte bättre att dela upp klassen i två grupper, så att de som hunnit längre med svenskan också kunde få hjälp att utvecklas. Då skulle de ju snabbare kunna få arbeten och göra nytta för sig i samhället. Nej, så var det inte. Alla människor hade samma värde och måste få samma möjligheter. Jag kände frustration när jag gick till skolan. Här satt jag ju bara bort min tid! Jag bad läraren att jag skulle få flytta upp från den förberedande till den ordinarie gymnasiekursen, men det gick hon inte med på. Förstod jag inte att jag hade luckor som behövde fyllas först? Det var förresten inget som hindrade att jag på egen hand fördjupade mig ytterligare i de frågor hon tog upp på lektionerna. Det lättade inte upp mitt humör. Jag läste Skolverkets regler och tog reda på vad som krävdes för att få ett A, och jag följde dem exakt oberoende av vad läraren sade. Vår relation blev mer och mer irriterad.

Till sist kom det ändå till en vändpunkt. Det hände en kväll, när Bengt och jag diskade efter kvällsmaten. Han plockade undan, och jag stoppade fat och bestick i diskmaskinen. Medan jag fyllde på diskmedel, sade Bengt:

255

– Jag står och funderar på det du gör just nu. Du häller i lagom mycket diskmedel efter ögonmått. Men när du diskar tillsammans med Carol, brukar du mäta upp med korken hur mycket diskmedel du ska ta.

– Ja, det är väl klart, tyckte jag. Carol har sagt åt mig att göra så, men när jag diskar med dig, gör jag som du brukar göra.

– Det är just det jag funderar på, fortsatte Bengt. Du anpassar dig tydligen och har inte startat något gräl med oss om vilket sätt som är det bästa när det gäller att mäta upp diskmedel. Jag gissar att du har insett att det är det bästa sättet att få saker gjorda utan att slösa bort en massa energi på att bråka i onödan.

Jag undrade vart han ville komma.

– Tror du inte att det är likadant i skolan, fortsatte han. Man kan ha olika idéer om saker, men om du lyssnar på din lärare och försöker göra som hon har sagt istället för att hela tiden säga emot henne, så tror jag att livet kommer att bli mycket lättare för er båda två.

Efteråt funderade jag på vad han hade sagt och bestämde mig för att göra ett försök. Jag anlade en vänligare ton mot läraren och slutade att kläcka ur mig provokationer, och redan efter en vecka upplevde jag att hon hade blivit vänligare mot mig. Vi lyssnade på varandra, stämningen förbättrades successivt, och jag var inte längre konstant på dåligt humör på lektionerna. När jag i slutet av terminen höll en muntlig presentation om Alexandre Dumas den yngre, gav läraren mig ett översvallande positivt omdöme. När de olika momenten i de nationella slutproven till sist hade vägts samman, fick jag ett A i slutbetyg på kursen. Jag var mycket nöjd.

Eftersom jag redan från början hade räknat med att inte behöva lägga all min tid på svenskkursen, hade jag också anmält mig till en gymnasiekurs i fysik. Jag hade valt det ämnet, eftersom jag räknade med att det inte skulle kräva några avancerade kunskaper i svenska, men där hade jag fel. Från Syrien var jag inte van att göra laborationer i fysik, men här var det en viktig del av kursen, och man måste skriva rapporter med många facktermer. Samma språkproblem hade jag på proven. Läraren förklarade att även om jag lämnade in rätt svar på alla uppgifter, så kunde han inte ge mig full poäng när jag inte gav några begripliga motiveringar till hur jag hade räknat. Inför slutprovet valde jag därför att hoppa av kursen. För att komma in på läkarutbildningen måste jag i stort sett ha A i alla ämnen, och så bra betyg skulle jag inte få i fysik. Det var bättre att jag gick om kursen när jag hade lärt mig mera svenska. Den terminen fick jag alltså nöja mig med att ha slutfört den förberedande kursen i svenska.

30

I början på juni fick jag ett meddelande från Terrassen, där de frågade om jag ville arbeta hos dem den här sommaren också. Det var lockande, särskilt som jag hade fått veta att Komvux visserligen erbjöd kurser på sommaren men bara på distans eller med så kallad "flex", vilket betydde att man fick en enda timmes undervisning per vecka och i övrigt fick läsa på egen hand. Om jag väntade med att gå kurserna till hösten, skulle jag få väsentligt fler lektioner och därmed bättre möjligheter att lära mig både kursmaterial och facktermer. Jag samrådde med Bengt och Carol som höll med mig. De trodde att jag skulle må bra av omväxlingen, och att det var bra att jag höll mina kontakter på Terrassen vid liv. Dessutom skulle jag ju tjäna pengar, och om jag sparade dem till mina framtida studier kunde jag vänta längre med att ta studielån. Jag tackade alltså ja, och började genast arbeta som diskare, men den sommaren kom inte alls att bli som året innan. Restaurangens förra ägare hade dragit sig tillbaka, och de tre som året innan hade ansvarat för arbetet i köket hade tagit över rörelsen. Innan så mycket som en vecka hade gått, kom alla tre tillsammans fram till mig i personalrummet där jag satt ensam och åt lunch.

– Vi har en fråga, började Robban som talade för gruppen.

– Visst, fråga på, tyckte jag.

– Du behöver inte känna dig pressad, och du ska veta att du har full frihet att säga nej. Vi behöver en kock till, och vi såg ju förra sommaren att du är duktig och snabb i köket. Vill du jobba som kock, så skaffar vi en annan diskare?

Jag blev jätteglad och tackade genast ja. Det var ju mycket roligare att vara kock än att diska. Redan samma eftermiddag hade de skaffat en ny diskare, och jag flyttade in i det som kallades varmköket. Där kom jag för det mesta att arbeta som "K2" med uppgift att tillaga maten. Ibland fick jag rycka in som "K1", vilket i huvudsak betydde att det var jag som lade upp maten dekorativt på serveringsfaten. Att hantera knivar och kokkärl var inget problem för mig – det hade jag lång erfarenhet av från både Syrien och Jordanien – men jag visste förstås egentligen ingenting om svensk mat. Nu fick jag lära mig, och det var givande på flera sätt. Terrassen serverade traditionell svensk mat, och jag lärde mig genast recepten utantill. Att grilla lax och steka hackkorv blev för mig ett sätt att komma in i det svenska samhället. Jag såg också sambandet mellan maten jag lagade, särskilt hur vi serverade potatis till nästan allting, och den svenska historien som jag hade läst om i *Mina drömmars stad*. På den tiden fanns det inga importerade grönsaker, bara rotfrukter som man skördade på hösten och lagrade över vintern. En stor del av året fick man nöja sig med salt sill och potatis för att det inte fanns något annat. Samtidigt behöll jag något av mina muslimska traditioner. Varje gång jag kom till jobbet, såg jag till att kokkärl och stekhäll var noga rengjorda. Sedan avdelade jag bestämda verktyg, ytor och kärl för tillagning av griskött och höll allt övrigt separerat från dem. På så sätt var jag säker på att muslimer som besökte vår restaurang inte av misstag riskerade att få i sig något enda uns av gris.

En annan positiv faktor med mitt nya jobb var att vi var flera i varmköket. I diskrummet hade jag varit ensam. Nu blev jag en del av en gemenskap där vi pratade medan vi arbetade. Jag lärde mig att förstå slangord och dialekt, som jag aldrig hade hört förut. De tre nya ägarna hade arbetat intensivt med catering under våren, och nu tog de semester. Därför kom jag för det mesta att arbeta med två andra anställda kockar som hette Sandra och Louise. Båda var några år äldre än mig, och de var mycket vänliga mot mig. Louise var dessutom precis lika blek i skinnet och röd i håret som jag. Vi kunde nästan ha varit syskon. Det var naturligtvis fler än vi tre som arbetade på restaurangen, men med de andra hade jag en mera formell relation. Någon gång mitt i sommaren föreslog Louise att vi skulle bilda en grupp och börja träna tillsammans. Jag blev mycket glad att hon frågade mig. Det betydde ju att hon inkluderade mig bland sina vänner. Hon hade snart samlat ett tiotal personer, och vi träffades en gång i veckan för att springa och göra övningar ute i naturen. För mig var det en ny erfarenhet. Det var dessutom nytt för mig att ha tjejer som nära vänner.

På fritiden gick jag annars ofta i skogen. Redan sommaren innan hade Bengt några gånger tagit mig med för att plocka svamp, men nu började jag göra skogsvandringar på egen hand. Steg för steg lärde jag mig att hitta och kände snart varenda stig i mina favoritområden. Jag tog med svampbok, kniv och påse, och lärde mig att känna igen de godaste matsvamparna. Om några exemplar var för små att plocka, var det bara att spara koordinaterna till stället i mobilen och återvända efter några dagar. När jag kom hem gick Bengt för säkerhets skull igenom min skörd och kastade allt han inte säkert kunde identifiera. Sedan stekte jag resten och gjorde svampsmörgåsar åt oss alla tre. Det var roligt!

Vid samma tid gjorde jag också en annan positiv upptäckt – jag började lyssna på talböcker. Att göra långa promenader längs älven eller i skogen och samtidigt lyssna på en spännande bok gav livet en ny dimension. Det var så jag upptäckte Jan Guillous bokserie om 1100-talsriddaren Arn Magnusson. Jag blev fascinerad av huvudpersonens ärlighet, integritet och objektivitet. Som straff för sin alltför häftigt uppflammade första kärlek blir han skickad som tempelriddare till Jerusalem och tvingas delta i kriget mot muslimerna. Där lär han sig fort arabiska och visar stor respekt för landets befolkning, trots att de formellt tillhör hans fiender. Han räddar livet på sin huvudmotståndare, Saladin, som med samma respekt räddar Arns liv längre fram i berättelsen. Den hösten läste och lyssnade jag flera gånger på de fyra böckerna och kände en djup samhörighet med Arn Magnusson. Precis som han var jag dubbelhänt. Precis som han pratade jag

259

både svenska och arabiska. Precis som han kunde jag inte ljuga. Böckerna väckte också en ny idé inom mig. Kanske borde jag anta ett svenskt namn? Arn kallades ju Arn de Gothia (latin för "Arn från Götaland") av sina kollegor i Jerusalem – "Magnusson" var nog för svårt för dem att uttala – och han kallades "Al Ghouti" av den arabisktalande lokalbefolkningen. Att han accepterade de nya namnen betydde inte att han förnekade sitt ursprung, bara att han gjorde det lättare för människorna i sin omedelbara omgivning att relatera till honom. Min situation var ju precis likadan! Mitt arabiska namn var ovant och svårt för svenskar att uttala. Då vore det väl bättre att de fick kalla mig något som lät naturligt för dem? Precis som Arn kunde jag ju ändå behålla mitt första namn och använda det om jag någon gång återvände till mitt gamla hemland. Däremot kändes det svårt att byta ut mitt arabiska efternamn. Nej, ett nytt förnamn fick räcka. Jag frågade Bengt och Carol vad de tyckte om att jag skulle byta mitt förnamn till Arn. Carol hade inga direkta invändningar, men Bengt framhöll att Arn var ett mycket ovanligt namn i det moderna Sverige. Efter att ha sökt några minuter på Internet berättade han att det bara fanns tio vuxna personer i hela landet som hade Arn som tilltalsnamn. Dessutom uppmanade han mig att tänka mig noga för, innan jag bestämde vilket namn jag ville ha. Jag var ibland alltför ivrig, tyckte han, och det här var ju ett beslut som skulle påverka hela min framtid. Jag funderade länge och kom till sist på en annan idé. Jag skulle kalla mig Bengt. Min "svenska pappa" var ju i mycket min förebild, och då var det väl naturligt att jag tog hans namn. Bengt varnade mig att hans namn hade varit populärt på 1950-talet, men att det var helt ur mode nu. Det störde mig inte. Jag rådgjorde med mamma via Skype, och trots att hon aldrig hade varit utanför Syrien eller Jordanien stödde hon mig. Det var klokt att försöka anpassa sig till sitt nya hemland, tyckte hon. Ännu mera positiv blev hon när jag berättade att namnet Bengt kommer av latinets Benedictus, som betyder "välsignad". Det var precis vad hon önskade att jag skulle vara. Jag ansökte om det nya namnet, och numera heter jag alltså Bengt i Sverige. Omvärldens reaktioner är blandade. Alla svenskar jag träffar är positiva till namnet, medan flera av mina bekanta från Syrien tar avstånd ifrån mig. Några säger till och med att de tycker att jag har övergivit mitt hemland och min kultur och fortsätter konsekvent att kalla mig vid mitt arabiska förnamn.

När sommaren gick mot sitt slut stängde Terrassen för säsongen. Hela personalen blev bjuden på avslutningsfest. Vi besökte först en bana med olika aktiviteter som sumobrottning och bågskytte. Sedan åt vi middag på vår egen restaurang. I skymningen följde jag två av de andra killarna ner till stranden och tog ett dopp. Jag som inte var van att bada utomhus i Sverige, tyckte att vattnet var jättekallt. Desto varmare var det att komma tillbaka till restaurangen där det var fest, lek och dans. Vi lekte "Hela havet stormar", där man går runt en rad med stolar och ska sätta sig fort när musiken tystnar. Varje gång är det en som blir utan stol och får gå ur leken. Det lustiga var att jag hade lekt exakt samma lek i Syrien, men då var jag kanske fem år gammal. När det blev dags för dans, var jag först tveksam om jag skulle vara med, men vi dansade i grupp och jag gjorde så gott jag kunde. Alla verkade vara nöjda med min insats. Jag var verkligen lycklig när jag cyklade hem den natten.

Höstterminen började och det var dags att återvända till Komvux. Jag rådgjorde med studie- och yrkesvägledaren om vilka kurser jag skulle ta, och vi kom fram till att Matematik 1 och Svenska som andra språk 1 var en nödvändig grund för min fortsatta utbildning. Dessutom skulle jag ta Historia 1 och Samhällskunskap 1 för att så tidigt som möjligt få en inblick i det svenska samhället. Jag fick en mycket bra lärare i historia och samhällskunskap. För mig var materialet i stort sett nytt, men läraren tog sig tid att förklara allt särskilt för mig. Det hände att vi blev stående en lång stund tillsammans efter lektionen medan jag ställde frågor och han gav mig utförliga och klara svar. Jag har lätt att komma ihåg detaljer, och en kväll vid teet kom mina "svenska föräldrar" och jag att tala om hur den franske generalen Jean Baptiste Bernadotte år 1810 hade övertalats att bli Sveriges kung. Bengt blev mycket imponerad när jag kunde berätta detaljer om hur värvningen hade gått till som han själv aldrig hade hört talas om. Kurserna i matematik och svenska som andra språk innehöll däremot inte många nyheter för mig. Svenskläraren stördes nog av att mitt språk hade påverkats av Arnböckerna, för hon anmärkte på att jag använde föråldrade ord som "ehuru" istället för "fastän" och "ty" istället för "för". Mest nytta i de ämnena tror jag att jag gjorde på rasterna, när jag hjälpte mina klasskamrater att lösa problem och svara på frågor.

I slutet på terminen var det dags att ansöka om förlängning av mitt uppehållstillstånd. Det skulle ju gå ut den 7 december, och som förberedelse vände jag mig till två av mina lärare och bad att de skulle skriva rekommendationsbrev åt mig. Det gjorde de, och när jag läste vad matematikläraren hade skrivit, blev jag så rörd att jag spontant kramade henne. Så här hade hon formulerat brevet:

> Bengt Alshalabi är student hos mig i matematik 1b på Komvux i Karlstad. Han är inte bara en ovanligt duktig och talangfull student. Han är dessutom en otroligt hjälpsam klasskamrat och medmänniska.
>
> Bengt är personen som sprider glädje i vilken grupp människor som helst. Han är trots sitt glada och uppsluppna sätt alltid seriös, hjälpsam, punktlig och pålitlig. Världen behöver fler personer som Bengt.

För att kunna förlänga mitt uppehållstillstånd måste Migrationsverket göra en ny intervju med mig. Den hölls på deras kontor i Örebro, och Bengt körde mig dit. Den här gången var stämningen en helt annan än vid intervjun i Gävle året innan. Utredaren gjorde inga invändningar när jag ville tala svenska, men hon började för säkerhets skull med att be tolken kontrollera att jag kunde tala arabiska. Jo, det kunde jag förstås. Sedan satt tolken helt enkelt vid bordsändan och lyssnade. Jag lämnade en hel bunt med rekommendationsbrev och svarade så gott jag kunde på alla frågor. Utredaren lade särskild vikt vid den studieplan jag hade med mig från Komvux. Efter intervjun sade tolken till Bengt att det var det lättaste tolkningsuppdrag han någonsin hade haft, och att han måste erkänna att jag pratade bättre svenska än honom trots att han hade bott i landet i tjugotvå år.

En mindre positiv omständighet under 2017 var att jag i december året innan hade upptäckt en knöl långt ner till vänster på min mage. Det var inte svårt att gissa att det var en bristning i bukhinnan, ett så kallat bråck. Hur det hade uppkommit vet jag inte, men det var uppenbart att man behövde göra någonting åt det. Jag besökte vårdcentralen i januari och fick en remiss till sjukhuset i Karlstad, men väntetiderna är långa i Sverige, så det dröjde till mars innan jag blev kallad dit. Där konstaterade läkaren att bråcket behövde opereras och sade att jag skulle bli kallad till operation om sex till åtta veckor. Jag fick köpa ett tryckbälte som lättade en del på problemet, och jag blev glatt överraskad när jag redan efter en dryg månad fick en kallelse till sjukhuset i Arvika. Jag tog för givet att det var dags för operation. Bengt och Carol körde mig dit, men till min stora överraskning var det bara ännu en läkare som undersökte skadan och konstaterade att den behövde opereras så snart som möjligt. Visste han inte att jag redan hade blivit undersökt? Det dröjde ett halvår innan jag blev kallad till sjukhuset i Arvika igen. Den här gången skulle det bli operation, och datumet var satt till måndagen den 11 december. Det var naturligtvis olyckligt med hänsyn till att slutproven i mina fyra kurser på Komvux skulle hållas ungefär samtidigt, men jag vågade inte be om en annan tid för då skulle jag kanske få vänta ett halvår till. Jag rådgjorde med mina lärare. I svenska var det inget problem, för där skulle de nationella proven hållas före tiden för min operation. I samhällskunskap och historia var proven lokala, och läraren lämnade öppet för mig att göra dem antingen före eller tillräckligt långt efter operationen. I matematik var det värre. Där var det nationellt prov som gällde, och det skulle hållas dagen efter min operation. Läraren hoppades att jag skulle vara i tillräckligt bra skick för att kunna ställa upp. Annars måste hon försöka lösa problemet på något annat sätt.

Men det var inte nog med det. En dryg vecka före min operation fick Carol veta att hennes "tyska pappa" hade gått bort. Han var far i familjen där hon hade bott som utbytesstudent 49 år tidigare, och allt sedan dess hade hon haft regelbunden kontakt med familjen. Nu borde hon förstås visa sitt deltagande genom att

263

vara med på hans begravning i Hannover, men den sammanföll i tiden med min operation, och jag behövde kanske hjälp här hemma. Alltså bestämde hon sig först för att inte åka, men när en av hennes "tyska systrar" stod på sig om att hon borde vara med på begravningen, gav hon efter. Vi samrådde alla tre om hur vi skulle göra, och vi kom fram till att Bengt skulle följa med Carol till Tyskland. Det kan uppstå problem när man reser på vintern, och då är det bättre att vara två än att resa ensam. Istället skulle en väninna till deras dotter skjutsa mig till Arvika och tillbaka, och en granne, som ändå skulle se efter katten medan de var borta, lovade att samtidigt kontrollera att allt var bra med mig. Så gav de sig av, och dagen efter blev jag körd till Arvika.

På sjukhuset fick jag först lämna blodprov och sedan träffa kirurgen och anestesiläkaren. Vid elvatiden blev jag förd till operationssalen. Jag visste av tidigare erfarenhet att jag är ganska svårsövd, och jag hann mycket riktigt räkna till tio två gånger och få en extra dos sömnmedel innan jag domnade bort. Klockan närmade sig fem på eftermiddagen när jag vaknade. Runt omkring mig i rummet stod flera sängar med skärmar emellan. Mer hann jag inte registrera förrän jag somnade på nytt. Nästa gång jag vaknade var klockan halv sju. Jag var törstig och blev serverad vatten i en minimal plastmugg. Efter en stund fick jag också en liten smörgås och några skedar kvarg. Medan jag åt tittade jag intresserat på alla ledningar som var kopplade till mig. Där fanns bland annat en automatisk mätare som registrerade mitt blodtryck. Nu fick jag veta att jag snart måste åka hem, och jag ringde till flickan som skulle skjutsa mig. Hon kom men blev tvungen att vänta, för det gick inte så lätt att skicka hem mig som personalen hade hoppats. Så snart de satte mig upp, sjönk mitt blodtryck och jag var nära att svimma. Jag fick medicin och mera mat, men ändå kunde de inte få mig att stå. Till sist satte de mig i en rullstol, och flickan fick köra ut mig till bilen och baxa in mig i framsätet. Jag var helt kraftlös och hade dessutom mycket ont. På hemvägen frågade hon hur jag skulle göra med mat de närmaste dagarna. Då insåg jag att det fanns ett problem. Mitt rum var på övervåningen men köket på undervåningen, och personalen hade sagt att jag skulle undvika att gå i trappor de närmaste dagarna. Vatten och juice hade jag ställt fram vid min säng som förberedelse, men mat hade jag ingen. Vi stannade vid en hamburgerrestaurang, och flickan hjälpte mig att köpa tio små hamburgare. Dem tänkte jag placera inom räckhåll från sängen. Att ta mig uppför trappan till rummet var något av det mest smärtsamma jag hade upplevt. Utmattad sjönk jag ner i rummets enda fåtölj. Hur jag skulle lyckas lägga mig visste jag inte, för sängen var mycket lägre än sjukhusets sängar. Klockan hade hunnit bli mycket och flickan var tvungen att återvända hem. Där satt jag ensam i ett tomt hus och tänkte på hur annorlunda det skulle ha varit om jag hade varit hemma i Jordanien. Då skulle mamma och mina syskon ha suttit runt omkring mig, och de skulle ha sprungit och hämtat allt de trodde att jag behövde innan jag ens hade hunnit be om det. Jag åt en hamburgare för att samla kraft. Sedan lyckades jag med mycket ansträngning baxa mig ner i sängen. Det gjorde så ont att jag låg som bedövad i säkert tio minuter efteråt. Till sist ringde jag mamma, och fastän jag kunde visa att jag hade både hamburgare, juice och vatten inom räckhåll, grät hon hela tiden. Hur gärna hade hon inte velat vara hos mig för att hjälpa mig. Nästa dag fick jag besök av Wadah, en av mina klasskamrater på Komvux. Precis som jag kom han ursprungligen från Syrien men hade varit något år längre än mig i Sverige. Jag hade ringt till honom och berättat att jag hade blivit opererad, och nu kom han med lagad mat, juice, dadlar och en rad andra matvaror åt mig, och han vägrade bestämt att låta mig betala. Dessutom löste han problemet med min alltför låga säng genom att bygga på den med madrassen från överslafen. Det kändes verkligen bra att någon brydde sig om mig. En av de första dagarna efter operationen ringde Migrationsverkets utredare från Örebro och ville ha några kompletterande intyg om mina studier. När jag förklarade att jag låg till sängs efter en operation, frågade hon om jag tillät att hon kontaktade min skola. Det hade jag ingenting emot, och efter en tid kom resultatet: jag hade fått uppehållstillståndet förlängt med tre år, inte två år som annars var standard. För närvarande har jag alltså rätt att stanna i Sverige fram till december 2020.

Efter fyra dagar kom Bengt och Carol tillbaka från Tyskland. Det var en lättnad att slippa vara ensam, och att det fanns någon som tog hand om mig och lagade mat åt mig. Däremot var det inte bra att Carol hade blivit förkyld under resan. Jag blev smittad, och att hosta och nysa när man är nyopererad är verkligen plågsamt. Ändå återhämtade jag mig steg för steg. Slutproven i svenska som andra språk och samhällskunskap hade jag klarat av före operationen. Det nationella provet i matematik fick jag göra några dagar efter operationen mot löfte att jag inte hade tagit reda på något om uppgifterna i förväg. Carol körde mig till skolan, och Bengt satt med för att hjälpa mig om jag fick ont. Slutprovet i historia gjorde jag i början av januari. Till min glädje fick jag betyget A på alla fyra kurserna. Den julen blev ett skönt avbrott efter allt skolarbete, intervjun hos Migrationsverket och bråckoperationen. Tre av mina fyra "svenska syskon" kom på besök, och det var härligt att vara en del av en stor familj, nästan som i Jordanien.

I januari började min andra termin på gymnasiet i Karlstad. Jag skulle välja fyra nya kurser, och det blev Svenska 2, Engelska 5, Matematik 2 och Kemi 1. När det gäller svenskan hade det naturliga för en invandrare som mig varit att fortsätta med Svenska som andra språk 2, men jag tyckte inte att kursen terminen innan hade varit särskilt givande. Nästan allt vi hade gått igenom hade jag redan känt till. Att istället välja Svenska 2 var en vågad satsning, för nu skulle jag plugga tillsammans med infödda svenskar, men jag hoppades ändå att jag skulle klara mig. Jag hade ju goda kunskaper i grammatik och ett stort ordförråd tack vare att jag läst många böcker. Huvuddelen av kursen handlade om de litterära epokerna antiken, medeltiden, upplysningen, romantiken och realismen. Vi läste och analyserade utdrag ur verk från de olika perioderna. Jag skrev en komparativ analys av Daniel Defoes *Robinson Crusoe* från upplysningen och Charlotte Brontës *Jane Eyre* från övergången mellan romantiken och realismen. Den senare var ju en av mina favoritböcker, men dittills hade jag bara sett filmen och läst den lättlästa versionen av boken. Nu läste jag originalet i svensk översättning. Vi fick också lära oss om de olika minoritetsspråk som förekommer i Sverige, och jag förberedde mig mycket noga när jag skulle hålla föredrag om samiskan. Som avslutning på kursen pluggade vi grammatik. Terminologin kände jag redan till, men det var roligt att lära sig vilka typiska grammatiska fel som svenskar gör när de skriver. Så här i efterhand kan jag konstatera att jag lade mycket tid på kursen, men att den samtidigt verkligen var givande. Jag kände att jag utvecklades, och jag blev omåttligt stolt när jag i slutbetyg fick ett A.

Engelskan krävde också mycket arbete, men delvis av andra skäl. Jag hade ju läst engelska både i Syrien och Jordanien, men två års intensiva svenskstudier hade förträngt engelskan ur huvudet på mig. Så fort jag försökte tala engelska, smög sig svenska ord in istället. För att ta reda på vilken nivå jag låg på, fick jag göra ett diagnostiskt prov. Studie- och yrkesvägledaren tvekade först men föreslog sedan att jag skulle välja Engelska 5. Hon gissade att jag snart skulle komma igång med engelskan igen, och det var onödigt att jag förlorade tid på att börja på en lägre nivå. Så fick det bli. Hemma gjorde jag upp med Carol att vi skulle prata engelska varannan dag – det var ju hennes modersmål – och på fritiden började jag läsa böcker på engelska. Mycket riktigt kom engelskan steg för steg tillbaka, och efter mycket arbete lyckades jag så väl i de avslutande nationella proven att jag fick ett A också i det ämnet. När det gällde matematik var det bara att fortsätta med nästa nivå, det vill säga Matematik 2. Där behövde jag inte lägga ner särskilt mycket arbete för att få ett A. Som sista kurs hade jag valt Kemi 1, men lagom när terminen skulle börja gick kemiläraren i pension. Därmed skulle vi bli tvungna att läsa ämnet på distans, och det ville jag inte. Jag vill mycket hellre ha traditionella lektioner med lärare, så jag avbröt tills vidare mina kemistudier. Alltså läste jag bara tre kurser den terminen, men både engelskan och svenskan var mycket krävande. Dessutom lade jag mycket tid på en annan uppgift – att skriva den här boken. Nu är boken klar, och jag har sökt till Komvux sommarkurser för att kunna fortsätta min utbildning och nå mitt mål: att bygga min värld här i Sverige och göra nytta för landet och mina medmänniskor.

Efterord

Under den tid jag har bott hos Bengt och Carol, har jag då och då berättat om olika episoder som jag varit med om. Det har bidragit till att vi har förstått varandra allt bättre och ledde så småningom till att Bengt och jag i december 2017 fick idén att skriva en bok om mitt liv. På så sätt skulle många fler kunna få en inblick i hur det är för den som har växt upp i Syrien att konfronteras med de helt andra förhållanden som råder i Sverige. Vi satte igång med entusiasm och hittade snart en arbetsmetod som passade oss båda. Jag tänkte igenom ett kapitel i taget. Sedan berättade jag det för Bengt, som spelade in min historia på sin dator. Det tog honom ett antal dagar att strukturera, formulera och skriva ner vad jag hade berättat. Till sist gick vi igenom kapitlet tillsammans, och jag påpekade allt som behövde ändras för att texten så noga som möjligt skulle återge vad jag hade upplevt. Särskilt i kapitlen som utspelade sig i Syrien och Jordanien krävdes ofta ändringar och förtydliganden, eftersom det som var självklart för mig inte alls var självklart för Bengt. Han tog förstås för givet att allt som jag inte särskilt hade beskrivit var likadant i Syrien som i Sverige, men så var det sällan.

Bengt förvånade sig ofta över att jag kunde återge detaljer så exakt. Du som har läst min historia har kanske reagerat på samma sätt, men mitt minne fungerar så. Allt jag upplever lagras i mitt huvud med både bilder, ljud och känslor. Ja, att påstå att *allt* lagras är förstås en överdrift, men i alla fall allt som jag har iakttagit. Minnet är som ett filmarkiv, där filmrullarna ligger sorterade i lådor. Allt är tillgängligt för mig, så jag kan när som helst öppna en låda, plocka fram en bestämd rulle och spela upp den för min inre syn. För att vi skulle kunna skriva den här boken var jag tvungen att gå igenom hela arkivet och i tur och ordning spela upp den ena rullen efter den andra. Det hade jag aldrig vågat göra förut, för det är visserligen lätt att öppna lådorna, men en del av dem är nästan omöjliga att stänga igen. Det hade jag skrämmande erfarenhet av. Ibland hade det hänt att en händelse, en doft eller ett synintryck plötsligt och bortom min kontroll hade öppnat en av lådorna. I samma ögonblick hade minnena kastat sig över mig och förblindat mig så att jag hade tappat kontakten med nuet. Sedan hade de fortsatt att jaga mig och hålla mig vaken på nätterna. Men att systematiskt gå igenom hela mitt livs historia från födelsen och fram till idag blev för mig ett ibland smärtsamt men ändå kontrollerat sätt att städa i arkivet. Jag blev medveten om vad som fanns där, också sådant som jag tidigare hade försökt förtränga. Istället för att anstränga mig att glömma minnena satte jag nu rubriker på dem och sorterade dem i ordning. På så sätt fick jag en överblick och kom att se mitt liv ur ett nytt perspektiv. Jag insåg att det fanns förklaringar till varför jag hade reagerat på det ena eller det andra sättet, och jag förstod att summan av allt jag hade upplevt var det som hade gjort mig till den person jag är idag.

Som jag ser det står en människa i min nya situation inför två alternativ. Antingen kan hon gräva om och om igen i de skräckupplevelser hon har varit med om och förbanna de skyldiga som har utsatt henne för dem, eller också kan hon vända ryggen åt dem och gå vidare. Hon har ju faktiskt överlevt! För mig handlar det inte längre om att förtränga, det handlar om att låta det förflutna var förflutet och istället koncentrera sig på att göra det bästa av framtiden. Jag bor i ett nytt land med en annan kultur än den som formade mig som barn. Här fortsätter jag att växa och utvecklas, men det betyder inte att jag överger eller förnekar mitt ursprung. Idag flyttar miljoner människor mellan världens länder, och jag är övertygad om att de flesta gör samma erfarenhet som jag: att det är oerhört berikande att kombinera kulturer. Man lär sig att se både sig själv och sina medmänniskor ur olika perspektiv. Lika väl som jag kan betrakta svenskarna med syriska ögon, kan jag betrakta syriska invandrare med svenska ögon. Och vad blir min slutsats? Att alla människor, bortom sina kulturskillnader, är mycket lika! Det är min starka förhoppning att du, kära läsare, när du har kommit till slutet av vår bok, ska ha fått något av samma perspektiv, även om du i huvudsak bara har bott i *ett* land. Jag hoppas att du ska upptäcka att alla människor från alla länder är bitar i samma pussel, och att det inte är förrän vi lär känna varandra och accepterar varandra som vi kan foga ihop pusselbitarna till en enda, sammanhängande bild.

Juni 2018

Bengt Alshalabi

bengtalshalabi@hotmail.com

Made in the USA
Columbia, SC
20 August 2018